工业和信息化部"十二五"规划教材　 系列·管理科学与工程

质量分析与质量控制
Quality Analysis and Quality Control

王海燕　张庆民　主　编

Publishing House of Electronics Industry
北京·BEIJING

内 容 简 介

本书从质量分析和质量控制的视角对质量管理理论进行讨论，内容包括质量管理概要、质量分析与控制方法、质量控制图、统计过程控制、工序质量控制、制造过程质量自动控制等内容。同时配套电子课件、习题答案等教学辅助资源，读者可登录华信教育资源网（http://www.hxedu.com.cn）免费注册下载。

本书可作为高等院校工程类、管理类等相关专业的教材或参考书，也可供企业管理者、工程技术人员参阅。

未经许可，不得以任何方式复制或抄袭本书之部分或全部内容。
版权所有，侵权必究。

图书在版编目（CIP）数据

质量分析与质量控制/王海燕，张庆民主编. —北京：电子工业出版社，2015.1
（华信经管创优系列）
ISBN 978-7-121-25019-4

Ⅰ. ①质… Ⅱ. ①王… ②张… Ⅲ. ①质量分析-高等学校-教材 ②质量控制-高等学校-教材 Ⅳ. ①F273.2

中国版本图书馆 CIP 数据核字（2014）第 279503 号

策划编辑：王志宇
责任编辑：王志宇
印　　刷：北京盛通数码印刷有限公司
装　　订：北京盛通数码印刷有限公司
出版发行：电子工业出版社
　　　　　北京市海淀区万寿路173信箱　　邮编：100036
开　　本：787×1 092　1/16　印张：11.25　字数：288千字
版　　次：2015年1月第1版
印　　次：2024年1月第7次印刷
定　　价：35.00元

凡所购买电子工业出版社图书有缺损问题，请向购买书店调换。若书店售缺，请与本社发行部联系，联系及邮购电话：(010) 88254888，88258888。
质量投诉请发邮件至 zlts@phei.com.cn，盗版侵权举报请发邮件至 dbqq@phei.com.cn。
本书咨询联系方式：(010) 88254523，wangzy@phei.com.cn。

总　　序

　　质量问题是经济社会发展的一个战略问题。党和国家历来高度重视质量工作，新中国成立以来，尤其是改革开放以来，党中央、国务院制定并实施了一系列政策措施，初步形成了中国特色的质量发展之路，但是产品、工程、服务等质量问题造成的经济损失、环境污染、资源浪费等现象比较严重；质量安全形势仍然严峻，产品质量安全特别是食品安全事故时有发生；一些生产经营者质量诚信缺失，肆意制售假冒伪劣产品，危害人民群众生命健康安全，损害国家信誉和形象；与发达国家相比，"中国制造"质量竞争力还不够强，缺少具有国际影响力的知名品牌和产品，质量问题已成为我国经济社会健康发展的一个制约因素。

　　新世纪的第二个10年，是我国全面建设小康社会、加快推进社会主义现代化的关键时期，是深化改革开放、加快转变经济发展方式的攻坚时期，也是质量发展的又一个重要时期。从国际上看，经济全球化深入发展，科技进步日新月异，全球产业分工和市场需求结构出现明显变化，以质量为核心要素的标准、人才、技术、市场、资源等竞争日趋激烈。从国内看，我国工业化、信息化、城镇化、市场化、国际化进程加快，要贯彻落实科学发展观，实现又好又快发展，需要坚实的质量基础；要加快转变经济发展方式，特别是实现制造业由大变强，需要可靠的质量支撑；要满足人民群众日益增长的质量需求也需要更强的质量保障能力。然而长期以来，由于质量管理工程专业一直没有列入教育部学科目录，从本科生教育到研究生教育，针对专业质量人才的培养规模极为有限。

　　2012年，教育部批准在高等学校本科专业当中增设质量管理工程专业，南京财经大学是国内首个设置质量管理工程专业的高校，并且江苏省教育厅为了充分发挥区域高教资源集聚优势，高校之间实现优势互补、强强联合，加快推进高等教育内涵式发展，扎实推进高等教育综合改革试验区建设，将此专业作为南京财经大学、南京大学、南京师范大学、南京邮电大学和南京中医药大学五校共建的专业。因为质量管理工程专业教育缺乏系统的教材，因此我带领南京财经大学质量管理工程专业的骨干教师们主编了这套质量工程系列教材，主要包括《质量统计学》《质量可靠性理论与技术》《质量分析与质量控制》《服务质量管理》《质量工程试验设计》5本教材，希望这套教材能缓解质量管理工程专业高等教育教材短缺的压力，为我国质量管理工程专业的发展尽一份绵薄之力。由于质量管理工程的专业建设在我国还处于探索期，加上我们的学术水平和知识有限，教材当中难免存在各种不足，恳请国内外同仁多加批评指正。

质量分析与质量控制

　　本系列教材受以下项目资助——国家重大科学仪器设备开发专项：微分迁移谱-质谱快速检测仪的开发与应用（项目编号 2013YQ090703）、国家自然科学基金：我国食品安全管理中的质量链协同控制理论与方法研究（项目编号 71373117），在此对科技部和国家自然科学基金委员会表示感谢！

南京财经大学管理科学与工程学院　院长

江苏省质量安全工程研究院　执行院长

王海燕教授

于南京

前　言

21 世纪被认为是质量的世纪，产品质量、服务质量等依然是企业现代管理的关键因素之一。加强质量控制管理，推行全面质量管理，依然是企业提高产品服务质量、提升顾客满意度、增强经济效益、增加企业竞争力、树立企业品牌优势的必由之路和重要措施之一。

本书主要围绕企业内部质量管理、产品制造过程质量管理内容开展编写工作，基于理论与实践相结合，系统地阐述了质量管理的思想理论和方法体系。本书包括质量分析概要、质量方法的基本概念和基本原理、质量控制图、统计过程控制、工序质量控制以及质量集成制造等部分。第一章主要阐述了质量分析、质量控制的概念，介绍了质量控制的发展；第二章质量分析与控制方法阐述了质量控制方法的基本理论，主要介绍了质量控制管理的常用方法；第三章从计量值控制图和计数值控制图等方面分析了质量控制图理论，介绍了控制图的判断准则；第四章介绍了统计过程控制的发展与实施，统计过程控制与诊断；第五章阐述了工序能力分析和工序质量控制理论；第六章分析了质量集成制造系统，该系统是实现现代质量自动控制应用的典型案例。同时，本书配套电子课件、习题答案等教学辅助资源，读者可登录华信教育资源网（http://www.hxedu.com.cn）免费注册下载。

作为一本针对广大高校师生以及质量管理爱好者的专业教材，本书力求全面系统地向学生介绍质量分析与质量控制的知识，在对质量控制领域的基本思想、基础理论、控制方法等进行全面阐述的同时，尤其注重教材的可用性、灵活性、实践性。在内容安排上，囊括了质量分析与质量控制的基础知识、理论框架、研究方法、应用案例。同时，本书对近年来集成制造过程的质量控制应用做了深入的分析，体现了当今质量控制发展的重要成果，有助于读者更好地把握质量分析与质量控制学科的应用。

本书编写的目的主要是为满足质量管理学习者掌握质量控制理论提供的一本教科书。为了便于教学工作，帮助学生和广大专业工作者自学，每章中均安排了部分例题，此外，每章结尾部分也均给出了习题训练，目的是加深其对相关原理和知识的理解与应用。本教材可作为高等学校质量管理工程、工业工程等专业的教材，同时，也可供工程类、管理类专业师生使用。

本书由南京财经大学管理科学与工程学院组织编写，由王海燕、张庆民主编，参与编写的人员还有刘军、孟秀丽、唐润、张斯琪、仲琴等老师，感谢沈鑫、俞磊、王虎、尹小华、钱昆、马晖玮、陆晶晶等研究生在教材编写过程中付出的辛苦劳动。在编写过程中参考了国内外的教材和专著，由于篇幅原因未能将所有的参考资料都列出，编者在此对这些作者表示衷心的感谢，对大力支持此次编写工作的电子工业出版社和南京财经大学也一并表示感谢！

由于编者水平有限，书中难免有不妥之处，诚请广大读者批评指正。相关咨询、意见和建议可反馈至本书责任编辑邮箱：wangzy@phei.com.cn。

编　者

目 录

第一章 质量分析与控制概要 1
  章前导引 2
  第一节 质量的概念与特性 2
    一、产品与质量 2
    二、质量的特征 5
  第二节 质量分析概述 6
    一、质量分析的内容 6
    二、质量分析的关键内容 7
  第三节 质量控制概述 8
    一、质量控制理论基础 8
    二、质量波动理论 8
    三、质量控制的任务 9
    四、过程控制以及验收检查 10
    五、质量控制的原则 11
    六、质量控制的重要性 11
    七、质量控制的保证 12
  第四节 质量控制的发展概况 14
    一、质量控制发展 14
    二、中国质量控制发展简介 17
  小结 18
  习题一 18

第二章 质量分析与控制方法 19
  章前导引 20
  第一节 质量分析的常用方法 20
    一、调查表法 20
    二、水平对比法 25
    三、流程图法 26
    四、因果图法 31
  第二节 质量控制的常用方法 34
    一、直方图法 34
    二、排列图法 39

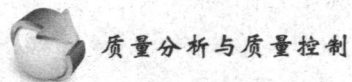

三、散布图法 …………………………………………………………… 42
四、分层法 ……………………………………………………………… 47
小结 ………………………………………………………………………… 48
习题二 ……………………………………………………………………… 48

第三章 控制图 ……………………………………………………………… 49

章前导引 …………………………………………………………………… 50
第一节 控制图概要 ……………………………………………………… 50
一、控制图的重要性 …………………………………………………… 50
二、产品质量的统计观点 ……………………………………………… 50
三、控制图的概念 ……………………………………………………… 51
四、控制图的解释 ……………………………………………………… 51
第二节 计量值控制图 …………………………………………………… 56
一、计量值控制图系数 ………………………………………………… 56
二、控制图方法 ………………………………………………………… 58
第三节 计数值控制图 …………………………………………………… 64
一、计件控制(适用于二项分布) ……………………………………… 65
二、计点控制(适用于泊松分布) ……………………………………… 68
第四节 标准化控制图(通用控制图) …………………………………… 70
一、统计量的标准化 …………………………………………………… 70
二、标准化控制图 ……………………………………………………… 72
第五节 控制图的观察分析与使用 ……………………………………… 75
一、两类错误和 3σ 的方式 ………………………………………… 75
二、控制图的判断准则 ………………………………………………… 76
第六节 控制图的经济设计 ……………………………………………… 81
一、$\bar{x}$ 图最优设计准则 …………………………………………… 82
二、$\bar{x}$ 图经济设计的简化方案 …………………………………… 84
三、损失–费用的计算 ………………………………………………… 86
四、np 图最优设计的准则 …………………………………………… 88
五、np 图经济设计的简化方案 ……………………………………… 89
小结 ………………………………………………………………………… 91
习题三 ……………………………………………………………………… 91

第四章 SPC 与 SPCD ……………………………………………………… 92

章前导引 …………………………………………………………………… 93
第一节 过程控制与 SPC 概述 …………………………………………… 93
一、过程控制 …………………………………………………………… 93
二、SPC 概述 …………………………………………………………… 94

第二节　统计过程控制的发展 …………………………………………………… 96
一、统计过程控制的理论发展 …………………………………………………… 97
二、控制图的图种发展 …………………………………………………………… 97
第三节　统计过程控制的实施 …………………………………………………… 99
一、共同原因与特殊原因 ………………………………………………………… 99
二、SPC 的推行步骤及注意事项 ……………………………………………… 100
三、SPC 的成功条件 …………………………………………………………… 102
第四节　统计过程控制与诊断 ………………………………………………… 103
一、两种质量诊断理论 ………………………………………………………… 104
二、两种质量多元诊断理论简介 ……………………………………………… 115
小结 ……………………………………………………………………………… 121
习题四 …………………………………………………………………………… 121

第五章　工序质量控制 ……………………………………………………… 123
章前导引 ………………………………………………………………………… 124
第一节　工序控制概述 ………………………………………………………… 124
一、主导因素的分析 …………………………………………………………… 124
二、控制影响工序的因素 ……………………………………………………… 125
三、质量控制点 ………………………………………………………………… 126
四、工序质量控制的内容 ……………………………………………………… 127
五、工序质量控制实践中亟待解决的问题 …………………………………… 128
第二节　工序能力分析 ………………………………………………………… 129
一、工序能力 …………………………………………………………………… 129
二、工序能力指数 ……………………………………………………………… 130
三、工序能力的判断 …………………………………………………………… 132
四、工序能力测定的方法 ……………………………………………………… 133
五、工序能力调查 ……………………………………………………………… 133
第三节　工序质量控制的革新 ………………………………………………… 135
一、线内质量控制 ……………………………………………………………… 135
二、线外质量控制 ……………………………………………………………… 136
第四节　工序质量控制系统 …………………………………………………… 137
一、功能设计 …………………………………………………………………… 137
二、工序质量控制系统的功能与特点 ………………………………………… 140
三、工序质量控制系统的创新之处 …………………………………………… 141
四、功能的实现方式 …………………………………………………………… 141
小结 ……………………………………………………………………………… 142
习题五 …………………………………………………………………………… 142

第六章 制造过程质量自动控制 143

章前导引 144

第一节 制造过程质量自动控制的概念 144

第二节 质量工程控制应用系统概述 145
    一、系统简介 145
    二、系统的特点及目的 146
    三、质量工程应用系统控制方案 147
    四、系统主要子系统介绍 149

第三节 质量数据采集及其自动化 155
    一、数据采集系统的基本组成 155
    二、数据采集方式分类 156
    三、检测方法 157
    四、检测参数 158
    五、典型检测方法 158

第四节 质量控制平台实验设计 159
    一、实验目的 160
    二、实验设备 160
    三、实验步骤 160
    四、实验结果分析 160

小结 163

习题六 163

附录 标准化打点表($pn_T-1 \sim pn_T-10$) 164

参考文献 168

第一章
质量分析与控制概要

第一节　质量的概念与特性
第二节　质量分析概述
第三节　质量控制概述
第四节　质量控制的发展概况

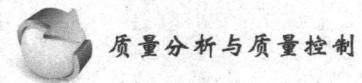

章前导引

人们每天的生活、工作，离不开各种各样的产品，人们还每天利用各种天然的和人造的材料去生产各种产品。这些产品包括物品和服务两大类。任何一种产品，无论是物品还是服务，都必须满足人们的某种需要，满足程度不同，就产生了质量问题。

质量是人们安居乐业的保障。产品质量与人们的生活和工作息息相关。在生活上，人们都希望住在健康、安全的社区环境和舒适的房屋内，使用经济、可靠的生活用品，穿着美观、合体的服装，食用营养、卫生的食品，得到热情、体贴的服务；在工作上，人们则希望获得适用、可靠的原材料、工具仪器、设备网络，有一个安全、文明、和谐的工作环境。因此，优质是人们生活与工作的保障。

质量是企业生存和发展的根本。在激烈的市场竞争中，劣质的产品往往使一个企业陷于困境甚至消亡。"质量是企业的生命"这一理念正被越来越多的企业贯彻于其生产经营活动中。这绝不是一句口号，而是体现在企业的每一项活动中，或者说工作质量是产品质量的根本保证；每个力图树立正面品牌形象的企业都要认识到，品牌的根基在于质量，而不是依靠精心的包装。"世界500强"企业，平均寿命不足50年，每10年就有1/3的企业被市场淘汰，能够保持在"世界500强"的正是那些不断追求创新的企业，而质量工作的创新是最富有生命活力、对企业具有最关键作用的创新。

质量是一个国家科技水平和经济水平的综合反映。高质量的产品需要设计、制造等一系列过程。科技水平不高，是无法生产出优质产品的。在竞争激烈的全球经济中，有没有高质量的商品，直接影响一个国家的经济竞争力。为了更好地满足用户需要，达到更大的竞争优势，对质量进行分析以及相对应地进一步采取控制措施就显得尤为必要。

第一节 质量的概念与特性

当前，国际质量竞争日趋激烈，特别是在中国，许许多多走出去的企业认识到：采取廉价低质的倾销策略已经不能抢占市场，反而会被市场所淘汰。反观现在市场中取胜的企业，比如美国的苹果公司、零售巨头沃尔玛等，它们共同的制胜法宝就是产品或是服务的优良质量。

一、产品与质量

（一）产品

产品即劳动生产物，它是人们为了生存的需要，通过有目的的劳动创造的物质资料，一般认为就是我们日常生活中所使用的诸如桌椅、板凳、房屋、汽车等用品。然而，这只是传统意义上的产品概念，不是现代意义上的产品概念。我们所说的产品，包括有形产品和无形产品，是一个非常广泛的概念，如知识、计算机软件、服务等，这些都是无形产品，而如桌子、汽车等硬件产品是有形产品，现代产品概念包括了这些产品范围。

ISO 9000：2000 标准中的产品是依据质量管理对象的特性和质量管理的特点来定义和分类的，它将产品定义为：过程的结果。也就是说，产品是活动或过程所产生的结果，没有过程就不会有产品，比如苹果公司的 iphone 系列手机，只有经过智能手机生产线的生产过程才可以生产出备受青睐的智能手机。ISO 9000：2000 标准中所说的产品包括硬件、流程性材料、软件和服务或是这些类型的组合。

对于产品概念的理解，总括起来应从以下几个方面分析。

(1) 产品包括有形产品（装配型产品或流程型材料）和无形产品（性质、概念、服务等）。

(2) 产品包括有意识的产品（向顾客提供的，顾客所需要的产品）和无意识的产品（人们所不期望得到的东西，如污染或副作用）。

(3) 产品包括硬件、流程性材料、软件和服务，以及这4种类型的任意组合。

① 硬件

硬件是具有特定形状的、可分离的产品，它一般由制造的、构造的或装配的零件、部件、构件或组合件所组成，如车床、装载机、房屋、桥梁、电视机、卫星等都是硬件产品。

② 流程性材料

流程性材料是将原材料转化成某种预定状态而形成的有形产品。它的状态可以是液体、气体，也可以是固体，如粉末状、颗粒状、块状、线状或片状的水泥、化肥、固态化工材料、板材和线材等。流程性材料产品的另一个显著特点是通常以桶、袋、罐、瓶、盒、管道或卷成筒状的形式交付。

③ 软件

软件是由通过载体表达的信息所组成的知识产品，如各种信息、数据、记录、标准、程序和计算机软件等。

④ 服务

服务是为了满足顾客的需求，供方和顾客之间的接触活动以及供方内部活动所产生的结果。服务是无形产品，供方和顾客均可设人员或设备来提供与接收，并可与有形产品的制造和提供相联系，如各企业的产品销售服务，饭店的餐饮服务。这时，有形产品的制造、提供或使用是服务产品中的一个组成部分。

通常情况下，产品都是两种或两种以上产品类型的组合。如电子计算机，基础是硬件，而其说明书、操作系统等是软件，售后维修等就属于服务。

从世界范围来看，制造业经历了产品导向、制造导向、销售导向三个阶段，发展到今天的竞争导向阶段。在制造业发展的不同阶段，质量观念也随之发生变化。人们对"质量"概念的理解一直向着更深化、更透彻和更全面的方向发展。

(二) 质量的定义

那么，究竟什么是产品质量呢？长期以来，专家们给产品质量下了不同的定义。

1. 朱兰的定义

美国著名的质量管理专家朱兰（J. M. Juran）博士认为，产品质量就是产品的适用性，即

"产品在使用时能成功地满足用户需要的程度"。

该定义有两个方面的含义,即"使用要求"和"满足程度"。人们使用产品,总对产品质量提出一定的要求,而这些要求往往受到使用时间、使用地点、使用对象、社会环境和市场竞争等因素影响。这些因素的变化,会使人们对同一产品提出不同的质量要求,因此,质量不是一个固定不变的概念,它是动态的、变化的、发展的。它随着时间、地点、使用对象的不同而不同,随着社会的发展、技术的进步而不断更新和丰富。

用户对产品的使用要求的"满足程度",则反映在对产品的性能、经济特性、服务特性、环境特性和心理特性等方面。因此,质量是一个综合的概念,它并不要求技术特性越高越好,而是追求诸如性能、成本、数量、交货期、服务等因素的最佳组合,即所谓的最适当。朱兰认为,用户对产品的基本要求就是"适用","适用性"恰如其分地表达了"质量"的内涵。

2. ISO 9000:2000 的标准

国际标准化组织(ISO)在 ISO/FDISO 9000:2000 标准中,把质量定义为一组固有特性满足要求的程度。这一定义可以从以下几方面来理解。

质量是以产品、体系或过程作为载体的。定义中"固有"是指在某事或某物中本来就有的,尤其是那种永久的特性。"特性"是指可区分的特性,它可以是固有的或赋予的,定性的或定量。特性有多种类型,如物理的、感官的、行为的、时间的、人体功效的、功能的等。

质量是名词。质量本身并不反映一组固有特性满足顾客和其他相关方要求的能力的程度。所以,产品、体系或过程质量的差异要用形容词加以修饰,如质量好或质量差等。顾客和其他相关方对产品、体系或过程的质量要求是动态的、发展的和相对的。它随着时间、地点、环境的变化而变化。所以,应定期对质量进行评审,按照变化的需要和期望,相应地改进产品、体系或过程的质量,才能确保持续地满足顾客和其他相关方的要求。

3. 田口玄一的定义

田口玄一提出的质量概念是以否定的方式来定义的。田口玄一对质量下的定义是:产品从装运之日起,直到使用寿命完结为止,给社会带来的损失程度。换句话说,质量是用产品出厂后,带给社会的损失大小衡量。其中损失可以分为有形损失和无形损失。有形损失包括三部分:一是由于产品性能波动所造成的损失;二是由于产品缺陷项目所造成的损失;三是产品的额外使用费用。无形损失包括导致企业信誉损失的顾客满意成本。

4. 克劳斯比的定义

美国质量管理学者克劳斯比(P. B. Crosby)将质量定义为:质量就是合乎标准。对于生产者来说,质量意味着同技术要求的一致性。他们通过技术标准来体现其质量状况,在制造业,通常表现为公差、寿命、可靠性等;在服务业,则通过其服务标准来表现,如服务承诺、服务守则、制度等。对于生产者来说,质量与其现有生产技术能力和欲达到的目的相关。质量标准可以将质量转化为便于衡量的特征值。质量必须符合要求,意味着组织的运

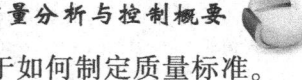

作不再只是依靠意见或经验，而是将所有的脑力、精力、知识集中于如何制定质量标准。达到标准的质量是企业质量管理所追求的目标。

二、质量的特征

产品满足人们某种需要所具备的属性和特征称为质量特性。根据不同的使用要求和使用目的，不同的产品具有不同的质量特性，有内在特性，如结构、性能、强度、精度等；有外在特性，如形状、气味、色泽等；有经济特性，如成本、价格、营运费用、维修费用等；有商业特性，如交货期、保修期等。企业为实现产品的适用性，还要通过确定某些技术规范并实现全部生产活动，生产出符合技术规范的产品，实现质量的符合性。从适用性和符合性两个角度理解质量，既具有科学性，又具有可操作性。

同时，产品是一个复杂的系统，产品质量不是表现在某一个局部范围或某几个指标，而是表现为一系列相互影响、相互制约的特性。因此，工业发达国家提出，要对产品质量进行多维评价，通常用以下 8 维表征产品质量。

（一）功能

产品的功能是指产品在设计开发、研制阶段综合顾客和社会的需要对产品所规定的功能，并在制造过程和生产阶段加以保证的。功能可分为使用功能和顾客的心理功能。例如，对客车而言，其使用功能包括最高时速、耗油量、载客数、启动性能等；心理功能包括造型的美观、颜色的协调等的低级需求，以及满足顾客个性化要求和使用情趣的高级需求。

（二）可靠性

产品的可靠性是指在规定的条件下和规定的时间内，完成规定功能的能力。产品的可靠性是与规定的条件分不开的。所谓"规定的条件"，包括气候因素（温度、湿度、气压）、机械负载（震动、加速度）、使用因素（供电电压、润滑状况）等；所谓"规定的时间"是指产品的规定寿命，在规定寿命期内产品应能完成规定的任务。

（三）维护性

产品的维护性是指产品在规定的条件下和规定的时间内，按规定的程序和方法进行维修时，保持或恢复到规定状态的能力。可靠性与维护性决定了产品的可用性。可用性是指产品在任何时刻，当需要和开始执行任务时，处于可工作、可使用状态的程度。可用性之所以重要，并被列为评价产品质量的基本特性，是因为它关系产品的成败。产品如果不具备所要求的可用性，其技术性能就不能正常发挥，甚至不能被实际使用，产品就失去了存在的价值，因而为此付出的全部代价也就失去了意义，甚至还会造成严重的产品责任事故。

（四）安全性

产品的安全性是指因产品的故障造成对人的伤害或损坏的风险，限制在可接受水平的范围。如一架飞机在飞行中失事、一种家用电器在使用时漏电危及使用者等，都会产生严重的产品责任问题，并给社会、环境和人类造成极大损失。

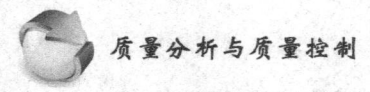

(五) 适应性

产品的适应性是指产品适应外界环境变化的能力。这里所说的环境包括自然环境和社会环境。自然环境指产品适应不同地形、天气、温度与湿度等自然条件的能力；社会环境指产品适应某些地区、某些国家、某类顾客等需求的能力。

(六) 经济性

产品的经济性是指合理的产品寿命周期费用。产品寿命周期费用包括开发研制过程、生产制造过程、流通使用过程，以及使用出现故障后维修所需费用的总和。它是满足顾客和社会要求的主要质量特性之一。如果产品具有良好的性能、可信性、安全性、适应性，但是造价、运输和维修费用十分昂贵，这样的产品是不可能得到顾客青睐的。产品的经济性是保证企业在竞争中得以生存的关键之一，是产品质量特性的重要组成部分。

(七) 时间性

产品的时间性是指在规定的时间内，满足顾客对产品交货期和数量要求的能力，以及随时间变化满足顾客需要变化的能力。在科学技术日新月异的时代，产品的更新换代、新产品的开发及供货的及时性被提高到十分重要的地位。

(八) 环保性

产品的环保性是指产品对防治环境污染、改善生态环境、保护自然资源所发挥作用的程度。随着经济的发展，严峻的生态环境使人们赖以生存的空间受到严重威胁。任何产品都应该考虑是否有利于环境保护和生态平衡，这已成为全社会的共识。产品的环保性主要体现在减少或消除对不可再生原材料的使用，减少或消除产品对生态环境和人类健康的负面影响等方面。

把握产品质量的特性是提高产品质量的关键。充分认识产品质量多维性在市场竞争中的作用，并以多维性特性为基础，研究质量管理的策略和技术，是近年来工业发达国家质量管理关注的焦点。

第二节 质量分析概述

质量的重要性要求我们在生产的过程中必须要注重质量问题，因此对于质量的分析，特别是对质量的控制就显得尤为必要。质量分析是质量改进的前提，只有充分地对质量问题进行分析才能更好地进行针对性的质量改进，是一个优化过程。

一、质量分析的内容

通常将质量分析活动称为三分析活动，因为质量分析活动包含三方面内容。

1. 分析产生质量问题的危害性

任何组织存在的质量问题，必然会对组织、顾客及各相关方带来不同程度的危害性，分析危害的性质和程度，以便从主观上提高对解决质量问题的重视程度。

2. 分析产生质量问题的原因

解决质量问题的实质在于消除产生质量问题的原因。因此，在质量分析活动中应采用科学方法分析出影响质量问题的确切原因，以利于有针对性地采取纠正和预防措施消除质量问题及预防类似问题的发生。

3. 分析解决质量问题应采取的措施

质量分析和质量改进的最终目的是消除存在的质量问题和预防类似问题的发生。因此，需要针对第2步分析得到的因素采取纠正和预防措施以实现最终目的。

二、质量分析的关键内容

质量分析活动的关键内容是分析出影响质量问题的确切原因。解决质量问题的实质就是消除影响质量问题的原因。很多情况下经过质量改进后效果甚微，究其原因大多是由于未能分析出影响质量问题的确切原因，解决质量问题的措施未涉及其实质所致。

原因分析可以采用因果图、因素展开型系统图或关联图等一系列工具进行分析，但这里强调的是原因分析的关键并不在于采用什么工具，关键是分析过程是否正确。

一般情况下质量问题来源于两个方面。

1. 错误的理解

任何一项工作、活动都是依据科学原理经过周密的设计或策划，拟制出一套切实可行的实施规范(标准、规程、文件等)，以指导工作或活动正常有序的进行。对于这些实施规范，要求实施者必须有正确的理解。应注意到标准、文件的发布日期和实施日期往往会有半年左右的时间差，其作用就是要求在发布后，实施者必须在这段时间内进行充分的学习、认识，要有一个正确的理解过程。正确的行动首先来源于对规范的正确理解，理解不正确必然在实施中发生质量问题。

2. 错误的操作方法

在正确理解的前提下需要有正确的操作方法去实施。虽然对规范有了正确的理解，但操作方法不正确，依然会发生质量问题。

那么，如何进行正确的分析呢？重要的是掌握过程的"事实"。很多情况下，经过质量分析、质量改进过程，最后经验证并未取得显著的效果。应当说主要是分析过程没有掌握住过程的"事实"。

一些人认为自己所学习和掌握的专业理论，在长期工作中积累的经验，为什么经过质量分析、质量改进活动后不能取得显著效果呢？因为质量分析过程是一个集思广益的过程，应当在广泛、深入调查研究的基础上进行深入细致的分析，真正掌握事物的全面事实，涉及问题的实质才有利于质量改进目标的实现。

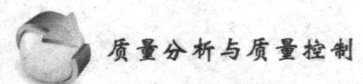

第三节 质量控制概述

质量控制不同于质量分析,并不是一个优化过程,而是对于计划的执行。朱兰将质量控制定义为:制订和运用一定的操作方法,以确保各项工作过程按原计划方案进行并最终达到目标。他列出了质量控制的7个步骤:①选定控制对象——控制什么;②配置测量设备;③确定测量方法;④建立工作标准;⑤判断操作的正确性;⑥分析与现行标准的差距;⑦对差距采取行动。总的来说,质量控制就是在经营中达到质量目标的过程控制,关键在于把握何时采取何种措施,最终结果是按照质量计划开展的活动。

 质量控制理论基础

由于近代科学技术的迅速发展,在生产生活和各类科学实验中经常要用到与概率论及数理统计有关的知识。辩证唯物主义告诉我们,客观世界中任何事物都具有一定的规律——必然性规律和偶然性规律。概率论与数理统计是人们在不断的实践过程中对偶然现象规律性认识的结晶。在实践中,如果我们只孤立地看到了偶然现象的各个方面,就得不出什么规律性。但是,当我们研究大量的偶然现象的时候,抓住了偶然现象的数学本质——量及其相互联系,考虑到现象的全体,就可以发现偶然现象存在着必然的规律性。概率论是研究大量随机(偶然)现象的统计规律性的科学,而数理统计学是研究随机现象的某一类特殊的统计规律性。

统计质量控制(简称质量控制)是数理统计学的一个分支,它是研究从总体中所抽样本的某些数字特征所表现的统计规律性,并从样本所遵循的规律性推断总体的规律。数理统计学的核心部分是统计推断,而统计推断是质量控制的理论基础。实际上,质量控制是统计推断的具体应用,它是在生产活动开始以后,如何根据统计推断的理论在活动的全过程中适时地用度量、比较、纠正和复证的办法来监督这种活动的进行。质量控制可以应用于任何重复的过程,它所研究的是在或多或少的固定条件下大量生产的产品。应用质量控制的方法不仅可以对将来生产的产品质量进行科学的预测,更重要的是可以用来控制和监督生产过程,限制和预防废品的出现,以达到改善生产过程和提高成批产品质量的目的。

 质量波动理论

在生产制造过程中,无论把环境和条件控制得多么严格,任何一个过程所生产出来的两件产品都是绝对不可能完全相同的。也就是说,任何一个过程所生产出来的产品,其质量特性值总是存在一定的差异,这种客观差异称为质量的波动性。

(一)质量因素

影响质量的因素称之为质量因素,按照不同的划分方法,质量因素可以如下划分。

1. 按不同的来源

按不同的来源可分为：操作人员、设备、原材料、操作方法、环境。国际标准 ISO 9000 则分得更细，除了上述因素，还有计算机软件、辅助材料与水电公用设施等。

2. 按影响大小与作用性质

（1）偶然因素

偶然因素具有 4 个特点：对产品质量的影响微小；始终存在；每一件产品受到的影响不同；难以去除。

（2）异常因素

异常因素又称为系统因素。异常因素与偶然因素相对应也有四个特点：对产品质量的影响大；有时存在；一系列产品受到同一方向的影响；较易去除。

（二）质量波动

1. 偶然波动

偶然因素引起的产品质量的偶然波动，又称为随机波动。偶然波动是由许多原因引起的，而每一个原因只起很小的作用。由于排除一个单一的原因只会对最终结果起到很小的影响，因此从经济的角度考虑，减少偶然波动是非常困难的。

2. 异常波动

异常因素引起产品质量的异常波动，又称系统波动。异常波动能引起系统性的失效或缺陷。异常波动一般由单一的不明的原因造成，而这个原因能引起明显的后果。因此，及时确定异常波动，检验并采取措施消除异常波动的后果是非常有意义的。

3. 偶然波动与异常波动的比较

当一个过程只有偶然波动时会产生最好的结果。在有异常波动发生的情况下，想要减少过程的波动，第一步就是要消除异常波动。

随着科技的进步，有些偶然因素的影响可以设法减少，甚至基本消除。但是从偶然因素的整体来看是不可能完全消除的，因此，偶然因素引起产品质量的偶然波动也是不可避免的。必须承认这一客观事实，产品质量的偶然波动是影响微小的，同时又是不可避免的。一般情况下，不必特别处理。

异常因素则不然，它对产品质量影响较大，可造成产品质量过大的异常波动，以致产品质量不合格，同时它也不难消除。因此在生产过程中异常因素是需要注意的对象，同时也是质量控制的重要一部分。

三、质量控制的任务

客观世界中的事物是矛盾的，变异是客观矛盾的反映，所以变异是自然界固有的属性，也是所有产品所固有的特性。为了确定产品质量变异的容许范围，生产者或消费者常常规定某些标准。产品质量符合某一标准的，就认为是合格品。这些标准通常不仅按产品属性来划分，而且还规定产品质量的上限和下限。位于这两界限之内的，认为是合格品。这个上限和下限通常称为规格限或公差限。

对产品质量实行统计控制时,生产者面临两个问题需要解决:

一是如何稳定生产过程,使质量不合格的产品的百分数不过分大;

二是如何使成批产品中不包括过多的不合格品。

因此,质量控制应该研究同一任务的两个方面:生产过程的控制和成批产品的控制。前者是用统计方法监督产品质量的恶化,减少不合格品。它是估计生产过程将来的动作,通常叫做过程控制或工序控制,这一部分内容将在本书的第五章中介绍。后者是在生产过程完毕后,鉴定一批产品的质量是否合乎要求,它是鉴定生产过程过去的动作,叫做验收检查。通过过程控制能及时发现过程中存在的问题,预防不合格品的出现,过程保持稳定,产品质量均匀,从而提高产品的使用价值。通过验收检查可以鉴定一批产品是否合乎今后的再加工或消费者使用的要求,从而促进生产者不断提高产品质量。如果生产过程纳入控制状态,则在销售或购买产品时不必过多地担心产品质量的低劣。

四、过程控制以及验收检查

(一)过程控制

过程控制的主要目的是保证制造过程处于控制状态,预防废品出现。用统计方法确定控制限,要使监督制造过程的工人在发现点越出界限时,通常能找到过程受到严重破坏的原因,同时又不能错误地寻找原因。因此控制限的制订要保持下列两类错误之间的平衡:

(1)当生产过程实际上并没有受到破坏时,错误地找寻了过程受破坏的原因;

(2)当生产过程实际上已受到破坏时,控制图上没有显示出生产过程受破坏的信号,从而没有找寻到被破坏的原因。

这两类错误中任何一类都不应该过分频繁地发生,而且其中任何一个的频数的降低都不应当增大另一个的频数。换言之,这两类错误的概率都应该足够小。

依照表示产品质量的三种形式,过程控制分为计量控制、计数控制和计点控制三类;依照批质量表示形式的不同,计量控制图又分为平均值、中位值、标准差和极差控制图等。

(二)验收检查

验收检查的目的是根据从一批产品(亦称产品批)中抽取的一个或若干个样本的信息来确定这批产品的质量,并做出接收或拒收该批产品的决定。验收检查的工具是抽样验收方案。这种方案的编制,至少要满足下列要求中的两个:

(1)好的产品批次被拒收的概率不应大于某一确定的值 α,这个值叫做生产者风险;

(2)坏的产品批次被接收的概率应该小于某一确定的值 β,这个值叫做消费者风险;

(3)经过抽样检验后,产品的平均不合格品率应低于某一值;

(4)被检验的产品数量应该最少。

需要指出的是,在控制图上确定控制限的条件是与前两个要求相似的。在一般形式下,上述两类风险可以定义为:

(1)拒绝正确假设的错误;

(2) 接收不正确假设的错误。

这两类错误的大小要达到可接受的平衡。

虽然过程控制和验收检查的任务有本质上的不同，但是作为基础的统计研究方法却是相同的。验收检查分为计数检查（包括计点检查）和计量检查两类；依照批质量的不同表示，计量抽样方案又可分为按平均值和按不合格品率的方案两类。

五、质量控制的原则

在质量控制中要采用一些基本原则，一切控制工具都是围绕着这些原则解决问题的。

1. 预防原则

质量控制的主要目的不是设立检查站或关卡去发现或者找寻不合格品，而是设法预防不合格品的产生。因为产品的质量是制造出来的而不是检查出来的，所以最有效的生产方针不是去找寻或去发现不合格品，而是如何设法使生产中不出或少出不合格品，这就是预防的原则。要预防就得考虑事件发生的概率和生产者或消费者所承担的相应风险。所以质量控制同概率和风险有着密切的联系。

2. 经济原则

预防的程度可以是无止境的，但是这里所指的预防不是无条件的预防，而是在满足经济效益的前提下采取一切合理经济的预防措施。质量控制为我们提供了许多有效的、预防性的控制工具和办法。这些工具在运用的时候除了要考虑产品方面有特殊的要求以外，还必须运用经济观点考虑如何选用这些工具，切不可大材小用或小材大用。因此，有时我们也可以放松预防而采用事后抽查，这将取决于经济核算的原则。质量控制是为生产服务的，必须在经济核算的原则下采取各种控制措施。各种控制和检查工具，每种都有它的经济使用价值，以供各种不同生产的需要。

3. 协作原则

现代化工厂的组织和分工是很细的，而提高和控制产品质量的责任又和许多部门的职责息息有关。要发挥控制产品的最大效能，不能单靠把关、加压等压迫式办法，而应设法把各部门有关产品质量的职能有机地结合起来，使各职能单位在各自的岗位上发挥积极的效能，共同为生产优质产品而努力。

六、质量控制的重要性

质量控制的方法是与统计抽样相联系的。我们是根据从总体抽得的样本做出关于总体性质的结论。质量控制关系着制订产品规格、实际制造和产品检查的整个生产活动，它有下列一些用途。

（1）可以确定生产过程进行得是否满意。对处于统计控制的过程可认为是满意的或稳定的过程。这时虽然也可能有少量的不合格品，但对今后的加工和使用并无多大影响。

（2）为制订产品规格提供合理的基准。如果查明正常情况下，质量特征值与公差限不符，则必须合理地修订公差限。

（3）如果生产过程处于控制状态，则可减少成批产品检查的费用。这时可以抽取小量样品和从经济观点确定最有利的方案。

（4）为给产品设计、实际制造和产品检查三方面工作人员提供一种共同语言，使他们可以了解彼此间存在的问题，进而建立协同合作的关系。

七、质量控制的保证

要保证产品质量，必须对每个环节按总计划目标进行质量控制。

（一）设计研制阶段

生产一件产品，应该包括调查研究、目标设想、开发研究、机构设计、强度计算、精度分析、试制检测、评价鉴定等一系列过程。设计研制阶段工作的好坏，将决定产品的优劣，为此要注意以下各个问题。

1. 产品的分析论证

对于要设计的对象，如某机构、某仪表、某装置要做充分的分析、论证，不但要考虑设计对象的结构合理性、技术先进性、经济效益和社会效益的可行性，而且还要考虑以后各阶段的产品质量的可控性，如产品制造中工序能力是否能达到、检测能力是否有保证，产品的使用、维护、保养是否方便，产品的包装、库存和运输是否安全可靠等问题。

2. 循序渐进，逐步开展，切忌企图一蹴而就

目前，有些行业，借"百花争艳"、"各显其能"之名，行"片面追求产量"之实，忽略了产品质量。一个新产品投入批量生产之前，必须通过严格的鉴定或评审。鉴定之前，要进行方案论证、方案验证、方案定型等一系列准备工作。在此基础上，编制有关技术文件，以指导制造过程来保证产品质量。

3. 质量成本分析

产品的技术性与适用性统一，使产品质量与价格相协调，这就是设计的质量、决策的质量。质量成本是分析产品技术经济的一个重要组成部分，用以明确产品质量的变化与其相应费用和成本之间的关系，所以它包括了保证产品质量和提高产品质量所需要的全部费用。

4. 可靠性设计

可靠性的研究与产品质量紧密相关，而且是产品质量的一个属性和指标，它表示了产品在一定使用条件和时期内完成预期功能的能力。可靠性有固有可靠性、使用可靠性和适应可靠性之分。固有可靠性是指按一定的设计图纸和加工方法生产的产品所具有的可靠程度，是三种可靠性中的主要者；使用可靠性是指与产品的使用、维护、保养、修理有关的可靠程度；适应可靠性是指产品在使用中对周围环境影响的适应程度。

在研究可靠性时，运用了概率论和数理统计学等数学工具，给产品可靠性的测量、选择、保证、管理等赋予量值化的技术指标。

（二）产品制造阶段

按设计的技术要求，根据图纸进行制造，务必使制造质量与设计质量一致，是质量控制的重要目标，所以产品的制造过程是质量控制的一个重要环节，其具体措施有以下几方面。

1. 调查工序能力

工序能力直接影响到能否稳定地生产合格产品，从而保证产品的质量。影响工序能力的因素有人、机器、测量器具、原材料、加工方法以及加工现场环境等，有必要做逐项的检查，并给予必要的控制。

2. 选择适当的检测器具和检测方法，确保检测结果的正确和可靠

换言之，在控制产品制造质量的同时，必须注意检测质量。由于检测误差而影响产品平均出厂质量，也是必须注意的问题。

3. 辅助生产的安排

如原材料的提供、工装夹具的设计和制造、设备的配套及其精度的保持、外协件的质量、成本和交货期等都需周密筹划、统筹考虑，甚至对产品的包装、储存、运输，也需加以重视，以保证产品质量。

（三）质量信息的反馈

质量信息的反馈是不断地控制和提高产品质量不可缺少的依据。从产品的设计质量、制造质量和使用质量的各个方面所收集的有关数据，经过去粗取精、去伪存真地整理和分析，以作为逐步改进和提高产品质量的原始资料和查考档案。整理和分析反馈数据时，必须注意以下两个方面。

1. 有关质量的资料数据应当齐全

有些工厂资料（数据）残缺不全，甚至一无所有，个别工厂连设备的说明书也不保存，要了解设备精度，答案是"还可以"，究竟"可以"到什么程度，无法以定量方式奉告，可见对有关质量的情报资料没有累积和保存，这对产品质量的保证和提高是一大缺陷。为此，有必要建立质量档案，目前名牌产品厂家执行的"产品三保"和"质量跟踪"，是值得提倡的做法。

2. 认真填写质量调查表和质量控制图

为完成质量管理的要求，对质量表格和质量控制图的填写或画点，必须认真对待，切勿敷衍应付。数据必须来自实践，记录要实事求是，来不得半点虚假。不准确或无把握的数据非但无济于质量真实信息的反馈，而且还有害于对真实质量的判断。

（四）质量控制保证体系

综上所述，可以把质量控制保证体系用图框表达，如图1-1所示。

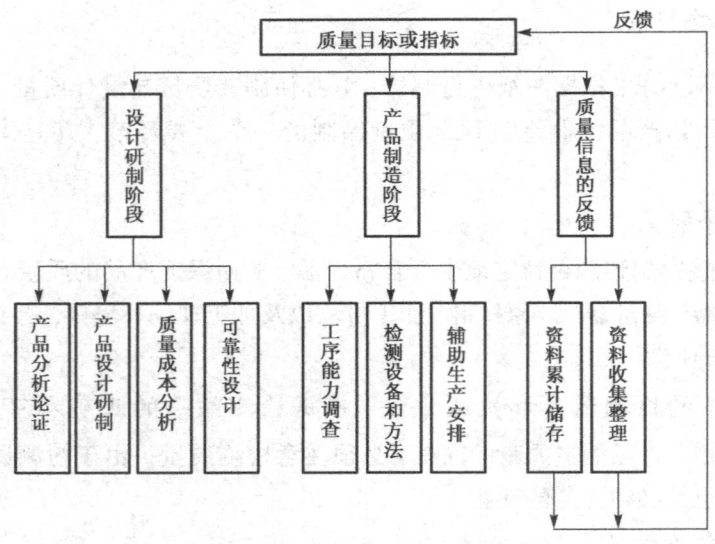

图 1-1　质量控制保证体系

第四节　质量控制的发展概况

一、质量控制发展

自从产品问世，尤其是产品成为商品以来，就存在着产品质量问题。

质量管理是伴随着产业革命发展起来的。从历史的观点来看，差不多每隔 20 年，在质量管理工作方面就会发生重大的变革。质量管理的观念和方法也随着社会经济的发展不断在更新。质量管理的发展阶段可以分为以下 4 个阶段。

（一）初级阶段

为了便于使产品具备必要的性能、状态和形状，提高生产效率，人们采取按配套件进行生产的方式。如轴孔配合，人们积累生产经验和根据使用效果，认为某一轴孔配合的性能最符合使用者的要求，即以该轴为制造孔的标准，凡按此轴检查认为合格的孔，即视孔的质量为合格。同样，以该孔为制造轴的标准，凡按该孔制造而得的轴，即为合格轴。这样就脱离了原始的生产方式——"随心所欲、自以为是"，产品质量得到了控制。

（二）质量检验阶段

美国工程师泰勒（F. W. Taylor）根据 18 世纪产业革命以来工业生产管理的实践和经验，主张用科学检验法代替世袭的经验法，创建了"泰勒制度"。其中心思想是计划职能与执行职能必须分开，执行时要加强检查和监督，使产品的检查与制造分开，使检查成为一道独立工序，并建立检查机构专管其事。这种由专职检验人员进行的质量管理在 20 世纪 30 年代风行一时，达到了顶峰，对于避免因不合格品出厂而给用户造成损失起到了很好的质量把关作用。但是这个时期的质量管理，其主要特点是进行质量的检验工作，尤其是局限于事后检验，不能预防废品的产生，因此并不能减少因废品而造成的损失。随着生产效率的不断提高，变消极把关为积极预防的要求越来越迫切。同一时期，法国亨利·费尧(Henry Fayol)于1916年发表了《管理与一般管理》，他与泰勒的主张不同之处在于，强调了人的因素。1924年，休哈特(W. A. Shewhart)首先把数理统计概念和方法应用到管理中，提出了控制生产过程进行产品缺陷预防的做法，即三西格玛(3σ)图法，也就是现在广泛应用的质量控制图。但到了20世纪30年代初，受到资本主义世界经济危机的冲击，商品滞销、产品大量积压、生产力下降，这种方法未能得到广泛的应用。因此，一直到20世纪30年代末40年代初，绝大多数企业仍采用事后检验的质量管理方法。在质量检验阶段，有如下几种情况。

(1)操作者质量管理。工人自己制造产品，又自己检验产品质量，制造和检验质量的职能统计集中在操作者身上，因此称为操作者质量管理。

(2)工长质量管理。由工长行使对产品质量的检验，操作与检验职能分化(质量检验职能强化)。

(3)检验员质量管理。实行管理分工，设专门的质量检验岗位、专门的质量检验员、专门的质量检验部门。

质量管理从操作者发展到检验员，对提高产品质量有很大的促进作用。但随着社会科技、文化和生产力的发展，质量检验阶段显现出很多不足，如事后检验、全数检验和破坏性检验(判断质量和保留产品之间发生矛盾)等。

事后检验、全数检验存在的不足引起了人们的关注，一些质量管理专家、数学家开始注意质量检验中的弱点，并设法运用数理统计原理解决这些问题。

(三)统计质量控制阶段

20世纪四五十年代是统计质量控制阶段。其实，早在1924年，美国数理统计学家休哈特已在美国贝尔公司做出了第一张控制图，并建立了一套统计卡片，但没有得到普遍采纳。直到第二次世界大战爆发，美国工业生产，尤其是军火生产迅速发展，民用产品厂家纷纷转产军工产品，但产品质量低劣，交货又不及时影响了战争。于是美国国防部邀请了休哈特、道奇(H. F. Dodge)和罗米格(H. G. Roming)等一批专家制订了"战时质量控制制度"，强制推行统计质量控制。为期半年，资本家见行之有效，遂普遍采用。20世纪50年代，这种质量控制方法被引入欧洲、日本及其他许多国家，如图1-2所示。

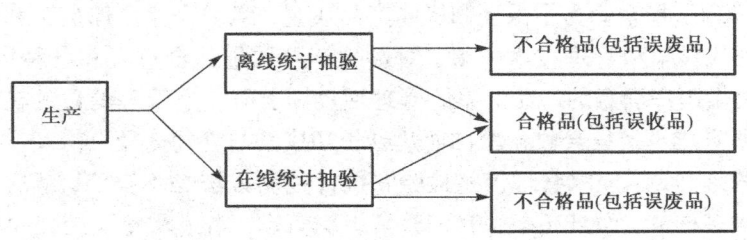

图1-2　20世纪50年代的质量控制方法

在统计质量控制阶段，由于采用数理统计方法对过程的质量进行控制，改变了以往陈旧的检验方法，同时突破了单纯事后检验的局限，逐步实现了预防控制的要求，把质量管理工作建立在科学的基础之上。统计质量管理由于着重应用统计学的方法进行质量控制和质量检验，强调对生产制造过程的预防性控制，使质量管理由单纯依靠质量检验事后把关，发展到突出质量的预防性控制与事后检验相结合的工序管理，成为进行生产过程控制强有力的工具。这种方法的应用使制造企业降低了不合格品产生的概率，降低了生产费用。

从质量检验阶段到统计质量控制阶段，质量管理的理论和实践都发生了一次飞跃，从事后把关变为预先控制，并很好地解决了全数检验和破坏性检验的问题。但由于统计质量管理过分强调统计方法，忽视了组织管理和生产者能动性，致使人们误认为质量管理好像就是数理统计方法，质量管理是少数数学家和学者的事情，从而影响了质量管理方法的普及，限制了它的发展。

（四）全面质量管理阶段

随着产品性能的高级化、结构的复杂化和品种规格的多样化，对产品质量，尤其是可靠性和安全性提出了越来越高的要求。管理科学中的各种学派，如梅奥的行为科学和西蒙的决策理论，对现代企业管理影响较大。他们都强调企业管理中人的主观能动性，主张实现工业民主。受其影响，质量管理出现了依靠工人、自主控制的零缺陷运动和质量管理小组的活动等促使质量管理逐渐成为一项大家共同参与的管理活动。另外由于"保护消费者利益"运动的发展，制造企业不但要提供性能符合质量标准规定的产品，而且还要保证售后正常使用过程中的安全性和可靠性等，质量保证成了质量管理中的一个十分突出的问题。这就要求企业必须建立贯穿于产品质量形成全过程的质量保证体系，把质量管理工作转向质量保证的目标。

20世纪60年代以来，随着生产发展的需要，美国通用电气公司费根堡姆(A. V. Feigenbaum)于20世纪60年代初首先提出了"总体质量控制"的思想，接着朱兰提出了"全面质量管理"（简写为T. Q. C）的概念。它的主要特点在于：充分应用数理统计学作为控制生产过程的手段，同时还结合运筹学、价值分析、系统工程、线性规划等科学对企业进行组织。质量控制工作不仅限于产品的生产过程，也包括其他各个方面有关环节的质量。

此后，全面质量控制理论得到了进一步的拓展和深化，逐渐由早期的全面质量控制演化为全面质量管理，其含义远远超出了一般意义上的质量管理的领域，成为一种综合、全面的经营管理方式和理念。

全面质量管理是指企业为了保证和提高产品质量，组织企业全体员工和各有关部门参加，综合运用现代科学和管理技术成果，对影响产品质量的全过程和各种因素实行控制、限制、生产和提供用户满意的产品的系统管理活动，全面质量管理的目的在于通过使顾客满意和本组织所有成员及社会收益增加而达到长期成功的管理途径。

全面质量管理强调：质量管理仅靠检验和统计控制方法是不够的，解决质量问题的方法和手段是多种多样的，而且还必须有一整套组织管理工作；质量职能是企业全体人员的责任，企业全体人员都应具有质量意识和承担质量责任；质量问题不仅限于产品的制造过程，解决质量问题也是如此，应该在整个产品质量产生、形成、实现的全过程都实施质量管理;质量管理必须综合考虑质量、价格(经济性)、交货期和服务,而不能只考虑狭义的产品质量。

二、中国质量控制发展简介

我国由于工业化、现代化相对于西方国家来说起步比较晚,所以对于质量控制方面的关注以及应用也相对比较晚,随着国力的增强以及生产力的加速发展,不论是制造业的规模化兴起对其所造产品的必然要求,还是社会经济中人们对于服务的客观追求,质量的观念不断深化,随之而来的便是对于不断加强质量控制的关注。

虽然质量控制起步较晚,但我国质量控制史可以划分为以下三个阶段。

(一)研究宣传阶段(20世纪五六十年代)

20世纪50年代,中国科学院数学研究所应用数理统计方法在纺织厂搞统计质量控制试点,收到良好效果。与此同时,有的高等院校结合工厂生产实践也有以数理统计方法进行本专业产品质量控制的研究,利用各种控制图表作为控制和改善质量的措施。

(二)有组织有领导的引进、推广阶段(20世纪60年代后期至70年代初期)

应用数理统计原理对产品质量进行控制所收到的明显效果,受到领导的重视和群众的欢迎,工厂纷纷开始了统计质量控制方法的应用,但有组织、有领导地引进和运用,起源于北京内燃机总厂。该厂聘请日本质量管理专家来厂讲学,在科学院数学所专家的协助下,产品质量得到提高,成为全国学习的榜样。同时,许多骨干企业也派遣人员去各工业先进国家参观访问,回国以后,翻译并编写了质量控制和管理手册,供其他中小企业参考。

(三)巩固和发展阶段(20世纪70年代后期至今)

20世纪70年代后期,由原国家经济委员会和中国科学技术协会组织相关领导,在全国大力推广全面质量管理。各企业的车间、科室、班组纷纷成立了质量控制小组(简称Q.C小组),制订小组活动计划,任务落实到人,按期宣布质量控制成果(简称Q.C成果发布会),质量控制受到普遍重视和深入发展。为不断提高产品质量,从1978年起,确定每年九月为"质量月","质量月"期间,会总结一年以来质量提高的成绩并提出下一年Q.C小组的活动计划。

我国是在1979年引进西方质量管理理论并开始推行全面质量管理的。近20年来,虽然在理论和实践方面取得了很大成就,但限于我国国情,在质量管理理论探讨及方法应用等方面还远远落后于社会生产力和市场经济发展的客观要求。随着市场经济体制的逐步建立和改革开放的进一步深入,树立良好的质量意识,加强工序质量控制,提高产品质量水平,已成为我国经济发展的战略问题。为此,国务院颁发了《质量振兴纲要》。《质量振兴纲要》指出:企业要树立符合市场经济规律的科学质量观;牢固树立"质量第一"的观念,增强竞争意识、风险意识和法治意识,主动面向市场,接受用户、社会和政府的监督;积极开展"转机制、抓管理、练内功、增效益"和"质量兴业"、"质量兴厂"等活动,努力提高质量,降低成本，提高效益，建立起充满生机与活力的企业质量保证机制；企业要积极采用科学的质量管理方法，建立全面、科学的质量管理制度；推广应用各种科学的管理手段和方法，加强企业现场管理，健全各种规章制度。国际标准化组织也在已颁布质量文件 ISO/TR10041:1998《质量经济性管理指南》和 ISO/TR10017:1999《ISO 9001:1994 中的统计技术指南》两个报告的基础上于 2001 年颁布了 ISO 10012:2001《测量控制系统》标准。

21 世纪以来，随着经济体制的不断深入改革、全球一体化进程的加快、广大百姓生活标准的提高，特别是近年来国内一些著名企业因为各种各样的原因造成不同程度的质量问题而陷入信任危机。越来越多的国内企业认识到质量控制对于企业生存与发展的重要性，积极引进先进的管理方法，比如现在国际上最通用也是最普遍的六西格玛管理方法，对企业产品和服务进行质量控制，以确保在竞争日益激烈的国内以及国外市场中保持不败之地。

小　结

本章首先介绍了质量的概念和特性以及它对于现代生产生活的重要性，质量与人们的生活和工作息息相关，重要性不言而喻，这要求我们在生产的过程中必须要注重对质量进行分析，得出质量产生的原因，之后可采用控制的方法来确保质量，这也是将在之后的章节中着重讲解的。这一章的主要目的是让大家认识质量、了解质量，对质量有一个清晰的概念，并概括性地介绍了改善质量的方法，即分析和控制，为后面的进一步学习奠定了基础。

习　题　一

1.1　简述质量的概念。
1.2　如何理解产品质量的多维性。
1.3　简述质量分析的关键内容。
1.4　简述质量控制保证体系包括了哪些方面。
1.5　了解质量控制的发展过程以及各阶段的主要特点。

第二章
质量分析与控制方法

第一节　质量分析的常用方法
第二节　质量控制的常用方法

质量分析与质量控制

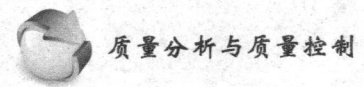

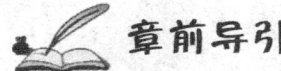

质量是企业的生命，是企业信誉的标志，是开拓市场的有力武器，也是提高经济效益的有效途径。在制造过程中，进行质量分析以及质量改进，质量控制的作用就是保证并提高产品的质量。质量管理发展到今天，已经历经了大约一个世纪，在不断的生产实践和学习积累的过程中，人们不断总结，不断认知，掌握了许多可以应用于质量管理的统计分析方法，不同的方法都有其自己的优缺点，但是在通常的应用中，一个企业的产品可能有很多种类，也就意味着可能拥有多条生产线、复杂多样的配件与材料，那么就要求我们进行质量分析和控制的过程中，必须要讲究方法，针对不同性质和特点的质量问题，选择什么样的方法来进行质量管理就显得尤为重要。

第一节 质量分析的常用方法

 调查表法

在质量工作中应用的各种统计方法，其统计的对象是数据。所收集的数据是否具有代表性将直接关系统计方法应用的效果。而且，数据往往具有一定时效，过时的数据就会失去应有的价值。如何采用简便的方法迅速收集到能反映客观规律的数据，对统计方法的应用是非常重要的，而调查表就是解决这一问题的重要工具。

(一)什么是调查表

调查表是用于收集和记录数据的一种表格形式，它便于按统一的方式收集数据并进行统计计算和分析。

(二)调查表的应用范围

调查表用于系统地收集数据，并进行必要的统计计算或分析，以获得对事实的明确认识。调查表既适用于收集数字数据，又适用于收集非数字数据，但两者的效果不同，表2-1对两种应用方式做了比较。

表2-1 两种类型的调查

调查数据	调查特点	回答方式	调查项目	分析方式	调查员条件	运用效果
数字数据	定量描述	封闭性	多	统计型	一般	合理
非数字数据	定性描述	开放性	少	情理型	特殊技巧	有限

调查表的应用范围极其广泛，从广义上讲，数据表、统计表等都属于调查表的范畴。调查表既适用于对大型工程项目的调查，也适用于对身边一些小事的调查。调查

表用于对事物或项目的调查,因此必须明确对调查的基本要求以及调查的目的、类型和方式等。

1. 对调查的基本要求

(1) 广泛

广泛的含义是指调查的范围要尽可能大,以便全面收集有利于分析的数据。

(2) 深入

深入的含义是指调查要有一定的层次,当然,层次的高低是具有相对性的,如一些简单问题的调查,可能在车间内(部门内)就能实现;而一些复杂的问题调查就会涉及厂内的高级技术人员和领导;而一些重大问题的调查就需要请教社会上的专家、学者、教授。

(3) 随机

被调查的对象应在调查范围内随机抽取,不应以个人的意识人为地去挑选。应保证调查范围内的每一个单元被抽取的概率是相同的。

2. 调查的目的

(1) 收集原始资料、数据、意见和反映;

(2) 检查、验证分析方法和具体结论的正确性;

(3) 总结事物的一般规律和实践经验;

(4) 发现新的问题。

3. 调查的类型

(1) 生产实践调查;

(2) 市场调查;

(3) 社会调查;

(4) 专项调查。

4. 调查的方式

(1) 发放调查表(问卷);

(2) 召开座谈会;

(3) 个别谈话;

(4) 现场调查;

(5) 查阅资料(包括资料室、图书馆、专利馆及上网等方式)。

(三) 调查表的应用程序

1. 明确调查目的(目标)

明确调查目的,也就是通过调查应当解决什么问题,解决到什么程度(目标)。

2. 确定为实现目的所需要的数据

实现目的所需要的数据举例如下。

(1) 与产品有关的数据

① 价值、价格、成本的关系;

② 产品质量(不良项目、数量)、特色;

③ 产品设计、可靠性；
④ 产品及服务范围等。
(2) 与服务有关的数据
① 保质期、保修期；
② 承诺和担保；
③ 送货服务；
④ 处理顾客投诉及解决情况。
(3) 与购买有关的数据
① 文明、礼貌、态度；
② 与顾客沟通、介绍方式；
③ 购买的方便程度；
④ 信誉；
⑤ 竞争能力等。
(4) 与工序（过程）有关的数据
① 缺陷（不良）项目、数量及原因；
② 缺陷（不良）类型、部位及严重程度；
③ 过程能力；
④ 操作者及状态；
⑤ 设备点检、测量装置的校准、检定；
⑥ 工、夹、模具状况；
⑦ 现场定置管理、原材料零部件保管；
⑧ 生产环境等。

3．确定调查方式及执行人

这一项工作关系调查的效果，应予以高度重视。其具体内容包括：
(1) 确定调查方式
① 座谈会的规模、时间、地点；
② 调查表发放是面呈还是邮寄；
③ 个别谈话是走访还是电话；
④ 查问资料的范围、内容等。
(2) 确定调查对象

包括定义需要调查的对象；对逻辑上可能被调查的对象列出名单并审议（根据调查的规模、地理区域和行业类型等确定）；检查调查对象名单的正确性和完整性，并最终确定调查对象的名单。

(3) 根据所要求的调查误差和置信度确定调查规模（抽样的样本量）

在实施调查之前应根据调查项目的主要程度确定调查误差和置信度得到调查应抽取的最低样本量。

应注意，调查误差受到的影响因素较多，如抽样的随机性、覆盖的范围、调查表的回收率、调查员的水平、被调查人的素质及心理状态、调查表的内容、调查过程的控制等，调查误差、置信度及样本量如表2-2所示。

（4）确定调查员的数量、要求，并进行培训。

表2-2 调查误差、置信度及样本量（表内数据为 n）

误差 置信度	0.50	0.75	0.80	0.85	0.90	0.95	0.99	0.999
±1%	1 140	3 307	4 096	5 184	6 766	9 604	16 590	19 741
±2%	285	827	1 024	1 296	1 692	2 401	4 148	4 936
±3%	127	358	456	576	752	1 068	1 844	2 194
±4%	72	207	256	324	423	601	1 037	1 234
±5%	46	133	164	208	271	385	664	790
±7.5%	21	59	73	93	121	171	296	351
±10%	12	34	41	52	68	97	166	198
±15%	6	15	19	24	31	43	74	88
±20%	3	9	11	13	17	25	42	50
±50%	2	2	2	3	3	4	7	10

4．设计调查表

设计调查表主要是根据调查目的设计好调查的项目和调查表的格式。

（1）设计调查项目

要求所设计的调查表必须包含为达到调查目的而设想的全部调查项目，避免遗漏哪一方面。设计调查项目有很多种选择方法，但主要从以下几个方面选定调查项目：

① 影响生产、质量的要素，即人、机、料、法、环5个方面及检验、测量、计量检定等；

② 时间因素，如日期、小时等区别；

③ 项目的类别区别，如不同类型的不良（缺陷）、不同位置的不良（缺陷）、不同类型的事故以及数据的分层、分组要求；

④ 调查的部门区别，如科室、车间、班组、工序、工程项目的区别；

⑤ 必须确认的调查项目及不可遗漏的调查项目等。

（2）设计表格形式

调查表的表格形式的设计，一方面应考虑便于填写和统计分析，另一方面还要考虑为迅速得到分析结果而提供依据。常用的表格形式有以下几种类型。

① 表格式调查表

表格式为最简单的调查表的形式，如数据表、缺陷数统计表等。

② 矩阵式调查表

矩阵式表格，有利于分析横行项目与纵列项目之间的相互关系。

③ 图形式调查表

图形式调查表有利于我们直观地了解产品不良（各类缺陷，如外伤、脏污、斑痕等）所发生的位置及程度。这对于为减少各种不良与缺陷，利用图形式调查表掌握缺陷发生的位置分布、类型和程度，为采取纠正措施提供依据是非常有益的。

图形式调查表多以产品的外形图或展开图的方式并用规定的缺陷种类符号在图上标识缺陷的位置和数量。

④ 确认用调查表

确认用调查表也称为检查表，是预先把需要检查的项目统统列出来，然后按顺序逐一进行调查确认。确认用调查表由于事前经过周密考虑，详细列出需要调查的项目，可以有效地防止遗漏，而且可以作为质量记录保存下来，有利于以后对工作过程的研究和完善。

⑤ 频数分布表

频数分布表一般是将一组观察值数据大小分组并归纳到各组段而设计的一种调查表。可以为掌握产品质量特征值的"分布状态"，提供"分布的平均值与标准偏差"，为了解"实际分布同标准（规格）的关系"提供依据。

(3) 设计调查表的注意事项

① 调查表应尽可能全面地包括为实现调查目的而应有的全部调查项目。

② 各类"封闭式"调查表应要求被调查人（应答者）简短回答，必要时使用符号回答。

③ 所有调查项目应避免涉及被调查人的"隐私"或引起反感的内容。

④ 设计调查表一般应为两种表格，其中一种侧重用于实施调查，另一种则侧重用于统计计算和分析。

⑤ 在小范围内试用。调查表在设计完成后不要急于实施，应首先在小范围内试用，征求有关方面的意见，以便于完善调查表的设计。

⑥ 评审并修订调查表。

⑦ 在小范围内试用的基础上，征求有关方面对调查表设计和试用的意见，评审并修订调查表的格式和内容，谋求更加完善的调查表设计以利于取得尽可能好的调查结果。

5．实施调查

调查的实施过程应密切观察被调查人（应答者）的填写情况，应正确使用简单而明确的符号或"是"、"否"、"可以"、"不可以"、"有"、"无"等封闭式语言回答。

为了方便以后对调查表的分析，对产品不良项目的符号应事先规定，以利于今后的原因分析。常用的符号有：

●（形状不佳）、◎（严重缺陷）、○（表面伤疵）、△（加工不良）

◇（漏涂覆）、×（洞、泡及流痕）、□（其他缺陷）

6．调查结果分析

通过调查的实施获得调查结果（数据、资料、信息等），应在此基础上进行必要的统计计算和深入细致的分析。常用的分析工具有线状图、排列图、直方图、散布图、控制图等。

7．原因分析

从调查结果的分析，进一步明确数据波动状态及产品不良、质量缺陷等发生的原因。

8．采取纠正和预防措施

针对原因分析的结果（获得主要原因），有针对性地采取纠正和预防措施，落实到质量改进，并对改进效果应用有关工具进行确认。

9. 写出调查报告或调查分析报告

以文件形式将调查过程、调查结果分析以及质量改进的状况和效果，写出调查报告或者调查分析报告。

二、水平对比法

(一)定义

水平对比法是把产品或服务的过程及性能与公认的领先水平进行比较，以识别质量改进机会的一种方法。

(二)应用范围

水平对比法的应用有助于认清目标和确定计划编制的优先顺序，以便使应用者在市场竞争中处于有利的地位。

从主观上讲，水平对比法与我国长期以来开展劳动竞赛所提倡的"比、学、赶、帮、超"活动是相似的，它们都是通过与先进水平的对比，找出存在的差距，从而促进不断进行质量改进的活动。然而，二者在客观上却有着本质的不同。

1. 劳动竞赛活动

"比、学、赶、帮、超"活动往往以群众运动的方式开展，具有一定强制性，在"学不学是立场(态度)问题，学得好不好是水平问题"的错误思想指导下，会形成形式主义倾向，难以收到良好的实际效果。

2. 水平对比法

水平对比法是科学方法(工具、技术)，用不用是自愿行为。因此，容易激发应用者的主观能动性，从而取得良好的改进效果。

(三)应用程序

水平对比法的应用程序就是质量管理所提倡的科学工作程序——PDCA循环。在水平对比法应用过程中，其计划阶段应当完成以下6项工作内容。

1. 确定对比项目

应当以过程输出的关键特性作为对比项目。在确定对比项目时，应当本着"以己之短比他人之长"的原则，要把自己工作中的不足或与顾客要求差距较大的项目进行对比，以便最大程度激发应用者的主观能动作用，产生质量改进的动力。

2. 确定对比对象

应当以本行业的先进典型作为对比对象，特别是把自己的竞争对手或在对比项目上公认的领先者作为对比对象更具有实际意义。这样做的目的是使对比更具有针对性，容易落实和验证改进效果。

3. 收集资料

所收集的资料应分别来源于对比对象和顾客的要求。获得资料的途径，可以通过直接接触、考察、访问以及向有关人员、专家调查或通过技术刊物、图书文献、专利资料等方面获得。要求尽可能地从多方面获得有关资料。

4. 资料分析

资料的获得越是广泛、全面，越是显得杂乱无章、毫无头绪。应用时应采用 KJ 法、亲和图法(Affinity Piagram)等工具对所收集的大量原始资料进行分类、分层、归纳、总结，以得到有条理的思路。

资料分析的目的是针对有关项目制定最佳的实践目标。

5. 进行对比

根据顾客的要求和对比对象的绩效确定质量改进的机会，这种机会体现为目前工作状况与顾客要求及对比对象工作业绩之间的差距。

6. 制订改进工作的措施计划

制订改进工作的措施计划应以 5W1H(必要性、目标、对策措施、时间、地点和执行人)为内容。要求措施计划要切实可行，目标要定量化，以便在检查阶段进行验证。

通过对措施计划的实施、检查来处置(总结)，决定是否还有必要继续开展第二、第三个 PDCA 循环。不断的循环、改进，不断地提高工作水平并进行有效的控制，才能真正达到"比、学、赶、帮、超"的目的。任何良好的愿望必须辅以科学方法来实现，在质量改进中应避免以空洞的口号渲染，而不讲实际效果的不良现象。

 三、流程图法

流程图是一种提供质量改进机会及改进措施的现代科学方法，而不是制图方法。

(一)定义

ISO 9004.4:1994 标准对流程图给出的定义：流程图是用图的方式将一个过程的步骤表示出来。通过对过程实际情况的详细了解来调查改进的机会，通过对各步骤之间关系的研究通常能发现故障的潜在原因。

在国际标准 ISO 5807:1985 中，对程序流程图、数据流程图、系统流程阁、程序网络图、系统资源图的应用做出了规定。ISO 9004-4:1994 标准所推荐的流程图只是其中的程序流程图，各种流程图之间有着相互关联的关系，具体应用时应参照 ISO 5807:1985 标准。

学习和应用流程图的重点，在于深刻理解工业工程(IE)中工作研究中的动作研究和程序研究，并非说绘制流程图的图形就可以理解为质量改进工具的应用。学习和应用要切记这一点，否则将使流程图的应用流于形式。

(二)工作研究简介

工作研究是工业工程(IE)中的一项重要内容。当接受某一项工作任务时，不应急于去实施，而应采用科学方法研究和分析，才能达到事半功倍的效果，这就是工作研究的目的和任务。

工作研究的最终目的在于以最低的劳动强度和劳动量，最大限度地完成工作任务。通

过工作研究,要求废除工作过程中的不必要的环节和动作(步骤),减少工作人员的体能消耗,缩短工作时间(周期),从而提高劳动生产率。

(三)工作研究的适用范围

企业内大至质量管理体系的建立和运行、整个产品生产过程的策划和实施、行政管理的策划和实施等,小至某一道工序、步骤、操作,甚至于动作的设计和实施,均可作为工作研究的对象,其应用范围极其广泛。本节重点讲解的是小过程(工作任务、工序)小流程图的应用。

1. 工作研究的内容

(1)程序研究

通过对流程中各步骤之间关系的研究,调整流程结构,取消不合理和多余的步骤,理顺各步骤之间的关联关系,设计完成布局合理的流程。

下面给出的"程序研究案例"就是某公司对加工工序流程的改进过程。

【例2-1】程序研究案例

某产品加工工序如图2-1所示,其中机床A的生产能力5 500件/小时,机床B的生产能力5 000件/小时,市场需求为5 000件/小时。

经程序研究,问:机床A与机床B之间为什么要设中间库?

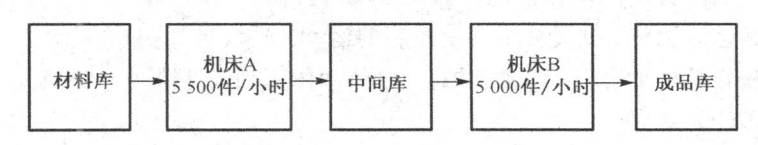

图2-1 某产品加工工序图

解 由于两部机床功效不同,造成机床边堆放大量半成品,所以设中间库周转。

调查:机床A的工效为5 500件/小时,超过市场需求,机床B的工效为5 000件/小时,能够满足市场需求。从科学管理角度看问题,认为机床A的全效工作只能造成库房积压,是一种浪费,应让机床A的工效有10%的停机,使其与机床B同步,则两台机床可以联动。

那么新的程序如图2-2所示。

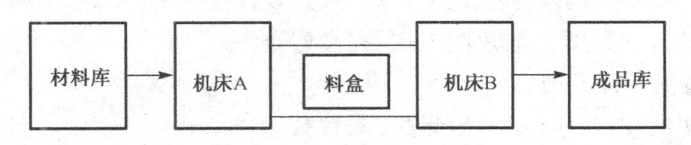

图2-2 改进后的产品加工工序图

机床A工作中,半成品自动送入料盒,当料盒内满100件时,机床A自动停止工作,当料盒内只剩10件半成品时,机床A开始工作,周而复始,而机床B则连续工作。

改进效果为:

① 两台机床联动,减少中间库和送料及管理人员;

② 两台机床之间的料盒很小,节省大量生产面积;

③ 节约半成品输送时间和费用；
④ 发生质量问题可以及时反馈质量信息；
⑤ 生产周期缩短，满足市场需求。

可见，经程序研究效果非常显著。在工业生产中人们往往只重视如何改进操作来提高生产效率，忽视了生产过程中程序的合理性。

(2) 动作研究

动作研究是以"动作的经济原则"进行流程中具体步骤(动作)的研究，达到以最低的劳动强度和劳动量，多快好省地完成工作任务的目的。在动作分析过程中，必须遵循动作的经济原则，不断改进操作，以提高工作质量和工作效率。

① 动作的经济原则

a. 身体使用原则

· 双手同时开始并同时完成其动作；
· 除规定的休息时间外，双手不应同时空闲；
· 双臂的动作应对称、反向并同时动作；
· 手的动作应以最低等级(如手指动作)而又能获得满意的结果为好；
· 尽量利用物体的惯性、重力等，如需用体力加以阻止时，应将其减少至最低程度；
· 改变急剧转换方向的动作为连续曲线运动；
· 弹道式的运动路线，比受限制、受控制的运动，轻快自如；
· 建立轻松自然的动作节奏(或节拍)，可使动作流利、自如。

b. 工作场地布置原则

· 工具物料应放在固定位置，使作业者形成习惯，可用较短时间拿到身边；
· 运用重力等各种方法使物料自动到达作业者手边，减少"伸手、选择、搬运"等动作；
· 工具、物料及装置应放在作业者近处，尽可能布置在一般作业区的中心范围，这对于水平面与垂直面均适用；
· 工具、物料应按最佳的工作顺序排列；
· 照明应适当，使视觉满意、舒适；
· 工作业面具有适当高度，应使工作者坐或站以及变换姿势时都感到方便、舒适；
· 工作椅的式样和高度，应使工作者保持良好姿势。

c. 工具、设备的设计原则

· 尽量解除手的动作，用夹具或脚踏工具代替；
· 倘有可能，应将两种以上的工具组合成一种多功能的工具；
· 工具、物料尽可能预先按规定的分量、方向放置(预置)，并使用后恢复原位，为的是容易拿；
· 每个手指进行特定动作的场合，要按照其本能分配任务；
· 手柄的设计，应使其与手的接触面尽量大；
· 机器上的杠杆、手轮及其他操作件的位置和机构的设计，应能使操作者极少变动其姿势，且能利用机械的最大能力；

·设计要保证操作人的安全；

·最大限度减少人为动作，往往将若干原则结合在一起运用才有最佳效果。它们的核心原则是如下 5 点：两手同时使用；动作单元力求减少；动作距离力求缩短；动作要轻松、容易、不易疲劳；最大限度减少人的控制作用，力争杜绝差错。

② 为便于记忆将动作的经济原则简化

a. 身体使用原则

·双手同时且对称，能用脚时更有利；

·动作单元要减少，工具物料需定置；

·座椅高度要适宜，动作轻松不费力。

b. 工作地布置原则

·工序流转有秩序，便于工作出效率；

·物料摆放分区域，少占空间和面具；

·通道宽畅不堵塞，便于服务保安全。

c. 工装设备设计原则

·服从工艺要求，确保操作安全；

·减少人为控制，防止发生差错。

一般人认为越是复杂的工作过程越容易进行改进，稍加改进就会得到显著的成效，而越是简单的工作过程越是难以取得改进效果。

2. 工作研究的效果

工作研究可以有效地提高劳动生产率，具体表现如下。

一是企业获得三高：高的工作质量，高的工作效率，高的经济效益。

二是有效地促进职工的劳动热情：工作轻松不疲劳，满负荷工作出效率，优质高产得效益。

(四) 流程图的符号

ISO 9004-4：1994 标准明确规定，绘制流程图，必须使用"规定的易于识别的符号"。常用的流程图符号如下。

1. 端点符

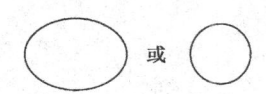

表示一个流程的开始和结束。

2. 处理符

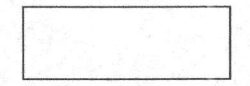

表示一项活动或活动的说明，在工艺流程图中表示一道工序（也可以是步骤、操作或动作）。

3. 判断符

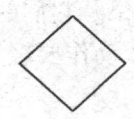

◇

表示检验、检查、评审、审核、评价等判断性活动。判断符有 4 个顶点，其中只允许有一个顶点为过程的输入，但可以有一个、二个或三个顶点为过程的输出。如 ISO 9000 标准规定的检验状态中：未经检验(输入)、检验合格(输出)、检验不合格(输出)、检验待确定(输出)。在一次判断中只允许有一个输出是有效的。

4. 停顿符

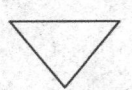

▽

表示活动的暂时中止，如仓储、代加工、等待处理等。

5. 流线符

⟶

表示流程的方向，其中单线表示不占有时间的传送，双线表示占有时间的传送。

6. 注释符

− − − −⌐

表示对一项活动的解释。

7. 省略符

———┆— — —┆———

表示重复性工作(活动)不再重复表示。

(五) 流程图的应用程序

1. 描述现有过程的流程图

(1) 确定(识别)过程的开始和结束。
(2) 观察从开始到结束的整个过程。
(3) 确定过程的步骤(活动、输入、判定、输出等)。
(4) 绘制表示该过程的流程图草图。
(5) 与该过程有关人员共同讨论、分析、评审该流程图草图。
(6) 根据评审结果应用工作研究的方法改进过程。
(7) 与实际情况相对比，验证流程图的准确性，确定正式的流程图。

(8)注明流程图的形成日期,以备将来使用时参考(它可以作为过程实际运行的指导性文件及记录依据,也可以用来判别质量改进的程度和机会)。

2．设计新过程的流程图

(1)确定过程的开始和结束。

(2)将过程中的每一个步骤具体化。

(3)绘制表示该过程的流程图草图。

(4)与将要参与该过程的有关人员共同讨论、分析、评审流程图草图。

(5)根据评审结果应用工作研究的方法对各项活动进行改进并修订流程图草图。直至全体人员取得一致的满意后确定为正式流程图。

(6)注明流程图的形成日期,以备将来使用时参考(它可以作为设计该过程的运作记录,也可以用来判别质量改进的程度和机会)。

四、因果图法

(一)因果图的图形

1．因果图的概念

因果图是将由分层图所分析的逻辑(因果)关系,绘制成为交叉状树枝图。

(1)因果图右方为一矩形框,其内标注为所分析的问题,如图2-3所示。

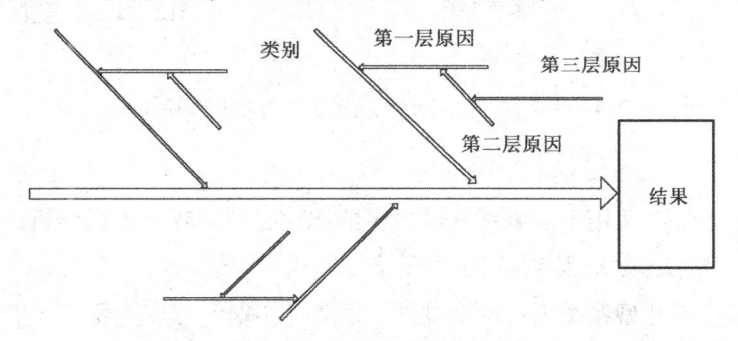

图2-3　因果图的层次划分

(2)对准问题框的中部绘制一条干线,干线箭头指向问题框。其含义是,在干线两侧的所有原因都是针对一个问题的,所以因果图是单一目的分析。

(3)各因素分类的箭头对准干线,之后第一层原因指向分类线,第二层原因指向第一层原因,以此类推。因果图的分层最少要有两层,否则不能称为分层。

2．因果图图形的不足之处

由于因果图是交叉状树枝图,要求在每条分支上都要标出"语言(文字)资料"的内容,因而限制了因果图的分层。

3．因果图的适用条件

因果图适用于因素展开层次少(一般不多于4层)的简单问题的原因分析。

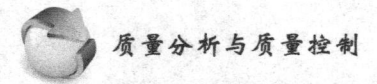

(二) 因素展开型系统图

1. 因素展开型系统图的图形

系统图是由分层图所分析的逻辑(因果)关系绘制成的平行状树枝图。社会上常见的"组织系统图"、"家谱图"都属于系统图的一种类型。

因素展开型系统图绘制时，一般将问题框绘在图的左方，之后将各层因素依次向右层层展开。因果图与因素展开型系统图的相互转换关系，如图2-4所示。

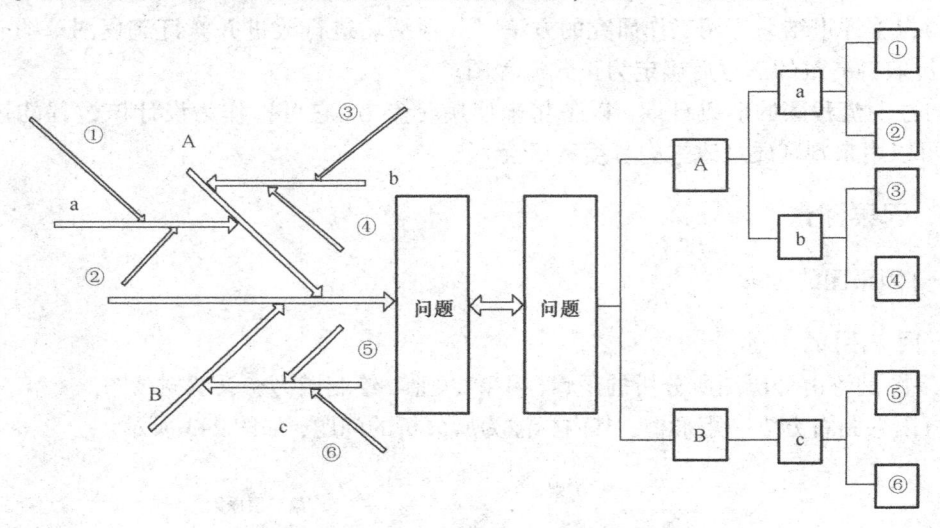

图2-4　因果图与因素展开型系统图的相互转换关系图

2. 因素展开型系统图的适用条件

因素展开型系统图适用于因素展开层次多的比较复杂问题的原因分析。

3. 因果图、因素展开型系统图的弱点

因果图和因素展开型系统图有两个共同的弱点，在很大程度上影响了它们在质量分析过程中应有的功效。

(1)因果图和因素展开型系统图只能完成单一目的的分析，一个质量问题用一张图分析，不允许在同一张图上同时分析两个以上的质量问题。这对于一些既有着共同原因又有不同原因的多个质量问题，必然需要重复绘制多个图形分图。这不仅增加了分析工作量，而且也不能反映出问题与问题之间的内在联系。

(2)因果图和因素展开型系统图只能处理简单的因素之间的关系(因素与因素之间只能"单线"联系，层间、分支间不允许有相互的关联)，这与质量问题影响因素之间关系的实际状况并不符合。

(三) 关联图

关联图就是为了克服以上两个弱点而设计的一种因果分析工具，其分析的功能、效果和适用性均优于因果图和因素展开型系统图。

1. 关联图的定义

所谓关联图，就是把几个问题及涉及这些问题的关系因素之间的因果关系用箭头连接起来的图形。

2. 关联图的类型

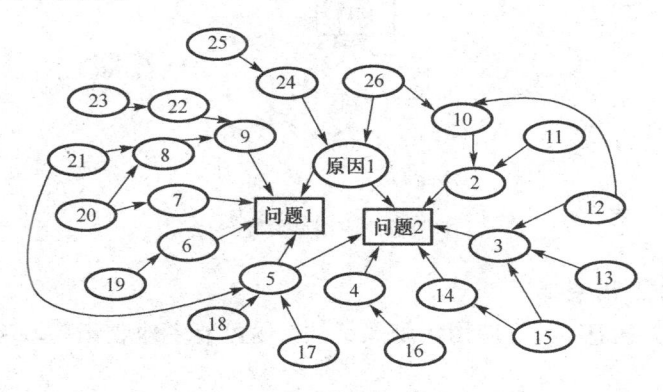

(1) 中央集中型关联图

中央集中型关联图在制图时，把需要分析的几个问题放在图的中央位置，因素则层层向四周展开，如图2-5所示。

图 2-5　中央集中型关联图

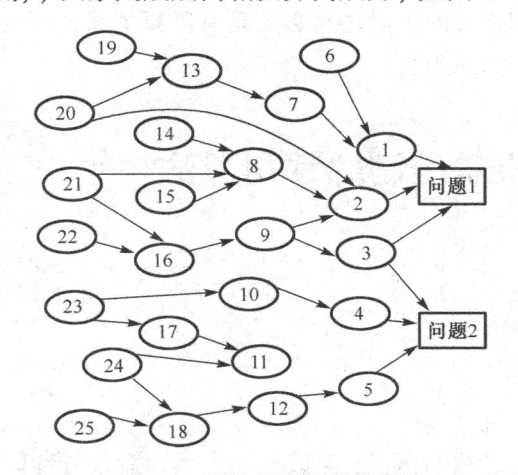

(2) 单向汇集型关联图

单向汇集型关联图在制图时，把需要分析的几个问题放在图的一侧（左侧或右侧均可，但大多数情况下置于右侧），因素则层层向相反方向展开，如图2-6所示。

图 2-6　单向汇集型关联图

(3) 应用型关联图

应用型关联图是指关联图与其他图种联合应用的方式，如图2-7所示。

3. 关联图的适用条件

关联图既适用于单一目的分析，也适用于多目的分析，由于其可以反映出问题与问题之间、因素与问题之间、因素与因素之间错综复杂的关系,所以关联图适用于复杂的、重大的问题的因果分析。

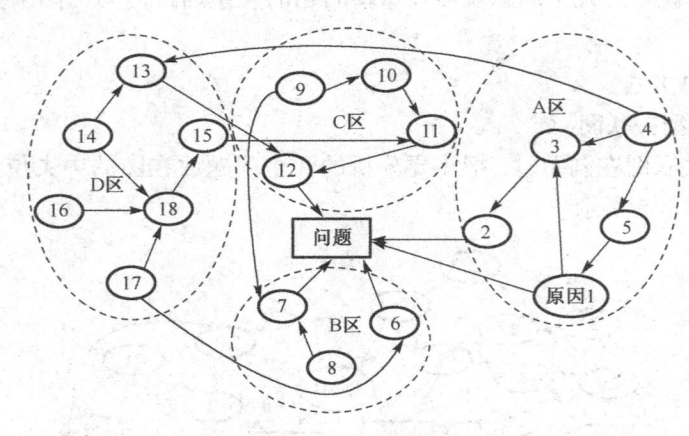

图 2-7 应用型关联图

4. 关联图的应用要点

(1)要广泛收集信息,最好应用头脑风暴法,尽可能多地收集到影响质量问题的各方面的潜在因素。

(2)语言资料的表达要简单、明了、易懂。一般采用贬义词表达。

(3)小组成员要集体参加,收集语言资料、作图、讨论分析和图形修改,对结果应取得一致的意见。关联图的因果关系用箭头线相连接,一般应以原因指向结果。绘制关联图的原则是一个箭头线也不能少,一个箭头线也不能多,凡具有因果关系的因素之间必须以箭头相连接,而凡以箭头相连接的因素之间必须具有因果关系。因此,在关联图作图过程中往往会经多次反复,直到满意为止。

第二节 质量控制的常用方法

一、直方图法

(一)频数与频率

对一批产品的质量指标进行测试,可以得到一系列质量特性值数据。由于某些因素的影响,在同样生产条件下生产出的一批产品的质量特性值不可能完全相同,即存在变异或波动。为了观察分析产品质量特性值的变异规律,首先要对测试所得数据进行整理。

整理测试所得数据,可以按其数值的大小从小到大或从大到小顺序排列,也可按测得数据的时间先后顺序排列。

【例2-2】 测得一批数据，按其数值从小到大顺序排列如下：

19，20，20，21，21，21，21，21，21，22，22，22，22，22，22，22，22，22，23，23，23，23，24，25，25，26，26，26，26，27

首先可以看出，其中最大值为25，最小值为19。最大最小值之差为6，称为极差，用 R 表示，亦即这批数据的数值变动范围。其次，大部分数据集中在21～23之间。由此可以大致了解这批数据的变异情况。

又如，为了解某产品质量的变异情况，可以逐月或者逐日统计其合格品率和不合格品率。

从上面的数据中还可以看出，有些数值多次重复出现。某个数值反复出现的次数，称为频数，用 f_t 表示。频数与数据总数 ($\sum f_t$) 之比，称为频率 (m_t)。将数据及数据的频数、频率整理如表2-3所示。

表2-3　数据及数据的频数、频率

数　值	19	20	21	22	23	24	25	26	27	总计
f_t	1	2	6	9	4	1	2	4	1	30
m_t	0.03	0.06	0.2	0.3	0.13	0.03	0.06	0.13	0.03	1

当需要整理的数据很多时，若仍对每个数据进行统计和计算，则工作量很大，很不方便。此时，应先将数据按大小顺序排列，并按一定间隔（组距）进行分组，然后统计计算各组内数据出现的频数和频率。

分组的组距和组数可按下述方法步骤确定。

(1)从全部数据中找出最大值和最小值，并求出极差（应先去掉个别相差悬殊的异常数据）。

(2)将极差除以最小测量单位的1、2或5倍，并调整所得结果，然后对照相应表确定合适的组数，所用最小测量单位乘某个倍数的数值即为组距。数据的分组数如表2-4所示。

表2-4　数据的分组数

数据个数	≤50	>50～100	>100～250	>250
组　　数	5～7	6～10	7～15	10～30

组数太少精度不高，组数太多则计算工作量大。一般常用的数据个数为50～100，故组数通常为6～10组。

(3)确定分组界限值以数据中的最小值作为第1组的中间值，最小值减去最小测量单位的一半，作为第1组的下界限值，下界限值加上组距得到第1组的上界限值，亦即第2组的下界限值。以此类推，可以确定各组的下、上界限，直到确定包括数据中的最大值的最后一组的上界限值。

(二)直方图

直方图可以直观地描绘出整批产品的质量特性值分布情况，包括分布范围和聚集中心，是产品质量控制工作常用的一种准备工具。

通过直方图还可以观察整批产品的质量特性的分布情况是否正常，从而判断生产过程

质量分析与质量控制

是否处于正常状态。当发生异常现象时，便于分析不正常的原因，及时采取有效的工艺技术措施，使生产过程保持正常状态，从而保证产品质量。

反映生产过程可能出现的一些状态的典型直方图如图 2-8 所示，但是现实生产生活中可能出现的直方图并不那么典型，一般会出现以下几种形态。

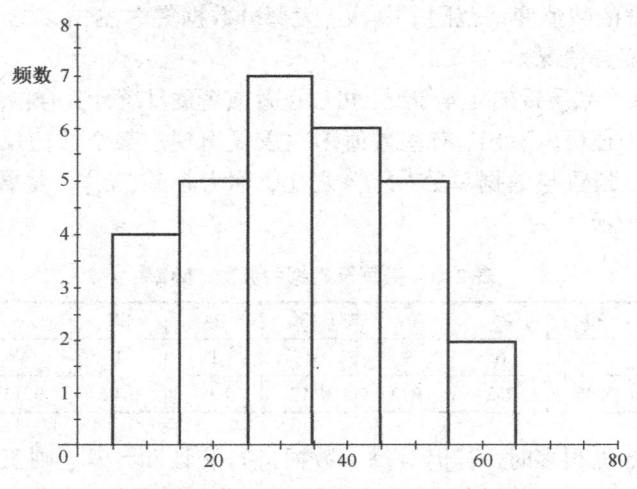

图 2-8　生产过程可能出现的一些状态的典型直方图

（1）对称山峰型

由正常稳定的工序测得的产品质量特性值绘制的直方图，呈左右对称的山峰型，如图 2-9（a）所示。

（2）左偏峰型

由于某种原因，使多数产品的质量特性值偏于下限位。例如，加工孔时调整刀具或控制进刀位置常使孔的直径实际尺寸分布中心靠近其规定的下界限位，往往出现这种直方图，如图 2-9（b）所示。

（3）右偏峰型

例如，加工外圆时，常使其直径的实际尺寸靠近上限，而出现的这种直方图，如图 2-9（c）所示。

（4）折齿型

作频数表求频数时，分组不当，组距不是最小测量单位的整数倍，则直方图呈凹凸不平状，像折了齿的梳子，如图 2-9（d）所示。

（5）绝壁型

当工序精度不足，为保证产品质量，通过全数（100%）检查，根据剔除不合格品后所剩产品的质量特性值所作的直方图，易呈现此种形式，如图 2-9（e）所示。

（6）双峰型

当两种不同分布的产品（例如分别在两台机床上加工出的同类产品）混在一起时，其直方图呈两个峰的形式，如图 2-9（f）所示。

图 2-9　典型直方图

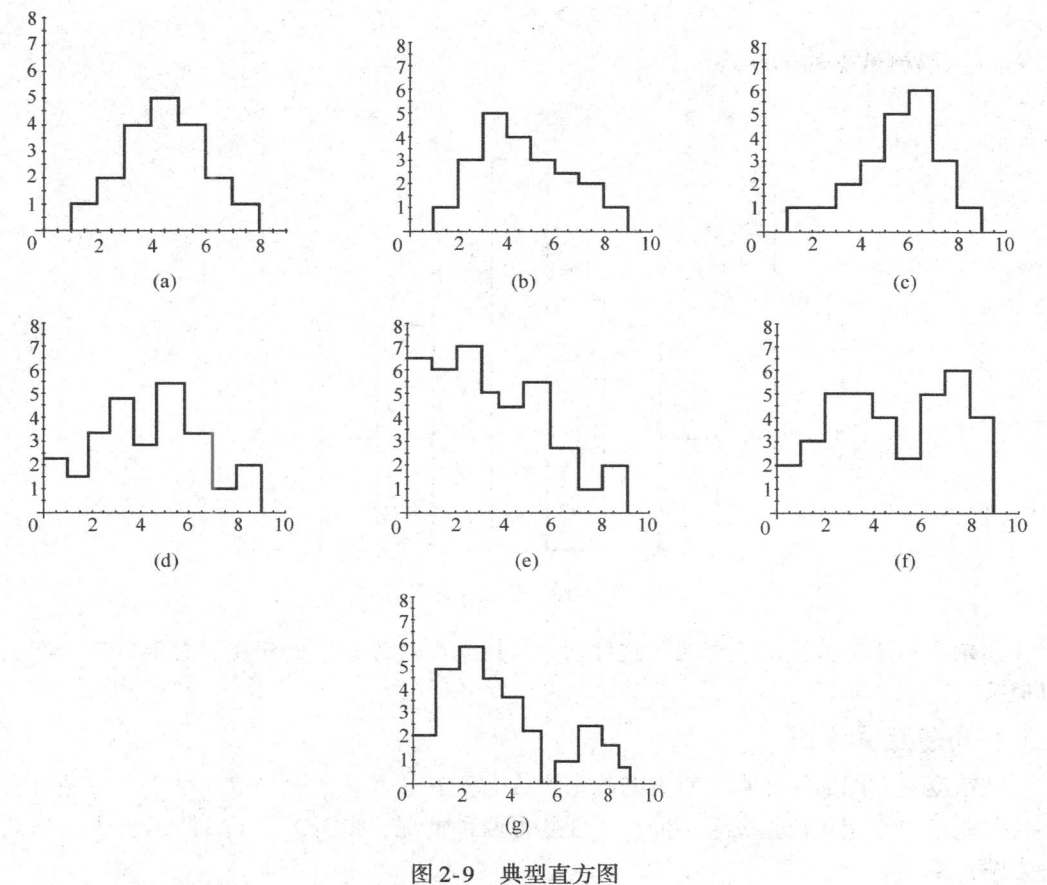

（7）分立小岛型

当少数产品的原材料发生变化，或由于不熟练工人短时间顶班加工产品时，在直方图的旁边有形如小岛的矮方柱出现，如图 2-9(g) 所示。

（三）直方图的应用

从质量控制的角度而言，质量指一批产品的批质量、全部产品的批质量、生产中的质量和长期生产下去的质量，这些质量都是控制的对象。具体地说，要控制产品质量特性值的平均值和分散范围。描绘产品质量特性值的平均值和分散范围的最直观、最简单的方法就是频数分布直方图，简称直方图。

在确认直方图是正常型分布之后，直方图与给定公差的比较，是直方图的主要用途之一。比较的内容有两个方面，即直方图的宽度与给定公差带界限和直方图的分布中心与公差带中心的比较。具体可分为如下 4 种情况。

1. 理想直方图

如图 2-10 所示，直方图的分布中心 $\bar{x}$ 与公差带中心 μ 重合，直方图位于公差带范围之内，即直方图宽度 Δ 小于公差 T。可以用关系式表达如下

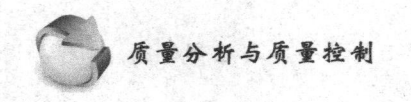

$$T \approx 8s > \Delta \quad ; \quad \bar{x} \approx \mu$$

式中：s 为检测数据的标准差。

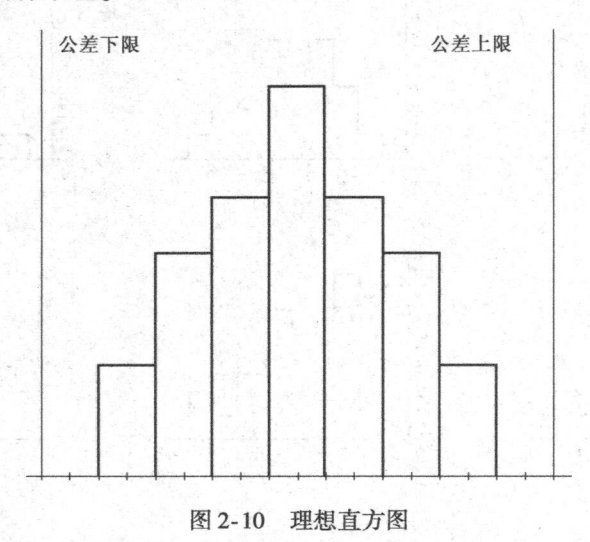

图 2-10　理想直方图

如果产品质量特性值数据属于这种状态，其生产过程必定处于正常控制状态，产品可以免检。

2. 高精度直方图

高精度直方图的特点在于直方图的宽度 Δ 远远小于给定的公差 T。由于直方图分布中心与公差带中心相互位置关系不同，又可分为两种情况，如图 2-11（a）所示为中心偏离的直方图，即

$$\Delta \leqslant T \quad ; \quad \bar{x} < \mu (或 \bar{x} > \mu)$$

如图 2-11（c）所示的直方图，其分布宽度 Δ 仅为 T 的一部分，分布中心 $\bar{x}$ 与 μ 接近，即

$$\Delta \leqslant T \quad ; \quad \bar{x} \approx \mu$$

说明图（a）的调整有问题，图（c）的调整虽无问题，但与前者一样，粗活（公差大的工件）在精度高的设备上加工，不经济。

3. 临界状态直方图

直方图宽度 Δ 刚好等于公差范围，分布中心也位于公差带中心 μ，即

$$\Delta = T \quad ; \quad \bar{x} = \mu$$

这种直方图如图 2-11（b）所示，显示了缺乏精度储备，只要调整稍有疏忽，就会出现不合格品。

4. 低精度直方图

这种直方图如图 2-11（d）所示，其特点是其宽度 Δ 大于等于公差 T，即 $\Delta \geqslant T$，必然出现不合格品。不合格品的多少，取决于分布中心 $\bar{x}$ 与公差带中心 μ 的偏离大小。在工艺上应采取措施，否则，只能对产品进行全数检查，剔出不合格品。

图 2-11 直方图

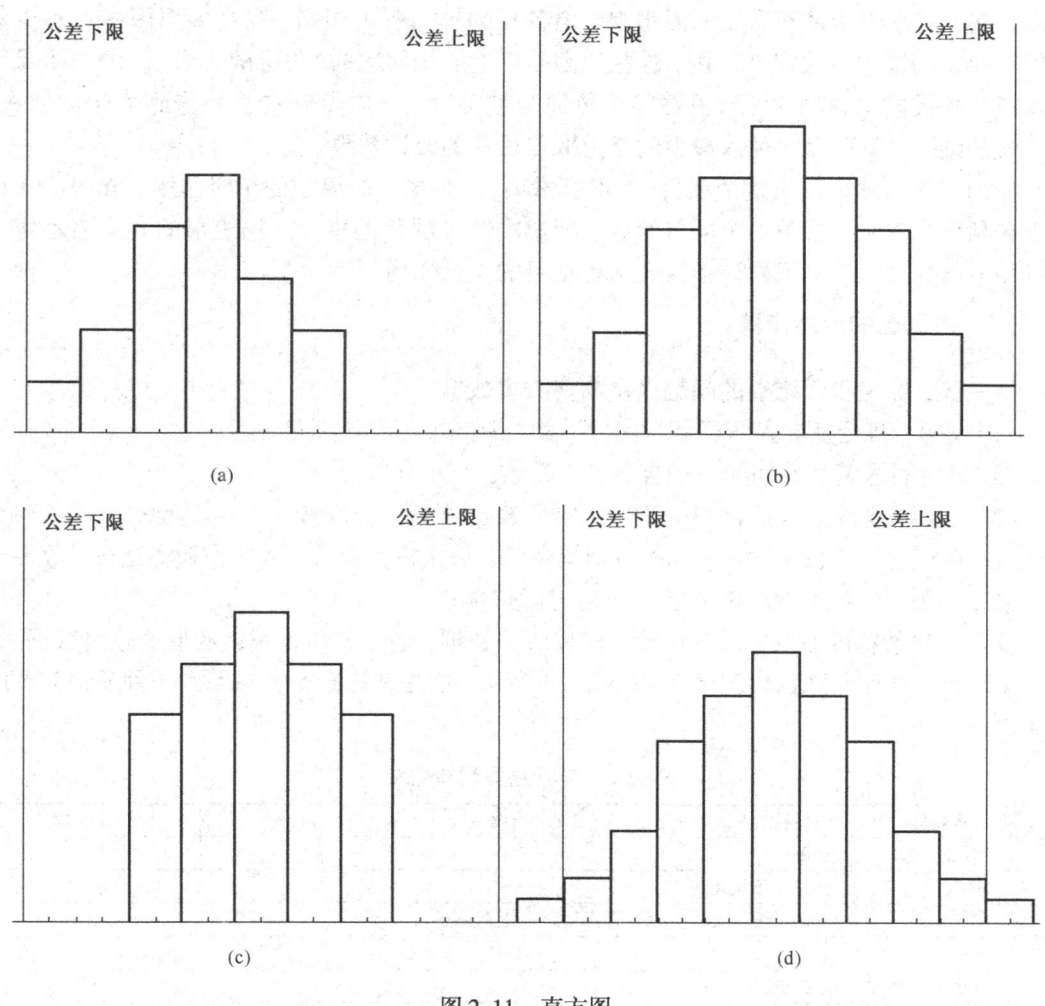

二、排列图法

(一) 排列图的基本概念

质量问题是以质量损失的形式表现出来的，大多数损失往往是由几种不合格引起的，而这几种不合格又是由少数原因引起的。因此，一旦明确了这些"关键的少数"，就可消除这些原因，避免由此所引起的大量损失。用排列图法，我们可以有效地实现这一目的。

排列图是为了对发生频次从最高到最低的项目进行排列而采用的简单图示技术。排列图是建立在巴雷特原理的基础上，主要的影响往往是由少数项目导致的，通过区分最重要的与较次要的项目，可以用最少的努力获取最佳的改进效果。

排列图是全面质量管理创始人朱兰博士移植帕累托原理用于质量分析的一种工具。朱兰博士提出：影响质量问题的原因很多，但各自的作用各不相同，在众多原因中总有少数原因对质量问题起着决定性作用，这些原因是影响质量问题的"关键的少数"。解决质量问题要抓住关键的少数原因，当关键的少数原因被解决后，质量问题就会得到大幅度解决。这样做的结果，就可以实现以最少的努力取得最佳的改进效果。

排列图按降序显示出这个项目（如不合格项目）在整个结果中的相应作用。相应的作用可以包括发生次数、有关每个项目的成本或影响结果的其他指标。用矩形的高度表示每个项目相应的作用大小，用累计频数表示各项目的累计作用。

(二) 排列图的应用步骤

第一步，确定所要调查的问题以及如何收集数据。

(1) 选题。确定所要调查的问题是哪一类问题，如不合格项目。

(2) 确定问题调查的期间。如自3月1日始，至4月30日止。

(3) 确定哪些数据是必要的，以及如何将数据分类。如或按不合格类型分，或按不合格发生的位置分，或按工序分，或按机器设备分，或按操作者分，或按作业方法分，等等。

数据分类后，将不常出现的项目归到"其他"项目。

确定收集数据的方法，以及在什么时候收集数据，通常采用检查表的形式收集数据。

第二步，设计一张数据记录表，如表2-5所示，这是某铸造企业在调查铸件质量问题时的案例。

表2-5 不合格类型检查表

不合格类型	记　号	小　计
断裂	正正正	15
擦伤	正正正正正正正正	45
弯曲	正正正正正正正正正正正正正正正正正正正正	100
裂纹	正正	10
砂眼	正正正正	20
其他	正正	10
合计		200

第三步，将数据填入表中，并合计。

第四步，制作排列图数据表，表中列有各项不合格数、累计不合格数、各项不合格所占百分比，以及累计百分比，如表2-6所示。

表2-6 排列图数据表

不合格类型	不合格数	累计不合格数	比率(%)	累积比率(%)
弯曲	100	100	50	50
擦伤	45	145	22.5	72.5
砂眼	20	165	10	82.5
断裂	15	180	7.5	90
裂纹	10	190	5	95
其他	10	200	5	100
合计	200		100	

第五步，按数量从大到小顺序，将数据填入数据表中。"其他"项的数据由许多数据很小的项目合并在一起，将其列在最后，而不必考虑"其他"项数据的大小。

第六步，画两条纵轴和一条横轴，左边纵轴，标上件数(频数)的刻度，最大刻度为总件数(总频数)；右边纵轴，标上比率(频率)的刻度，最大刻度为100%。左边总频数的刻度与右边总频率的刻度(100%)高度相等。横轴上将频数从大到小依次列出各项。

第七步，在横轴上按频数大小画出矩形，矩形的高度代表各不合格项频数的大小。

第八步，在每个直方柱右侧上方，标上累计值(累计频数和累计频率百分数)，描点，用实线连接，画累计频数折线(帕累托曲线)。

第九步，在图上记入有关必要事项，如排列图名称、数据、单位、作图人姓名，以及采集数据的时间、主题、数据合计数等。

不合格项目排列图如图 2-12 所示。

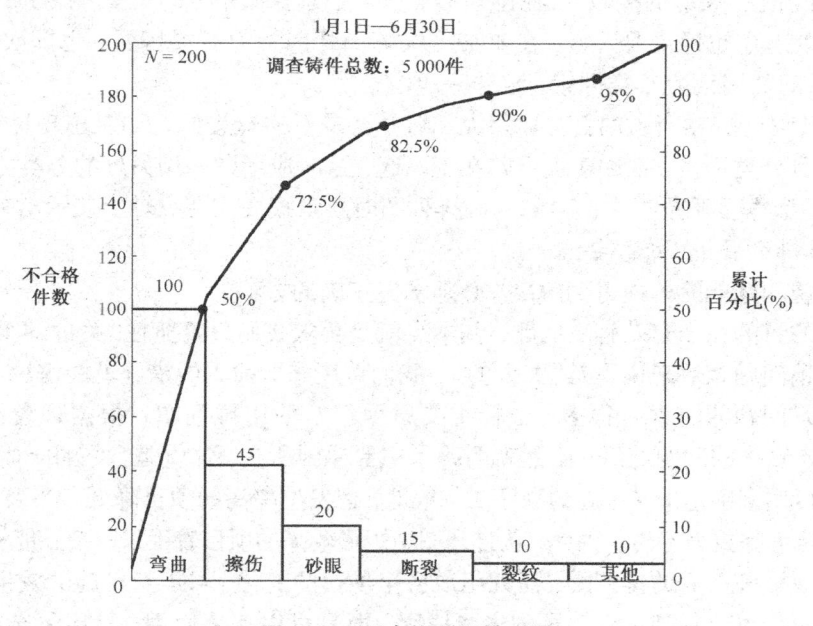

图 2-12 不合格项目排列图

(三) 排列图的分类

正如前面所述，排列图是用来确定"关键的少数"的方法，根据用途，排列图可分为分析现象用排列图和分析原因用排列图。

1. 分析现象用排列图

这种排列图与以下不良结果有关，用来发现主要问题。

(1) 质量：不合格、故障、顾客抱怨、退货、维修等；

(2) 成本：损失总数、费用等；

(3) 交货期：存货短缺、付款违约、交货期拖延等；

(4) 安全：发生事故、出现差错等。

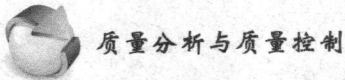

2. 分析原因用排列图

这种排列图与过程因素有关,用来发现主要问题。

(1)操作者:班次、组别、年龄、经验、熟练情况以及个人本身因素;

(2)机器:设备、工具、模具、仪器;

(3)原材料:批次、种类;

(4)作业方法:作业环境、工序先后、作业安排、作业方法。

(四)应用排列图时应注意的事项

1. 制作排列图的注意要点

(1)分类方法不同,得到的排列图不同。通过不同的角度观察问题,把握问题的实质,需要用不同的分类方法进行分类,以确定"关键的少数",这也是排列图分析方法的目的。

(2)为了抓住"关键的少数",在排列图上通常把累计比率分为三类:在0%~80%间的因素为A类因素,也即主要因素;在80%~90%间的因素为B类因素,也即次要因素;在90%~100%间的因素为C类因素,也即一般因素。

(3)如果"其他"项所占的百分比很大,则分类是不够理想的。如果出现这种情况是因为调查的项目分类不当,把许多项目归在了一起,这时应考虑采用另外的分类方法。

(4)如果数据是质量损失(金额),画排列图时质量损失应在纵轴上表示出来。

2. 使用排列图的注意要点

如果希望问题能简单地得到解决,必须掌握正确的方法。

排列图的目的在于有效解决问题,基本点就是要求我们只要抓住"关键的少数"就可以了。如果某项问题相对来说不是"关键的",我们希望采取简单的措施就能解决。

引起质量问题的因素有很多,分析主要原因经常使用排列图。根据现象制作出排列图,确定需要解决的问题之后,必然就明确了主要原因所在,这就是"关键的少数"。

排列图可用来确定采取措施的顺序。一般地,把发生率高的项目降低一半要比把发生问题的项目完全消除更为容易。因此,从排列图中矩形较高的项目着手采取措施能够事半功倍。

对照采取措施前后的排列图,研究组成各个项目的变化,可以对措施的效果进行验证。利用排列图不仅可以找到一个问题的主要原因,而且可以连续使用,找出复杂问题的最终原因。

三、散布图法

(一)散布图的基本概念

1. 散布图的定义

散布图是研究成对出现的数据(每对数据在平面直角坐标系中与一个点一一对应)即两组变量之间相关关系的图示技术。

2. 两组变量之间的关系

(1)函数关系

变量之间的关系完全可以用确定的公式进行计算时,称两组变量之间具有函数关系。

如圆面积 s 与圆半径 r 的关系为 $s = \pi r^2$；直流电路中电压 U 与电流 I 的关系为 $U = IR$；匀速直线运动中，运动距离 s 与运动时间 t 的关系为 $s = tv$ 等。

将函数关系写出标准式，如线性函数关系为 $y = ax + b$；非线性函数关系为 $y = ax^2 + bx + c$。线性函数关系的图像是平面直角坐标系中的一条直线。在散布图的研究中，对线性相关关系的研究是最重要的。

(2) 没有关系

此类关系呈现非常弱的内在关联性，呈现混乱状态。

(3) 相关关系

两组变量之间虽然有关系，但这种关系不能用确定公式进行计算时，称为相关关系；相关关系在平面直角坐标系中的图像即为散布图（又称散点图）。

① 对两组相关数据相关关系的研究必须包括相关性质（正相关、负相关）和相关程度（强相关、弱相关）。成对数据形成的散布图形同点子云，点子云的形态可以表达出相关性质和相关程度。

② 线性函数关系可以看作强相关的极限（称为完全相关），没有关系可以看作弱相关的极限（称为完全不相关）。若将线性函数关系及没有关系作为相关关系的特例，则可以说两组变量之间只有一种关系（相关关系）。

两个随机变量之间的关系如图 2-13 所示。散布图的典型图形如图 2-14 所示。

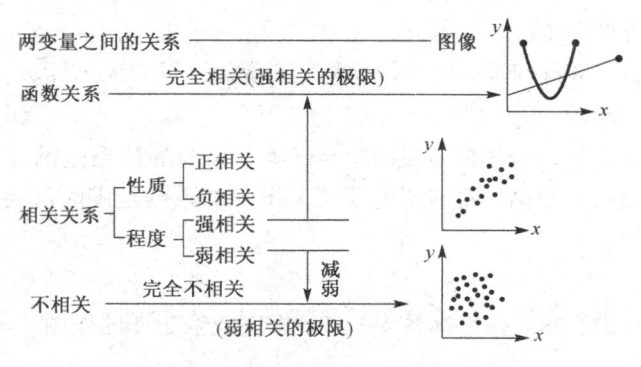

图 2-13 两个随机变量之间的关系

(二) 散布图的应用范围

散布图可以进行定性分析也可以进行定量分析（回归分析）。在质量分析及质量改进以至质量管理活动中，散布图有着广泛的应用前途，每一位质量管理工作者以及工程技术人员都应掌握散布图的应用。

(三) 散布图的应用程序

1. 收集数据

虽然在统计技术应用中有一个基本原则，是数据越多分析误差越小，但必须保证所有数据必须在相同的条件下取得。散布图的每一对数据都是通过一次试验所取得的，当要求取得的数据过多时，试验的时间就要很长，很难保证试验的条件能保持不变。当试验条件发生变化时，必然会因试验误差加大而造成散布图的分析误差加大。一般取 20～30 对数据为宜。

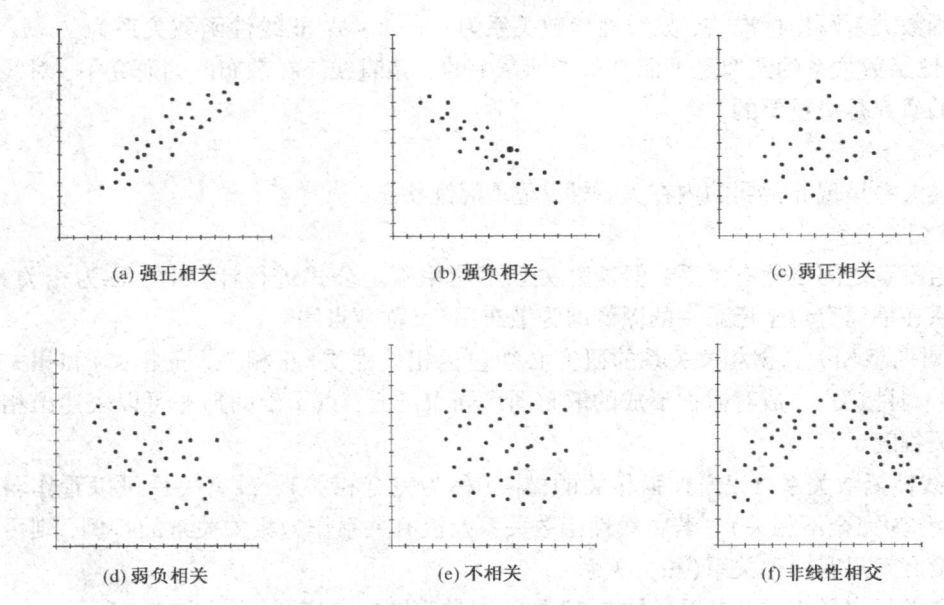

(a) 强正相关　　(b) 强负相关　　(c) 弱正相关

(d) 弱负相关　　(e) 不相关　　(f) 非线性相交

图 2-14　散布图的典型图形

2. 建立平面直角坐标系

根据数学规则，应将自变量 x 置于横坐标，因变量 y 置于纵坐标。

3. 坐标轴合理刻度

散布图的坐标轴应予以合理的刻度，应恰好等于试验的数据范围。刻度范围小于试验的数据范围时会造成丢失数据，而刻度范围大于试验的数据范围时又会使散布图变形，影响定性分析的准确性。

4. 作散布图

将数据表中成对的数据，在坐标系中打点，即完成散布图的作图。

5. 图形分析

(1) 定性分析

散布图的定性分析一般有对照典型图分析法和简单象限法。

① 对照典型图分析法

对照典型图分析法是将所作的散布图与六种典型图形相对比，即可得到数据的相关性质和相关程度。这种分析方法误差极大，很可能不同的人会得到不同的分析结果。

② 简单象限法

简单象限法实际是应用假设检验中的符号检验法对相关性进行显著性检验。显著相关即为强相关，不显著相关即为弱相关。

简单象限法应用时，首先应在散布图中添加两条辅助线：

a. P 线平行于 y 轴垂直于 x 轴，将平面上的点一分为二，即 P 线以左和 P 线以右的点数应恰好相等。

b. Q 线平行于 x 轴垂直于 y 轴，将平面上的点一分为二，即 Q 线以上和 Q 线以下的点数应恰好相等。

P 线和 Q 线将散布图分割为四个区域，称为四个象限，以右上角为第Ⅰ象限，逆时针顺序依次为第Ⅱ、Ⅲ、Ⅳ象限。根据四个象限中的点数即可判断数据的相关性质和相关程度。

（2）定量分析

散布图的定量分析即一元线性回归分析。

（四）作散布图应注意的事项

1. 数据要分层

作散布图的数据必须来源于"人、机、料、法、环"相同的条件，对条件不相同的数据应按"人、机、料、法、环"分别进行分层，否则会造成分析结果的错误。

如图 2-15 所示，对图（a）的定性分析为不相关，但数据未分层，图（a）是分层后的散布图（为比较方便，A、B 同绘于一图）；图（b）则为弱正相关；同样，对图（c）的定性分析为弱正相关，但数据未分层，图（c）是分层后的散布图（为比较方便，A、B 同绘于一图）；图（d）为不相关。

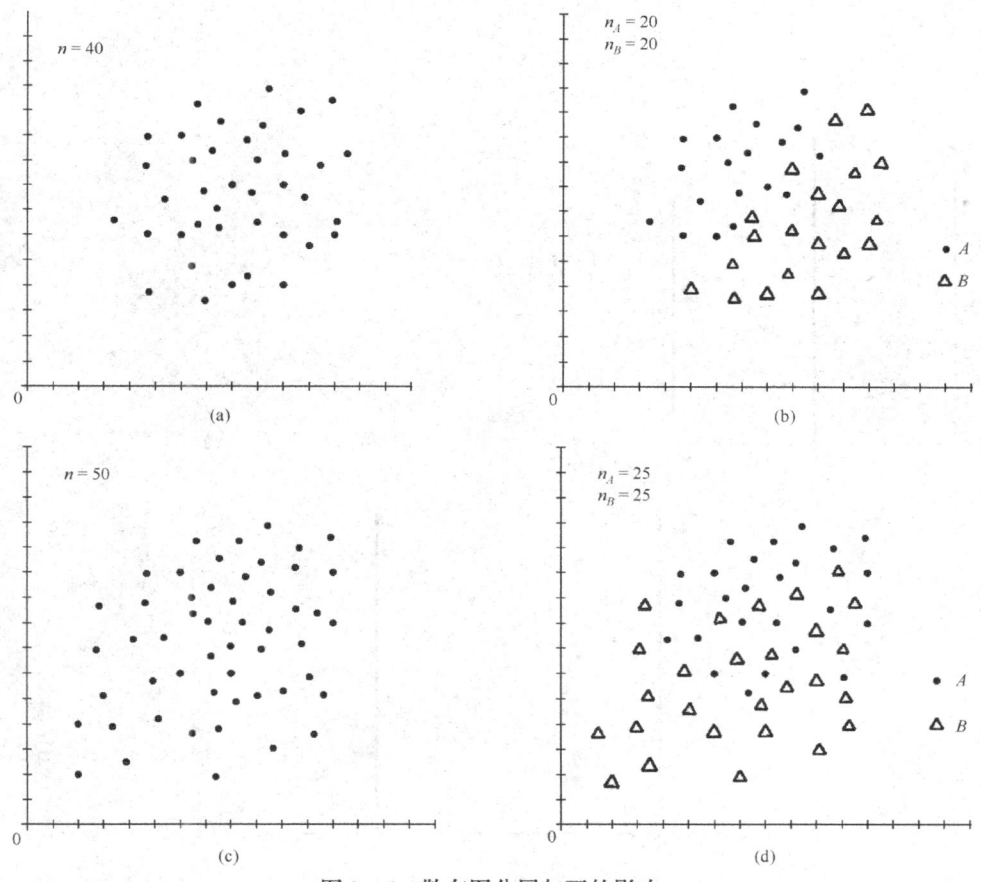

图 2-15　散布图分层与否的影响

2. 要有适宜的取值范围

作散布图时,应根据专业理论知识和实际工作经验,尽可能取值范围大一些,以避免在应用时造成错误的判断。

如图 2-16 所示,图(a)的 x 取值范围为 0~8 时,散布图为非线性相关;但当 x 取值范围缩小为 0~4 时,散布图图(b)为正相关;而当 x 取值范围缩小为 4~8 时,散布图图(c)为负相关。

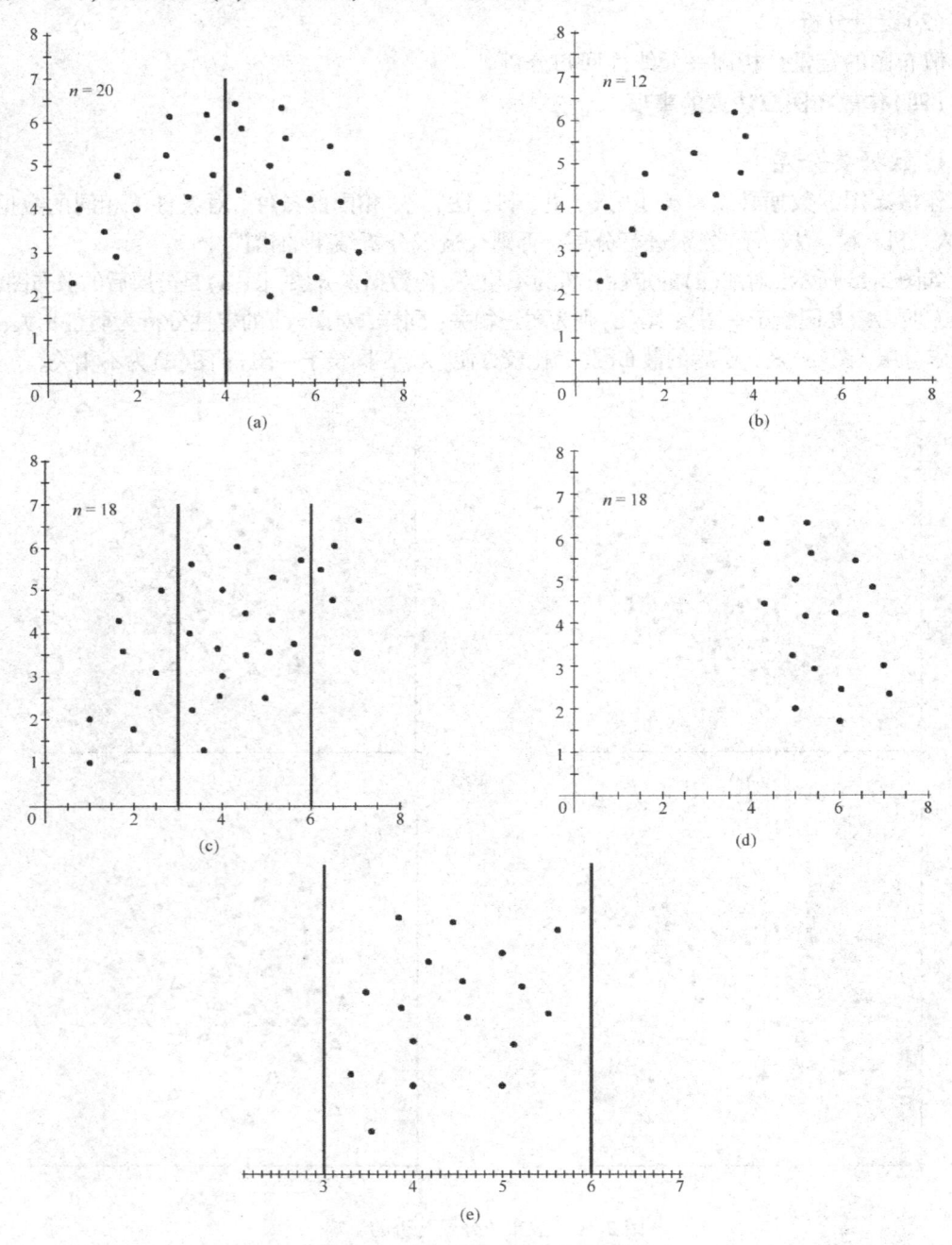

图 2-16 散布图取值范围的影响

同理，在图(d)中 x 取值范围为 $0\sim8$ 时为正相关；但当 x 取值范围缩小为 $3\sim6$ 时散布图图(e)为不相关。

3. 要注意坐标轴的刻度

作散布图时，横坐标轴与纵坐标轴大致应长度相等，而且必须在刻度值上恰好等于试验的数据范围，否则会造成对图形的视觉错误，影响定性分析的结果。

四、分层法

(一) 分层法的概念

所谓分层法就是把混杂在一起的不同类型数据按其不同的目的分类，把性质相同、在同一种条件下收集的数据归并成一类，即将数据分类统计，以得出数据的统计规律。

(二) 分层原则

分层的目的在于使同一层内的数据波动尽可能小，而使层与层之间的数据差异尽可能大地反映出来，以显示出分层法的作用和效果，否则就说明分层无效。为了实现这一目的，通常可按人、机、料、法、环、时间等条件作为分层的标志来对数据进行分层。在应用分层法对数据进行分层时，必须选择适当的分层标志，否则会因为分层标志选择不当而导致分层结果不充分，不能有效地反映客观事实。

分层法是一种十分重要的统计方法，实际上几乎在应用各种统计方法(如因果图、排列图、散布图、直方图、控制图等)的过程中，都可以结合应用。

(三) 分层方法

现场处理数据往往按照下列方法分层。

1. 按操作人员分

可按工人的技术级别、工龄、性别和班次等进行分层。

2. 按使用设备分

可按不同型号、不同工具、不同使用时间等进行分层。

3. 按工作时间分

可按不同班次、不同日期等进行分层。

4. 按使用原材料分

可按不同材料规格、不同供料单位等进行分层。

5. 按工艺方法分

可按不同工艺、不同加工规程等进行分层。

6. 按工作环境分

可按不同工作环境、使用条件等进行分层。

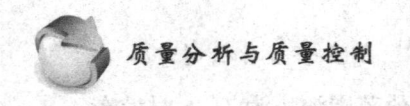

小 结

本章主要分别介绍了质量分析以及质量控制的方法,质量分析方法主要介绍了调查法、水平对比法、流程图法、因果图法,这些多为定性方法。质量控制方法则介绍了直方图法、排列图法、散布图法以及分层法,这其中多为定量方法。在学习过程中,其实很多的方法和原理早就已经烂熟于心,但是此处学习更需要注意的是应用背景,对于方法使用的情境,不同的情况使用不同的方法,获得的结论的正确性以及准确性都是不同的。

习 题 二

2.1 某厂建筑型材 QC 小组,统计了某月生产线上的废品,其结果如表 T2-1 所示,其中磕伤 78 件,弯曲 198 件,裂纹 252 件,气泡 30 件,其他 42 件。请画出排列图,并指明主要质量问题是什么。

表 T2-1 某月生产线上的废品统计

项 目	频 数	累计频数	频率(%)	累计频率(%)
裂纹	252	252	42	42
弯曲	198	450	33	75
磕伤	78	528	13	88
气泡	30	558	5	93
其他	42	600	7	100
合计	600		100	

2.2 请简述因果图、因素展开型系统图的弱点。

2.3 直方图与给定公差的比较,是直方图的主要用途之一,请列举其典型的四种类型。

2.4 分析中国象棋中走马的实际情况:
(1)如果落点在棋盘外,则不移动棋子;
(2)如果落点与起点不构成日字型,则不移动棋子;
(3)如果落点处有自己方棋子,则不移动棋子;
(4)如果在落点方向的邻近交叉点有棋子(绊马腿),则不移动棋子;
(5)如果不属于 1~4 条,且落点处无棋子,则移动棋子;
(6)如果不属于 1~4 条,且落点处为对方棋子(非老将),则移动棋子并除去对方棋子;
(7)如果不属于 1~4 条,且落点处为对方老将,则移动棋子,并提示战胜对方,游戏结束。请根据以上条件,绘制出因果图。

2.5 简述流程图法的应用程序。

第三章 控 制 图

第一节 控制图概要
第二节 计量值控制图
第三节 计数值控制图
第四节 标准化控制图（通用控制图）
第五节 控制图的观察分析与使用
第六节 控制图的经济设计

质量分析与质量控制

章前导引

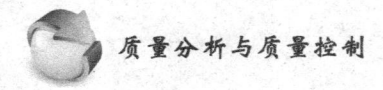

在质量管理的过程中常常运用统计学的方法,这里要介绍的统计过程控制,实际是应用统计技术对过程中的各个阶段进行评估和监控,建立并保持过程处于可接受的并且稳定的水平,从而保证产品与服务符合规定的一种质量管理技术,后面的章节我们会详细介绍。控制图就是在统计过程控制中统计技术的应用,是必不可少的方法,本质是根据假设检验的原理构造一种图,用于监测生产过程是否处于控制状态。简单来说就是对生产过程的关键质量特性值进行测定、记录、评估并监测过程是否处于控制状态的一种图形方法。鉴于其可视性、易懂性,它是统计质量管理的一种重要手段和工具。

第一节 控制图概要

在统计过程控制中,统计技术的应用是必不可少的,统计技术涉及数理统计的许多分支,但其中最主要的工具是控制图。因此,无论统计质量控制发展到什么阶段,控制图的应用都是非常重要的。要想推行统计过程控制就必须对控制图的理论和应用技能有深入的了解,否则就不可能通过统计过程控制取得真正的实效。在推行统计过程控制过程中,并不能强调必须有多少张控制图在应用,但是可以说,一个企业在生产过程中使用控制图的张数在某种意义上反映了该企业管理现代化的程度。

一、控制图的重要性

质量管理学科有个重要的特点就是不尚空谈,对于所提出的质量原则、方针、目标,要有统计方法和科学措施来保证它们的实现。例如,贯彻预防原则是依靠推行双 SPC(Statistical Process Control,统计过程控制)和 SPCD(Statistical Process Control and Diagnosis,统计过程控制与诊断)实现的,而居于质量管理 7 个工具核心地位的控制图是 SPC 和 SPCD 的重要工具。控制图因其在判断与预报生产过程中质量状况是否发生波动方面发挥的重要作用,已经被广泛应用于各行各业。

二、产品质量的统计观点

产品质量的统计观点是质量管理的基本观点之一,包括这个基本观点的质量管理就是现代的质量管理,否则就是传统的或老式的质量管理。

产品质量的统计观点包括两方面的内容。

1. 产品的质量特性值是波动的

由于产品的生产是不断受着下列质量因素的影响:人、机、料、法、环,而这些质量因素是不停地变化着的,故产品质量特性值也是波动的。这表面上看起来似乎是人所共知的事实，但在人类发展史上，在工业革命以后，人们起初认为工业革命后采用机器生产，生产出来的产品肯定是一模一样的，随着测量技术与测量工具的发展，终于认识到即使是机器生产，产品质量仍然是波动的。产品公差制度的建立就表明承认了这一事实，即产品质量是波动的。

2. 产品质量特性值的波动具有统计规律性

产品质量特性值是被动的，但是这种波动符合统计规律性。所谓统计规律性指的就是产品质量特性值的波动幅度有多大，出现这么大幅度的可能性有多大，用数学语言来讲，就是服从什么分布。在质量管理中，常用的分布有下列两种：计量值指标通常服从正态分布；计件值指标通常服从二项分布；计点值指标通常服从泊松分布，知道了质量特性值的分布，就可以利用这一点来保证与提高产品的质量。

从哲学观点来看，上述产品质量的统计观点的两项内容也是符合辩证唯物主义哲学的。首先，了解到产品质量特性值是波动的，这就是认识世界；其次，产品质量特性值的波动具有统计规律性，这就是掌握了事物的规律，从而进一步去改造世界。

三、控制图的概念

控制图是对过程质量特性值加以测定、记录并进行控制的一种应用统计方法设计的图，统计量数值的描点序列如图3-1所示。图上有中心线（Control Line，CL）、上控制界限（Upper Control Limit，UCL）和下控制界限（Lower Control Limit，LCL），并有按时间顺序抽取的样本。

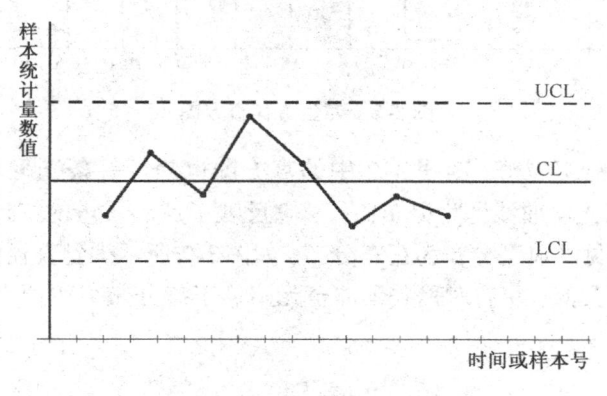

图 3-1 控制图示例

四、控制图的解释

（一）控制图原理的第一种解释

假定某车间应用车床车制直径为 10 mm 的螺丝。为了了解螺丝的加工质量，从车制好的螺丝中随机抽取 100 个，测量并记录其直径数据，如表 3-1 所示。为找出这些数据的统计规律，将它们分组、统计、作直方图，如图3-2所示。

将各组的频数所求的频率表示螺丝直径属于各组的可能性大小。显然，各组频率之和为1。若以直方面积来表示该组的频率，则所有直方面积总和也为1。这时，直方的高=直

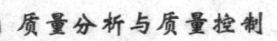

方面积/组距 = 频率/组距 = 频数/(N × 组距)。因此，无论纵坐标取为频率或频率/组距，各直方的高都与频数成正比。

表 3-1　螺丝直径数据　　　　　　　　　　　　　　　　　　　单位：mm

10.24	9.94	10.00	9.99	9.85	9.94	10.42	10.30	10.36	10.09
10.21	9.79	9.70	10.04	9.98	9.81	10.13	10.21	9.84	9.55
10.01	10.36	9.88	9.22	10.01	9.85	9.61	10.03	10.41	10.12
10.15	9.76	10.57	9.76	10.15	10.11	10.03	10.15	10.21	10.05
9.73	9.82	9.82	10.06	10.42	10.42	10.60	9.58	10.06	9.98
10.12	9.97	10.30	10.12	10.14	10.17	10.00	10.09	10.11	9.70
9.49	9.97	10.18	9.99	9.89	9.83	9.55	9.87	10.19	10.39
10.27	10.18	10.01	9.77	9.58	10.33	10.15	9.91	9.67	10.10
10.09	10.33	10.06	9.53	9.95	10.39	10.16	9.73	10.15	9.75
9.79	9.94	10.09	9.97	9.91	9.64	9.88	10.02	9.91	9.54

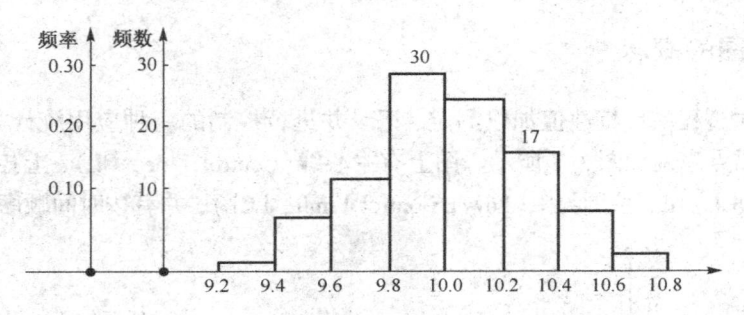

图 3-2　螺丝直径直方图

如果数据越多，分组越密，则图 3-2 中的直方图也趋近一条光滑曲线如图 3-3 所示。在极限情况下得到的光滑曲线即为分布曲线，它反映了产品质量的统计规律。在质量特性值为连续值时，最常见的典型分布为正态分布，如图 3-2 所示螺丝直径的分布就是如此，它的特点是中间高、两头低，左右对称并延伸至无限。正态分布可用两个参数即均值 μ 和标准差 σ 来决定。

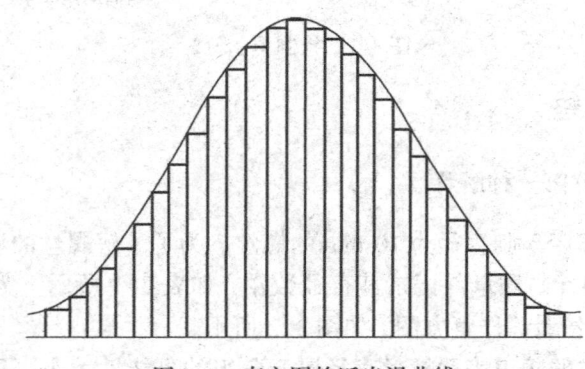

图 3-3　直方图趋近光滑曲线

正态分布有一个结论对质量管理很有用,即无论均值 μ 和标准差 σ 取何值,产品质量特性值落在 $(\mu \pm 3\sigma)$ 之间的概率为 99.73%,于是落在 $\mu \pm 3\sigma$ 之外的概率为 100% - 99.73% = 0.27%,而超过一侧,即小于 $(\mu - 3\sigma)$ 或大于 $(\mu + 3\sigma)$ 的概率为 1‰(0.27%/2 = 0.135% ≈1‰),如图 3-4 所示,这个结论十分重要。

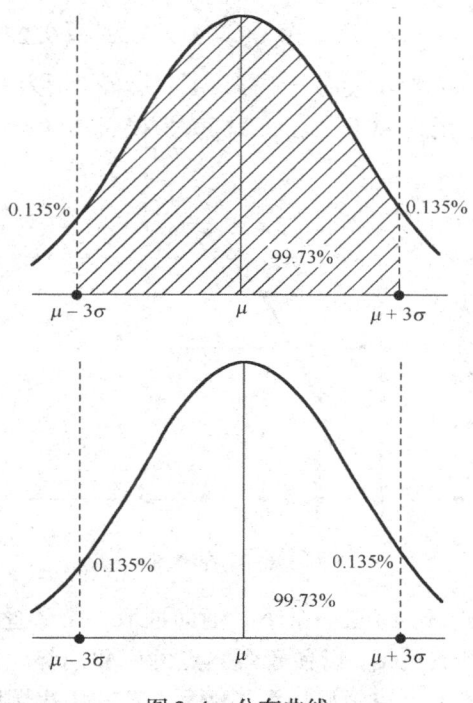

图 3-4 分布曲线

美国休哈特就是根据这一事实提出了控制图。控制图的演变过程如图 3-5 所示。首先,把图 3-4 中曲线按顺时针方向转 90°变成如图 3-5(a)所示,由于数值上大下小不合常规,故再把图 3-5(a)中曲线向下翻转 180°成为如图 3-5(b)所示的曲线。这样就得到一张控制图,具体说是单值 x 控制图。

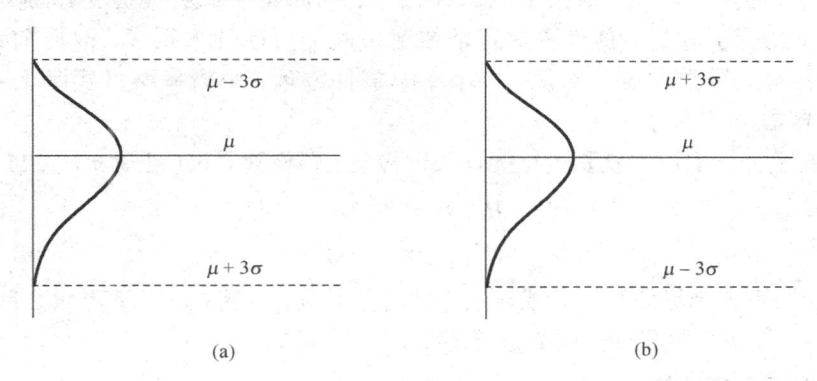

图 3-5 控制图的演变

现在结合螺丝的例子来说明控制图的原理。设已知螺丝直径标准差为 0.26 mm，先从表中的数据算得样本均值 $\bar{x} = 10.00$ mm，把它作为总体样本均值 μ 的估计值，于是有

$$\mu + 3\sigma \approx \bar{x} + 3\sigma = 10.00 + 3 \times 0.26 = 10.78(\text{mm})$$

$$\mu \approx \bar{x} = 10.00(\text{mm})$$

$$\mu - 3\sigma \approx \bar{x} - 3\sigma = 10.00 - 3 \times 0.26 = 9.22(\text{mm})$$

控制图的演变图如图 3-6 所示，$\mu + 3\sigma$ 称为上控制界，记为 UCL；μ 称为中心线，记为 CL；$\mu - 3\sigma$ 称为下控制界，记为 LCL。这三者统称为控制线（Control Lines）。

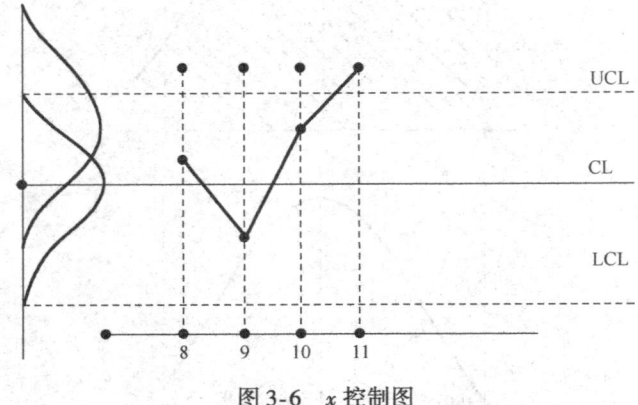

图 3-6 $\bar{x}$ 控制图

为了控制螺丝的加工质量，每隔一个小时随即抽取一个螺丝，测量其直径，将其结果描点在图中，并用直线段将点连接，以便于观察点的变化趋势。由图可见，前三个点都在控制界内，但第四个点超出了上控制界。为了醒目，把它用小圆圈圈起来，表示这个螺丝的直径过分粗了，应引起注意。现在对第四个点，应做何判断？根据正态分布的结论，在生产正常的条件下，点超出上控制界的概率只有 1‰ 左右，可能性非常小，而从图 3-6 也可看出，若生产异常，例如，由于车刀磨损，螺丝直径将逐渐变粗，$\bar{x}$ 增大，分布曲线将上移，这时分布曲线超出上控制界那部分面积（用阴影区表示）可能达到千分之几十、几百，远比 1‰ 大得多。现在，第四个点已经出界，问题是点出界究竟是由哪种情况造成的？由于异常情况引起的可能性要比正常情况引起的可能性大得多，故取前者，认为点出界就判断异常。用数学语言来说，即小概率事件原理：小概率事件实际上不发生，若发生则判断异常。

在控制图上描点实质上就是进行统计假设检验，即检验假设（已知 $\sigma = 0.26$ mm）

$$H_0: \mu = 10.00$$

$$H_1: \mu \neq 10.00$$

而控制图的上、下控制界即为接受域与拒绝域的分界线，点落在上、下界限之间表明 H_0 可接受；点落在上、下界限之外表明 H_0 应拒绝，而接受 H_1。

（二）控制图原理的第二种解释

现在换个角度再来研究控制图的原理。前面提过，根据来源的不同，质量因素可以分

成人、机、料、法、环(4M1E)五个方面。但从对质量的影响大小来看，质量因素则可分成偶然因素(简称偶因)与异常因素(简称异因)两类。偶因是始终存在的，对质量的影响微小，但难以去除，例如机床开动时的轻微振动等。异因则有时存在，对质量影响大，但不难去除，例如车刀磨损、固定机床的螺母松动等。

偶因引起质量的偶然波动(简称偶波)，异因引起质量的异常波动(简称异波)。偶波是不可避免的，但对质量的影响微小，故可以把它看作背景噪声而听之任之。异波则不然，它对质量的影响大，且采取措施不难加以消除，故在过程中异波及造成异波的异因是我们注意的对象，一旦发生，就应该尽快找出，采取措施加以消除，并纳入标准化，保证它不再出现。偶波与异波都是产品质量的波动，如何能发现异波的到来呢？通过经验与理论分析表明，当生产过程中只存在偶波时，产品质量特性值将形成某种典型分布。例如，在车制螺丝的例子中，螺丝的直径形成正态分布。如果除去偶波外还有异波，则产品质量特性值的分布必将偏离原来的典型分布。因此，根据典型分布是否偏离就能判断异波，也即异因是否发生，而典型分布的偏离可由控制图检出。在上述车制螺丝的例子中，由于发生了车刀磨损的异因，螺丝直径的分布偏离了原来的正态分布而向上移动，于是点超出上控制界的概率大为增加，从而点频频出界，表明存在异波。控制图上的控制界限就是区分偶波与异波的科学界限。

根据上述，可以说休哈特控制图的实质是区分偶然因素与异常因素两类因素。

(三) 控制图原理的第三种解释

控制图是如何贯彻预防原则的呢？这可以由以下两点看出。

应用控制图对生产过程不断监控，当异常因素刚一露出苗头，甚至在未造成不合格品之前就能及时发现。例如，在图3-7中点有逐渐上升的趋势，故可以在这种趋势造成不合格品之前就采取措施加以消除，这样就起到了预防的作用。但如此直观的情况在现场并不多。

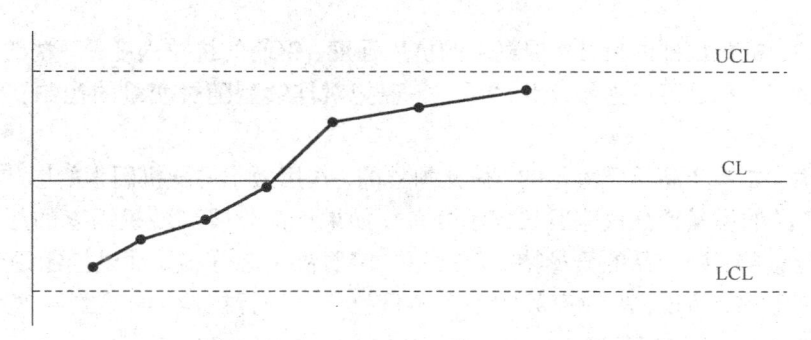

图 3-7 控制图中点形成倾向

在现场，更多的情况是控制图显示异常，这时一定要贯彻下列20个字："查出异因，采取措施，保证消除，不再出现，纳入标准"。这20个字首先是张公绪教授总结出来的，并戏称之为"20字真经"。每贯彻一次这20个字(即经过一次这样的循环)就消除一个异因，使它永不再出现，从而起到了预防的作用。由于异因只有有限多个，故经过有限次循环后，如图 3-8 所示，最终可以达到这样一种状态：在过程中只存在偶因而不存在异因。由于这时分布的统计参数稳定不变，故这种状态称为统计控制状态或稳定状态，简称稳态。

稳态是生产过程追求的目标，因为首先在稳态下生产，对产品质量有完全的把握，质量特性值有 99.73% 落在上下控制界限之间的范围内（一般上下控制界限总在规格界限之内，故合格品率还要高于 99.73%）；其次，在稳态下没有异因，只有偶因，故产生的不合格品最少，因而生产也是最经济的。

一道工序处于稳态称为稳定工序。道道工序都处于稳态称为全稳生产线。质量控制统计工程就是通过全稳生产线达到全过程预防的。

综上所述，我们可得到控制图的第三种解释：虽然质量变异不能完全消灭，但控制图与贯彻"20 字真经"是使得质量变异成为最小的有效方法。

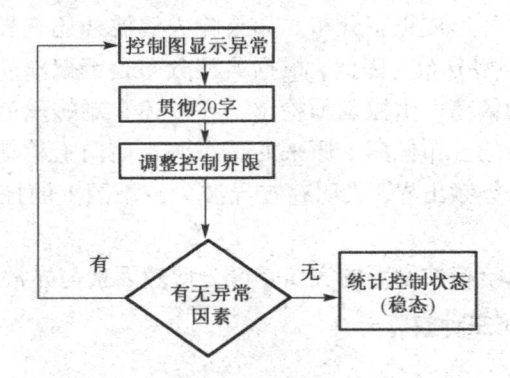

图 3-8 达到稳态的循环

第二节 计量值控制图

众所周知，机械零件的尺寸、混凝土的抗压强度、钢筋的抗拉强度、酒精的纯度、烟草的尼古丁含量等，都是可以连续变化的量，一般把对连续型随机变量的控制，称为计量值控制。

我们知道，如果产品只受大量的、彼此独立的、作用微小的随机因素的影响，根据中心极限定理，产品的质量特征值应服从正态分布。如果产品除受到随机因素的影响外，还受到系统因素的影响，则产品的质量特征值就不一定服从正态分布。计量控制是建立在正态分布理论基础上的，所以，要对产品的某个质量特征值进行控制，必须判断产品的某个质量特征值是否服从正态分布。

一、计量值控制图系数

1. 正态总体中样本标准差的期望和方差

设随机变量 $X \sim N(\mu, \sigma^2)$，从中抽取容量为 n 的子样，$x_1, x_2, \cdots, x_n$。样本标准差为

$$s = \sqrt{\frac{1}{n-1}\sum_{i=1}^{n}(x_i - \bar{x})^2} \qquad (3.1)$$

式中：$\bar{x} = \frac{1}{n}\sum_{i=1}^{n}x_i$。

可以证明，样本标准差 s 的期望为

$$E(s) = c_2 \cdot \sigma$$

式中，c_2 值由表 3-2 给出。

可以证明，样本标准差 s 的方差为

$$D(s) = c_3^2 \cdot \sigma^2, \quad \sigma_2 = c_3 \cdot \sigma$$

式中，c_3 值由表 3-2 给出。

表 3-2　c_2 和 c_3 数值表

样本大小 n	c_2	$1/c_2$	c_3
2	0.797 9	1.253	0.602 8
3	0.886 2	1.128	0.462 3
4	0.921 3	1.085	0.388 8
5	0.940 0	1.064	0.341 2
6	0.951 5	1.051	0.307 6
7	0.959 4	1.042	0.282 2
8	0.965 0	1.036	0.262 1
9	0.969 3	1.032	0.245 8
10	0.972 7	1.028	0.232 2
11	0.975 4	1.025	0.220 7
12	0.977 6	1.023	0.210 7
13	0.979 4	1.021	0.201 9
14	0.981 0	1.019	0.194 2
15	0.982 3	1.018	0.187 2
16	0.983 5	1.017	0.181 0
17	0.984 5	1.016	0.175 4
18	0.985 4	1.015	0.170 2
19	0.986 2	1.014	0.165 5
20	0.986 9	1.013	0.161 1
>20	$1 - 1/4^n$	$1 + 1/4^n$	$\frac{1}{\sqrt{2}}$

2. 极差的分布

设随机变量 X 的概率密度为 $f(x)$，从中抽取容量为 n 的子样 $x_1, x_2, \cdots, x_n$。记

$$x_n^* = \max(x_1, x_2, \cdots, x_n)$$
$$x_1^* = \min(x_1, x_2, \cdots, x_n)$$

则称 $x_n^* - x_1^*$ 为子样极差，记作 R。

$$R = x_n^* - x_1^*$$

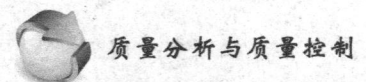

可以证明，极差 R 的概率密度函数为

$$f_R(y) = n(n-1) \cdot \int_{-\infty}^{+\infty} \left[\int_0^{v+y} f(x) \mathrm{d}x \right]^{n-2} f(v+y) f(v) \mathrm{d}v \tag{3.2}$$

式中：$y \geq 0$，n 为正整数。

极差 R 的期望和方差分别表示为

$$\begin{aligned} E(R_n) &= \int_0^{\infty} y \cdot f_R(y) \mathrm{d}y = d_2 \\ D(R_n) &= \int_0^{\infty} (y - d_2)^2 \cdot f_R(y) \mathrm{d}y = d_3^2 \end{aligned} \tag{3.3}$$

如果 $X \sim N(0,1)$，对于固定的 n，利用上述两式可以算出 d_2 和 d_3，表 3-3 列出了 d_2 和 d_3 的数值。

表 3-3 d_2 和 d_3 数值表

样本大小 n	d_2	$1/d_2$	d_3
2	1.128 4	0.886 2	0.852 5
3	1.692 6	0.590 8	0.885 4
4	2.058 8	0.485 7	0.879 8
5	2.325 9	0.492 2	0.864 1
6	2.534 4	0.395 6	0.848 0
7	2.704 1	0.369 8	0.833 0
8	2.847 2	0.351 2	0.820 0
9	2.970 0	0.336 7	0.808 0
10	3.077 5	0.324 9	0.797 0

如果 $X \sim N(\mu, \sigma^2)$，从中抽取容量为 n 的子样 $x_1, x_2, \cdots, x_n$。$R = x_n^* - x_1^*$，则有

$$\frac{R_n}{\sigma} = \frac{x_n^* - x_1^*}{\sigma} = \frac{x_n^* - \mu}{\sigma} - \frac{x_1^* - \mu}{\sigma} \tag{3.4}$$

可见，$\dfrac{R_n}{\sigma}$ 就是标准正态随机变量 $\dfrac{x - \mu}{\sigma}$ 的极差，所以

$$\begin{aligned} E\left(\frac{R_n}{\sigma}\right) &= d_2 \\ D\left(\frac{R_n}{\sigma}\right) &= d_3 \end{aligned} \tag{3.5}$$

式中：d_2 和 d_3 由表给出，于是

$$\begin{aligned} E(R_n) &= d_2 \cdot \sigma \\ D(R_n) &= d_3^2 \cdot \sigma^2 \end{aligned} \tag{3.6}$$

二、控制图方法

（一）正态分布的检验方法

判断产品的某个质量特征值是否服从正态分布，有很多种方法，常用的有直方图法、正态概率分布法、皮尔逊 χ^2 检验法等。

下面介绍偏度与峰度检验法。

设随机变量 x 的期望量 $E(x)=\mu$，方差 $D(x)=\sigma^2$，称 $\mu^k=E(x-\mu)^k$ 为随机变量 x 的 k 阶中心矩，式中 k 为正整数。随机变量 x 的偏度定义为

$$\gamma_1 = \frac{\mu_3}{\sigma^3} \tag{3.7}$$

根据偏度概念知，当 $\gamma_1>0$ 时，表明随机变量的分布偏右；当 $\gamma_1<0$ 时，表明随机变量的分布偏左；当 $\gamma_1=0$ 时，表明分布对称。随机变量 x 的峰度定义为

$$\gamma_2 = \frac{\mu_4}{\sigma^4} - 3 \tag{3.8}$$

可以证明，对于正态分布来说，$\gamma_2=0$。对于一般的分布，如果 $\gamma_2>0$，表明该分布的峰度高于正态分布，称为高峰态分布；如果 $\gamma_2<0$，表明该分布的峰度低于正态分布，称为低峰态分布；如果 $\gamma_2=0$，表明该分布的峰度等于正态分布的峰度。

如果偏度 γ_1 和峰度 γ_2 满足下列不等式组

$$\begin{array}{c} -2\times\sqrt{6/n} < \gamma_1 < 2\times\sqrt{6/n} \\ -2\times\sqrt{24/n} < \gamma_2 < 2\times\sqrt{24/n} \end{array} \tag{3.9}$$

则认为随机变量 x 服从正态分布。式中：n 为样本总容量，$\sqrt{6/n}$ 与 $\sqrt{24/n}$ 分别为 γ_1 与 γ_2 的标准差估计值。

【例 3-1】 对某台机器生产的零件直径，每一天抽样一次，每次抽 5 个，共抽样 20 次，测其直径，数据如表 3-4 所示。试判断该零件的直径是否服从正态分布。

解 根据表的数据，通过计算得

$$\mu = 11.00, \quad \sigma = 0.032\ 3$$
$$\mu_3 = 0.000\ 005\ 7, \quad \mu_4 = 0.000\ 003\ 4$$

于是

$$\gamma_1 = \frac{\mu_3}{\sigma^3} = 0.17, \quad \gamma_2 = \frac{\mu_4}{\sigma^4} - 3 = 0.12$$

又有 $n=100$，所以

$$2\times\sqrt{6/n} = 0.49 \quad 2\times\sqrt{24/n} = 0.98$$

易见，$\gamma_1=0.17\in(-0.49,0.49)$，$\gamma_2=0.12\in(-0.98,0.98)$。

根据偏度和峰度检验法，可以认为该零件的直径服从正态分布。

表 3-4 零件测量数据表

序 号	1	2	3	4	5
1	11.02	10.99	10.93	11.01	10.98
2	10.94	11.02	11.02	10.99	11.00
3	11.07	10.98	10.97	10.99	10.96
4	11.02	10.97	10.98	11.00	10.97

续表

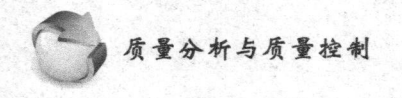

序　号	1	2	3	4	5
5	11.05	10.95	11.00	11.02	10.99
6	10.98	11.00	10.98	11.05	11.00
7	10.98	10.97	11.01	11.07	11.06
8	10.97	10.94	10.99	11.01	11.03
9	10.95	11.00	10.95	11.00	11.00
10	11.00	10.99	10.97	11.02	10.99
11	10.99	11.02	11.01	11.08	11.00
12	10.93	11.01	10.93	11.00	10.99
13	11.01	10.99	10.99	11.04	11.00
14	11.00	10.97	11.02	11.01	11.04
15	10.96	10.96	10.99	10.96	10.98
16	11.08	11.06	10.99	11.00	10.97
17	11.02	10.98	10.98	11.00	11.00
18	10.99	11.00	10.99	10.99	10.98
19	10.97	10.97	10.99	11.03	11.02
20	11.06	11.04	11.03	11.05	10.96

(二) $\bar{x}$-R 控制图

1. 关于 μ, σ, σ_R 的估计值

设产品的某个质量特征值 $X \sim N(\mu, \sigma^2)$，则从总体中抽取容量为 n 的样本均值 $\bar{X} \sim N(\mu, \sigma^2/n)$。通常用多批样本均值 $\bar{x}$ 的平均值 $\bar{\bar{x}}$ 作为 μ 的估计值，也就是把 $\bar{\bar{x}}$ 作为 $\bar{x}$ 控制图的中心线。

对正态分布的总体而言，极差 R 的期望 $E(R)$ 与总体方差 σ^2 之间的关系为

$$E(R) = d_2 \cdot \sigma \Rightarrow \sigma = \frac{E(R)}{d_2}$$

同样的，极差 R 的标准差与总体方差 σ^2 之间的关系为

$$\sigma_R = d_3 \cdot \sigma \Rightarrow \sigma_R = \frac{d_3}{d_2} \cdot E(R)$$

如果我们有许多个样本的极差 R，则可以用 $\bar{R}$ 作为 $E(R)$ 的估计值。

2. 绘制 $\bar{x}$-R 控制图的程序

(1) 计算 $\bar{\bar{x}}$ 和 $\bar{R}$。抽取容量为 n 的样本 20 批以上，计算每批子样的 $\bar{x}$ 和 R，然后再计算 $\bar{\bar{x}}$ 和 $\bar{R}$。

(2) 确定 $\bar{x}$ 控制图的控制上限和下限。控制上限用 UCL 标记；控制下限用 LCL 标记；中心线用 CL 标记。根据"3σ"原则，有

$$\text{UCL} = \bar{\bar{x}} + 3\frac{\bar{R}}{d_2\sqrt{n}}$$
$$\text{LCL} = \bar{\bar{x}} - 3\frac{\bar{R}}{d_3\sqrt{n}}$$
(3.10)

确定 R 控制图的上限和下限。可以证明，当样本容量 n 在 5～10 之间时，极差 R 的均值 $\bar{R}$ 渐近服从正态分布。根据"3σ"原则，有

$$\text{UCL} = \bar{R} + 3\frac{d_3}{d_2}\bar{R}$$
$$\text{LCL} = \bar{R} - 3\frac{d_3}{d_2}\bar{R}$$
(3.11)

(3) 绘制 $\bar{x}$-R 控制图。

【例 3-2】以上面 100 个零件直径的材料为例，试绘制 $\bar{x}$-R 控制图。该产品的公差是 11.00 ± 0.06 mm。

解 (1) 计算 $\bar{\bar{x}}$ 和 $1/n$。先将 20 批子样的 R 值和 $\bar{x}$ 值列成表，如表 3-5 所示。

表 3-5 子样的 R 值和 $\bar{x}$ 值

子样编号	1	2	3	4	5	6	7
极差	0.09	0.08	0.11	0.05	0.10	0.07	0.10
均值	10.986	10.994	10.994	10.988	11.002	11.002	11.018
子样编号	8	9	10	11	12	13	14
极差	0.09	0.05	0.05	0.09	0.08	0.05	0.07
均值	10.988	10.980	10.994	11.020	10.972	11.006	11.008
子样编号	15	16	17	18	19	20	
极差	0.03	0.11	0.04	0.02	0.06	0.10	
均值	10.970	11.020	10.996	10.990	10.996	11.028	

由表中数据计算得

$$\bar{\bar{x}} = 219.952/20 = 10.9976, \quad \bar{R} = 1.44/20 = 0.0720$$

(2) 计算 $\bar{x}$ 的控制上、下限。由样本容量 $n = 5$，查表知 $d_2 = 2.3259$，所以 $\bar{x}$ 的控制上、下限分别为

$$\text{UCL} = \bar{\bar{x}} + 3\frac{\bar{R}}{d_2\sqrt{n}} = 10.9976 + 3 \times \left(\frac{0.0720}{2.3259 \times \sqrt{5}}\right) = 11.0391$$

$$\text{LCL} = \bar{\bar{x}} - 3\frac{\bar{R}}{d_2\sqrt{n}} = 10.9561$$

(3) 计算 R 的控制上、下限。由 $n = 5$，查表得 $d_3 = 0.8641$，于是

$$\text{UCL} = \bar{R} + 3\frac{d_3}{d_2}\bar{R} = 0.0720 + 3 \times \left(\frac{0.8641}{2.3259}\right) \times 0.072 = 0.1522$$

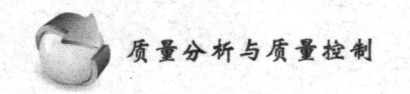

$$\text{LCL} = \bar{R} - 3\frac{d_3}{d_2}\bar{R} = -0.008\,2$$

因为 LCL = $-0.008\,2 < 0$，可以认为 R 的控制下限不存在，或者视为 0。

(4) 绘制 $\bar{x}$-R 控制图，如图 3-9 所示。

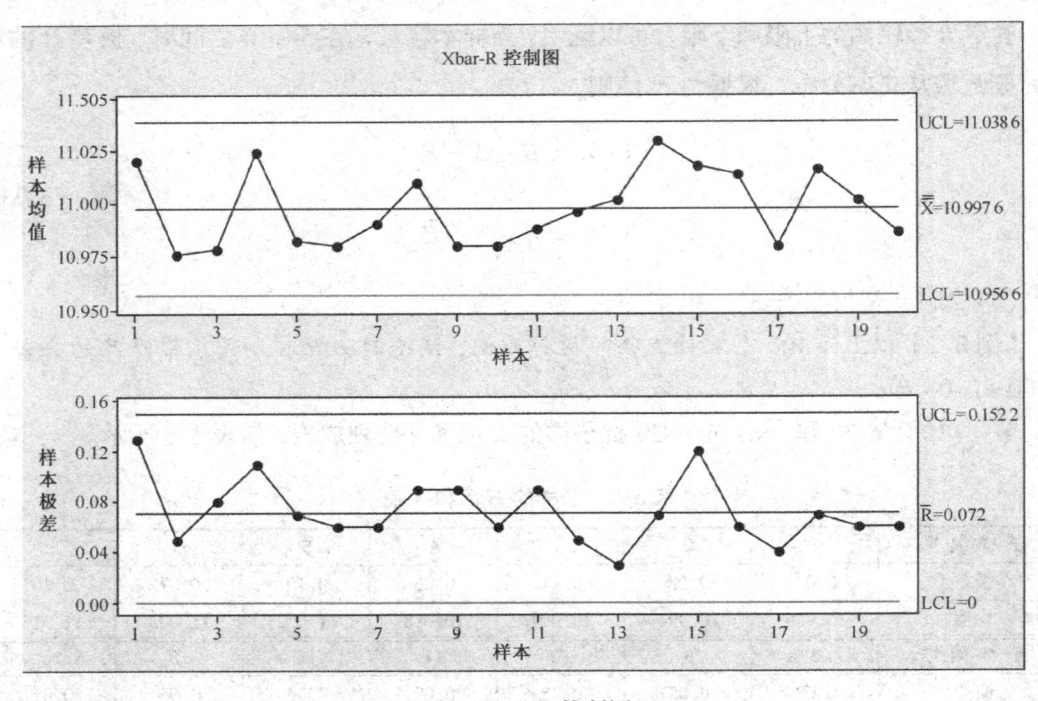

图 3-9　$\bar{x}$-R 控制图

(三) $\bar{x}$-s 控制图

设 $X \sim N(\mu, \sigma^2)$，则 $\bar{X} \sim N(\mu, \sigma^2/n)$。通常用多批样本均值 $\bar{x}$ 的平均值 $\bar{\bar{x}}$ 作为 μ 的估计值，即把 $\bar{\bar{x}}$ 作为 $\bar{x}$ 控制图的中心线。

对于正态分布的总体而言，样本标准差 s 的期望与总体方差 σ^2 间的关系为

$$E(s) = c_2 \cdot \sigma \Rightarrow \sigma = \frac{E(s)}{c_2} \tag{3.12}$$

式中 c_2 的数值如表 3-2 所示，同理，s 的标准差与总体方差间的关系为

$$\sigma_s = c_3 \cdot \sigma \Rightarrow \sigma_s = \frac{c_3}{c_2} \cdot E(s) \tag{3.13}$$

式中 c_3 的数值如表 3-2 所示。至于 $E(s)$，可以用 $\bar{s}$ 作为 $E(s)$ 的估计值。这样，σ 与 σ_s 的估计值可以表示为

$$\hat{\sigma} = \frac{1}{c_2} \cdot \bar{s}, \quad \hat{\sigma}_s = \frac{c_3}{c_2} \cdot \bar{s} \tag{3.14}$$

综上所述，再根据"3σ"原则，可绘制 $\bar{x}$-s 控制图的程序为

(1) 计算 $\bar{\bar{x}}$ 和 $\bar{s}$；
(2) 确定 $\bar{x}$ 控制图的上、下限；

$$\text{UCL} = \bar{\bar{x}} + 3\frac{\bar{s}}{c_2\sqrt{n}}$$

$$\text{LCL} = \bar{\bar{x}} - 3\frac{\bar{s}}{c_2\sqrt{n}}$$

(3) 确定 s 控制图的上、下限；

$$\text{UCL} = \bar{s} + 3\frac{c_3}{c_2}\cdot\bar{s}$$

$$\text{LCL} = \bar{s} - 3\frac{c_3}{c_2}\cdot\bar{s}$$

(4) 绘制 $\bar{x}$-s 控制图。

【例3-3】某公司新安装一台产品装填机，以5个连续装填的容器为一个样本，于是样本量 $n=5$，每一小时抽取一个样本，收集25个样本组数据，即样本组数为25，并按观测顺序将其记录于表3-6，试绘制 $\bar{x}$-s 控制图。

表3-6 样品统计量

序号	1	2	3	4	5
1	47	32	44	35	20
2	19	37	31	25	34
3	19	11	16	11	44
4	29	29	42	59	38
5	28	12	45	36	25
6	40	35	11	38	33
7	15	30	12	33	26
8	35	44	32	11	38
9	27	37	26	20	35
10	23	45	26	37	32
11	28	44	40	31	18
12	31	25	24	32	22
13	22	37	19	47	14
14	37	32	12	38	30
15	25	40	24	24	50
16	7	31	23	18	32
17	38	0	41	40	37
18	35	12	29	48	20
19	31	20	35	24	47
20	12	27	28	40	31
21	52	42	52	24	25
22	20	31	15	3	28
23	29	47	41	32	22
24	28	27	22	32	54
25	42	34	15	19	21

(1) 计算 $\bar{\bar{x}}$ 和 $\bar{s}$

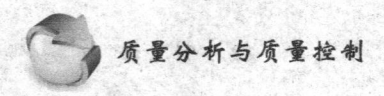

$$\bar{\bar{x}} = 29.82, \quad \bar{s} = 11.38$$

(2) 确定 $\bar{x}$ 控制图的上、下限

$$\text{UCL} = \bar{\bar{x}} + 3\frac{\bar{s}}{c_2\sqrt{n}} = 36.72$$

$$\text{LCL} = \bar{\bar{x}} - 3\frac{\bar{s}}{c_2\sqrt{n}} = 22.93$$

(3) 确定 s 控制图的上、下限

$$\text{UCL} = \bar{s} + 3\frac{c_3}{c_2} \cdot \bar{s} = 16.33$$

$$\text{LCL} = \bar{s} - 3\frac{c_3}{c_2} \cdot \bar{s} = 6.43$$

(4) 绘制 $\bar{x}$-s 控制图

$\bar{x}$-s 控制图如图 3-10 所示。

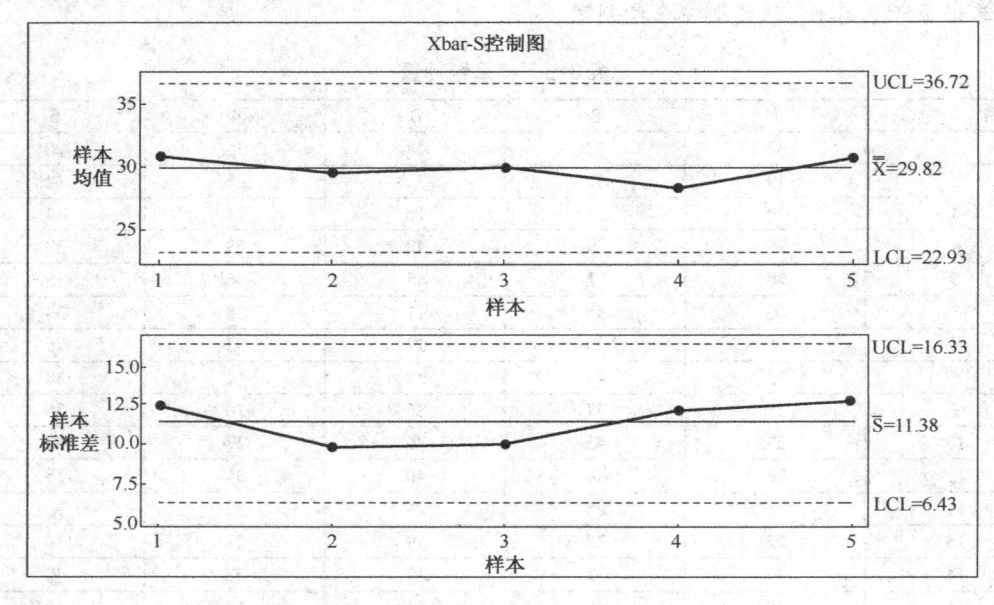

图 3-10　$\bar{x}$-s 控制图

第三节　计数值控制图

计量值控制图是对连续型随机变量的控制，计数值控制图则是对离散型随机变量的控制。计数值控制图又分为计件控制和计点控制。计件控制包括 p 控制图和 pn 控制图；计点控制包括 c 控制图和 u 控制图。

一、计件控制(适用于二项分布)

(一) p 控制图

1. p 控制图

p 控制图的目的是控制产品的不合格品率,用于判断不合格品率是否处在所要求的水平。设产品总体为 X,容量足够大,其不合格品率为 p。从中随机抽取 n 件,记其中的不合格品件数为 d,则作为随机变量的不合格品件数 d 服从二项分布,其概率分布为

$$B(d, n, p) = C_n^d p^d (1-p)^{n-d}$$

并且,$E(d) = np$,$D(d) = np(1-p)$。若令 $p = d/n$,则有

$$E(p) = E(d/n) = E(d)/n = np/n = p$$

$$D(p) = D(d/n) = np(1-p)/n^2 = p(1-p)/n$$

当 n 足够大时($n \geq 50$),子样不合格品率 p 渐近正态分布。根据"3σ"原则,可得 p 控制图的上、下限分别为

$$UCL = p + 3\sqrt{\frac{p(1-p)}{n}}$$

$$LCL = p - 3\sqrt{\frac{p(1-p)}{n}}$$

(3.15)

由此不难看出,p 图可用于样本大小不等的场合。

由于总体的不合格率 p 通常是未知的。可以用多批(20 批以上)子样不合格率 p_i 的均值 $\bar{p}$ 作为 p 的估计值。

2. 绘制 p 图的步骤

(1) 计算 $\bar{p}$;

(2) 计算 p 图的控制上、下限;

$$UCL = \bar{p} + 3\sqrt{\frac{\bar{p}(1-\bar{p})}{n}}$$

$$LCL = \bar{p} - 3\sqrt{\frac{\bar{p}(1-\bar{p})}{n}}$$

(3) 绘制 p 图。

一般地,绘制 p 图时,每批的子样容量 n 尽量保持相等。如果不等,则 p 图的上、下限就不是一条线,而是高低不平的阶梯折线。

【例 3-4】某机械厂一台车床加工某种零件,每 8 个小时为一班,每班产量约 5 000 个,从中抽取 500 个进行检查,检查结果如表 3-7 所示,试绘制 p 控制图。

表 3-7 不合格品数

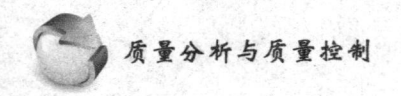

组 序	不合格品数	组 序	不合格品数	组 序	不合格品数
1	8	10	2	19	7
2	11	11	12	20	9
3	7	12	6	21	10
4	11	13	4	22	12
5	6	14	3	23	9
6	15	15	8	24	15
7	7	16	6	25	5
8	8	17	3	合计	200
9	10	18	6		

解 （1）计算 $\bar{p}$

$$\bar{p} = 0.32$$

（2）计算 p 图的上、下限

$$UCL = \bar{p} + 3\sqrt{\frac{\bar{p}(1-\bar{p})}{n}}$$

$$= 0.32 + 3 \times \sqrt{\frac{0.32 \times (1-0.32)}{500}} = 0.5999$$

$$LCL = \bar{p} - 3 \times \sqrt{\frac{\bar{p}(1-\bar{p})}{n}} = -0.0401$$

（3）绘 p 控制图，如图 3-11 所示。

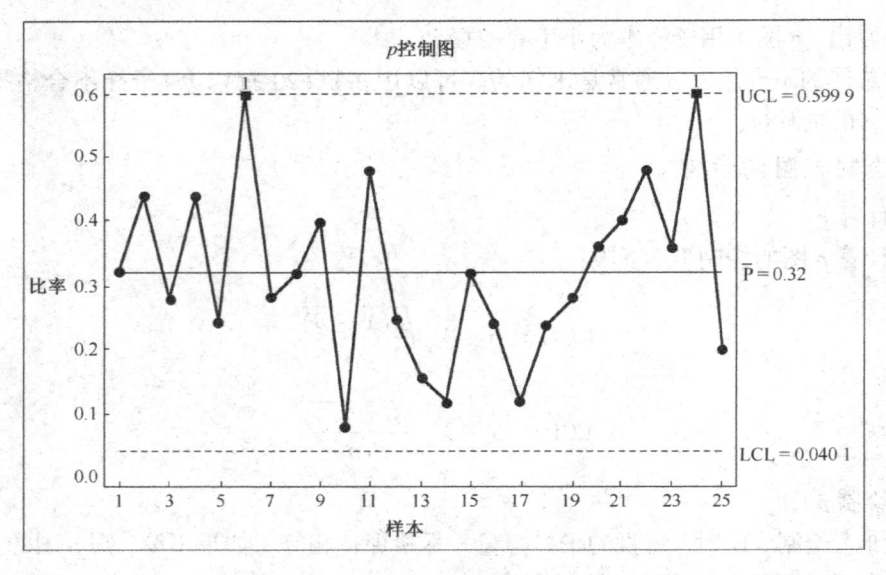

图 3-11 p 控制图

由于第 6 号和第 24 号样本的不合格品率越出控制上限，如果能查明该样本是某种特殊原因所致，则可以考虑剔除该样本，重新计算 $\bar{p}$ 和控制上、下限，并绘出修正后的 p 控制图。

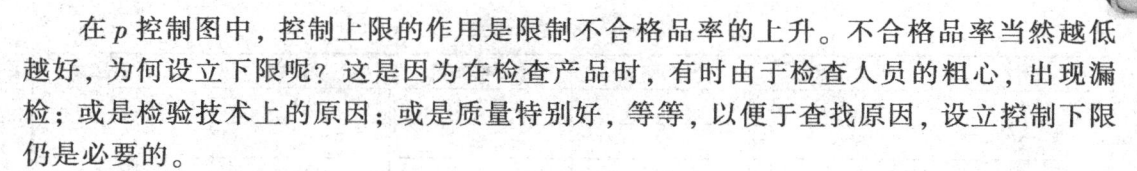

在 p 控制图中，控制上限的作用是限制不合格品率的上升。不合格品率当然越低越好，为何设立下限呢？这是因为在检查产品时，有时由于检查人员的粗心，出现漏检；或是检验技术上的原因；或是质量特别好，等等，以便于查找原因，设立控制下限仍是必要的。

(二) pn 控制图

pn 控制图的目的是控制产品的不合格品数，用于判断生产过程中的不合格品数是否处在所要求的水平。pn 图仅适用于样本大小相等的场合。

设产品总体为 X，容量足够大，其不合格品率为 p。从中随机抽取 n 件，记其中的不合格品件数为 d，则作为随机变量的子样，不合格品数 d 服从二项分布

$$E(d) = np, \quad D(d) = np(1-p)$$

当 n 足够大（$n \geq 50$）时，d 渐近正态分布，按照"3σ"原则，可知 pn 控制图的上、下限分别为

$$\begin{aligned} UCL &= np + 3\sqrt{pn(1-p)} \\ LCL &= np - 3\sqrt{pn(1-p)} \end{aligned} \tag{3.16}$$

由此不难看出，pn 图仅用于样本大小相等的场合。

绘制 pn 图的步骤是：

(1) 计算 $\bar{p}$；

(2) 计算 pn 图的控制上、下限；

$$\begin{aligned} UCL &= n\bar{p} + 3\sqrt{n\bar{p}(1-\bar{p})} \\ LCL &= n\bar{p} - 3\sqrt{n\bar{p}(1-\bar{p})} \end{aligned}$$

式中：$\bar{p} = \dfrac{\sum d}{\sum n}$。

(3) 绘制 pn 控制图。

【例 3-5】某厂生产 LED 灯管，按规定每小时抽取 150 个进行检查。检查结果如表 3-8 所示，试绘制 pn 控制图。

解 (1) 计算 $\bar{p}$

$$\bar{p} = \frac{85}{25 \times 150} = 0.0227$$

(2) 计算 pn 控制图的上、下限

$$UCL = n\bar{p} + 3\sqrt{n\bar{p}(1-\bar{p})} = 150 \times 0.0227 + 3 \times \sqrt{150 \times 0.0227 \times 0.9773} = 8.87$$

$$LCL = n\bar{p} - 3\sqrt{n\bar{p}(1-\bar{p})} = -2.061$$

(3) 绘制 pn 图，如图 3-12 所示。

表 3-8 不合格品数

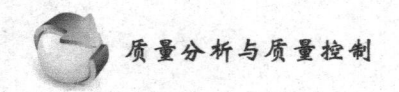

组序	不合格品数	组序	不合格品数	组序	不合格品数
1	5	10	2	19	5
2	3	11	1	20	3
3	2	12	4	21	4
4	5	13	2	22	2
5	3	14	2	23	3
6	4	15	3	24	4
7	2	16	5	25	3
8	5	17	4	总计	85
9	2	18	3		

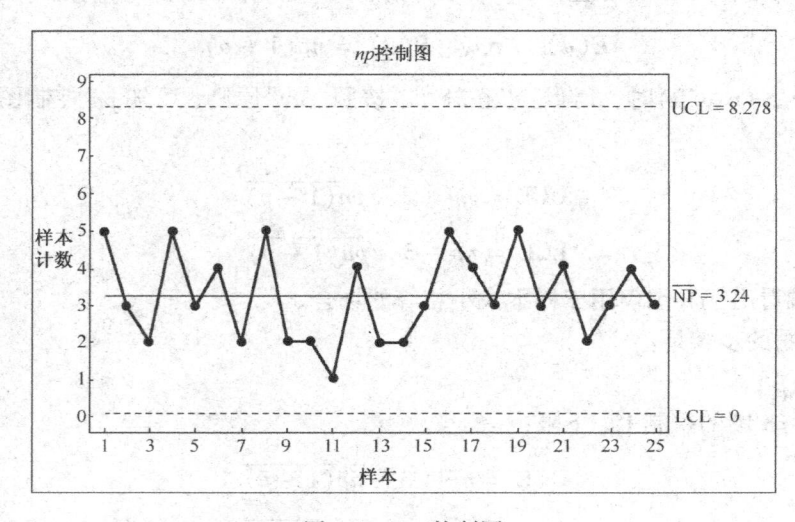

图 3-12 np 控制图

二、计点控制（适用于泊松分布）

（一）u 控制图（单位缺陷数控制图）

设产品总体为 X，容量足够大。从中随机抽取一个单位产品，记其中的缺陷为 d，则 d 服从泊松分布，其概率分布为

$$P(d, \lambda) = \frac{\lambda^k}{d!} e^{-\lambda}$$

并且 $E(d) = \lambda$，$D(d) = \lambda$。

如果从总体中抽取 n 个单位产品，记其中的缺陷数为 c，则亦服从泊松分布。并且，$E(c) = n\lambda$，$D(c) = n\lambda$。

当 $\lambda > 5$ 时，u 渐近正态分布。按照"3σ"原则，可知控制图的上、下限分别为

$$\begin{aligned} UCL &= \lambda + 3\sqrt{\lambda/n} \\ LCL &= \lambda - 3\sqrt{\lambda/n} \end{aligned} \tag{3.17}$$

如何确定 u 的期望 λ 的估计值呢？通常取 λ 的估计值为

$$\hat{\lambda} = \bar{u} = \sum_{i=1}^{k} c_i \bigg/ \sum_{i=1}^{k} n_i \tag{3.18}$$

式中：$k \geq 20$。这样，u 控制图的上、下限可分别表示为

$$\begin{aligned} UCL &= \bar{u} + 3\sqrt{\frac{\bar{u}}{n}} \\ LCL &= \bar{u} - 3\sqrt{\frac{\bar{u}}{n}} \end{aligned} \tag{3.19}$$

由此不难看出，u 图可以用于样本大小不等的场合。

（二）c 控制图

设产品总体为 X，容量足够大。我们知道 n 个单位产品中的缺陷数 c 服从泊松分布，其概率分布为

$$P(c, n\lambda) = \frac{(n\lambda)^c}{c!} e^{-n\lambda}$$

且 $E(c) = n\lambda$，$D(c) = n\lambda$。

当 $n\lambda > 5$ 时，c 渐近正态分布。按照"3σ"原则，可知控制图的上、下限分别为

$$\begin{aligned} UCL &= n\lambda + 3\sqrt{n\lambda} \\ LCL &= n\lambda - 3\sqrt{n\lambda} \end{aligned} \tag{3.20}$$

不难看出，c 控制图仅用于样本大小相等的场合。

如何确定 n 个单位产品的缺陷数 c 的期望值 $n\lambda$。通常取 $n\lambda$ 的估计值为

$$\bar{c} = \frac{1}{K} \sum_{i=1}^{k} c_i \tag{3.21}$$

式中：c_i 为第 i 组样本中的缺陷数，k 为样本组数，每组样本大小均为 n，$k \geq 20$。于是，c 控制图的上、下限可分别表示为

$$\begin{aligned} UCL &= \bar{c} + 3\sqrt{\bar{c}} \\ LCL &= \bar{c} - 3\sqrt{\bar{c}} \end{aligned} \tag{3.22}$$

【例3-6】某铸造车间抽查24件产品，检查结果如表3-9所示。试绘制 c 控制图。

表3-9 缺陷数

序 号	缺 陷 数	序 号	缺 陷 数	序 号	缺 陷 数
1	8	9	5	17	5
2	2	10	11	18	5
3	7	11	7	19	4
4	5	12	5	20	3
5	3	13	5	21	6
6	7	14	4	22	8
7	8	15	8	23	4
8	3	16	4	24	2

解 (1)计算 $\bar{c}$

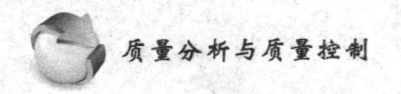

$$\bar{c} = \frac{1}{24}\sum_{i=1}^{24} c_i = 5.25$$

(2)计算 c 控制图的上、下限

$$UCL = \bar{c} + 3\sqrt{\bar{c}} = 5.25 + 3 \times \sqrt{5.25} = 12.12$$

$$LCL = \bar{c} - 3\sqrt{\bar{c}} = 5.25 - 3 \times \sqrt{5.25} = -1.62$$

由于 LCL<0,所以把控制下限视为 0。

(3)绘制 c 控制图,如图 3-13 所示。

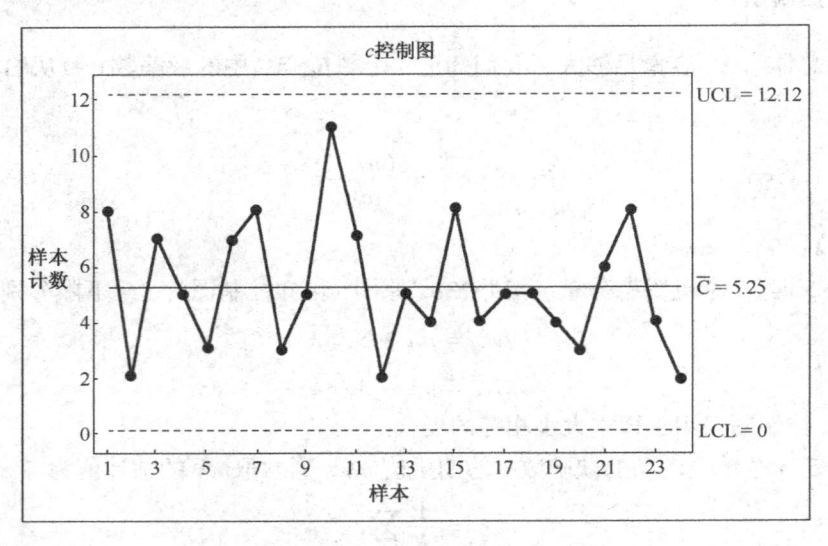

图 3-13 c 控制图

第四节 标准化控制图(通用控制图)

一、统计量的标准化

(一)正态分布统计量的标准化

设 $X \sim N(\mu, \sigma^2)$,则 $\bar{x}$ 为其容量是 n 的样本均值,则 $\bar{x} \sim N(\mu, \sigma^2/n)$。把 $\bar{x}$ 标准化,记做 $\bar{x}_T$

$$\bar{x}_T = \frac{\bar{x} - \mu}{\sigma/\sqrt{n}}$$

则 $E(\bar{x}_T) = 0$,$D(\bar{x}_T) = 1$,且 $\bar{x}_T \sim N(0,1)$。

(二)二项分布统计量的标准化

设 X 为容量足够大的产品总体,其不合格品率为 p,从中随机抽取 n 件,记其中的不合格品数为 d,它的概率分布为

$$b(d,n,p) = C_d^n p^d (1-p)^{n-d}$$

并且 $E(d) = np$,$D(d) = np(1-p)$。因为 $\dfrac{d}{n} = p$,把 pn 标准化,记作 pn_T。

$$pn_T = \frac{pn - np}{\sqrt{np(1-p)}} \tag{3.23}$$

并且 $E(pn_T) = 0$,$D(pn_T) = 1$。当 n 足够大时($n \geqslant 50$),pn_T 渐近标准正态分布,即 $N \sim (0,1)$ 分布。

对于样本不合格率 $p = d/n$,由于

$$E(p) = E\left(\frac{d}{n}\right) = p$$

$$D(p) = D\left(\frac{d}{n}\right) = \frac{1}{n}p(1-p)$$

把 p 标准化,记作 p_T

$$p_T = \frac{P - p}{\sqrt{p(1-p)/n}} = \frac{Pn - pn}{\sqrt{np(1-p)}} \tag{3.24}$$

并且 $E(pn_T) = 0$,$D(pn_T) = 1$。

根据上面两个式子不难发现,$pn_T = p_T$。这个事实说明,在标准化之前,pn 和 p 是两个不同的统计量,一个是样本不合格品数,另一个是样本不合格率,在标准化之后,变为数值相同的统计量。

(三)泊松分布统计量的标准化

我们知道,大小为 n 的样本中,缺陷数 c 服从泊松分布,其概率分布为

$$P(c,n\lambda) = \frac{(n\lambda)^c}{c!} e^{-n\lambda}$$

并且 $E(c) = n\lambda$,$D(c) = n\lambda$。把 c 标准化,记作 c_T

$$c_T = \frac{c - n\lambda}{\sqrt{n\lambda}} \tag{3.25}$$

并且 $E(c_T) = 0$,$D(c_T) = 1$。

对于单位缺陷数 $u = c/n$,由于

$$E(u) = E\left(\frac{c}{n}\right) = \lambda, \quad D(u) = D\left(\frac{c}{n}\right) = \frac{\lambda}{n}$$

把 u 标准化,记作 u_T,即

$$u_T = \frac{u - \lambda}{\sqrt{\lambda/n}} \tag{3.26}$$

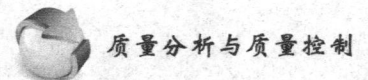

并且 $E(u_T)=0$,$D(u_T)=1$,由于

$$u_T = \frac{u-\lambda}{\sqrt{\lambda/n}} = \frac{nu-n\lambda}{\sqrt{n\lambda}} = \frac{c-n\lambda}{\sqrt{n\lambda}} = c_T \tag{3.27}$$

所以 $u_T = c_T$。

二、标准化控制图

根据统计量标准化可知

$$pn_T = p_T, \quad u_T = c_T$$

可见,对标准化控制图而言,pn_T 控制图与 p_T 控制图是相同的。由于

$$pn_T = \frac{pn-np}{\sqrt{np(1-p)}}$$

式中:pn 为容量为 n 的样本中的不合格数,p 为总体不合格率,通常是未知的。在每批子样容量不等的情况下,可用 $\bar{p} = \dfrac{\sum pn}{\sum n}$ 作为 p 的估计值,于是

$$pn_T = \frac{pn-n\bar{p}}{\sqrt{n\bar{p}(1-\bar{p})}} \tag{3.28}$$

当 n 足够大时($n \geqslant 50$),pn_T 渐进服从 $N \sim (0,1)$ 分布,所以 pn_T 图的上限 UCL = 3,下限 LCL = -3,CL = 0。

【例3-7】某市一品牌手机售后维修记录的统计数据如表3-10所示,试绘制 pn_T 控制图。

表3-10 手机维修统计数据表

序 号	1	2	3	4	5	6	7	8	9
样本大小	80	53	65	70	55	60	51	66	59
维修数	15	4	10	8	2	4	5	6	6
序 号	10	11	12	13	14	15	16	17	18
样本大小	90	82	71	69	54	62	68	65	70
维修数	9	11	3	12	8	2	6	8	1

解

(1)计算 $\bar{p}$

$$\bar{p} = \frac{\sum pn}{\sum n} = \frac{120}{1\,190} = 0.10$$

(2)计算 pn_T。利用标准化打点表,得到表3-11。

表 3-11 标准化打点表

序号	1	2	3	4	5	6	7	8	9
pn_T	2.6	-0.6	1.5	0.4	-1.6	-0.9	0.0	-0.2	0.0
序号	10	11	12	13	14	15	16	17	18
pn_T	0.0	1.0	-1.5	2	1.2	-1.8	-0.4	0.6	-2.4

(3) 绘制 pn_T 图,如图 3-14 所示。

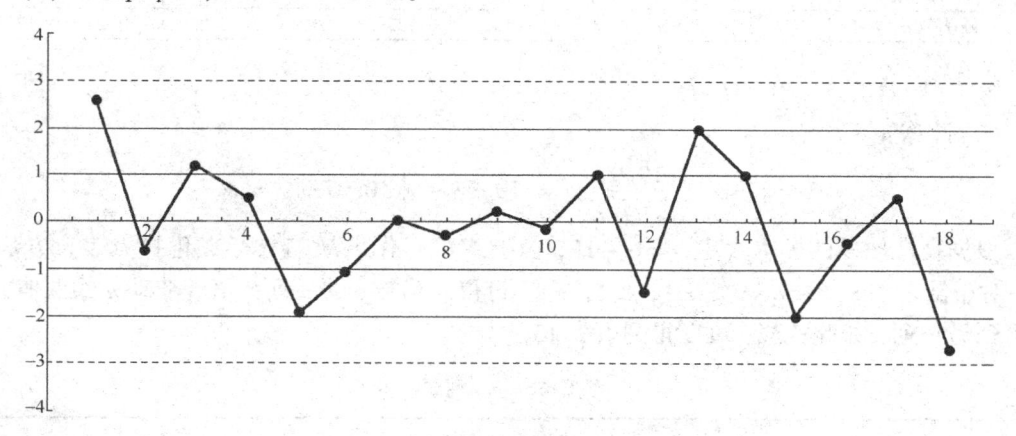

图 3-14 pn_T 图

(一) 不合格品数标准化打点表的原理及用法

由式(3.24)可得 $pn = \mathrm{p}n + \sqrt{n\mathrm{p}(1-\mathrm{p})}\, pn_T$,对于给定的 p,取 $n=50$,令 $pn_T = 0$,±0.5, ±1,…,±3,可得 pn 的第 1 列数值;如此下去,最后取 $n=100$,令 $pn_T = 0$,±0.5,±1,…, ±3,可得 pn 的最后一列数值。如此这般,可得不合格品数标准化打点表一套,见附录。

(二) u_T 控制

u_T 控制图,实际上是单位缺陷数标准化控制图。由于 $u = c/n$,$E(u) = E\left(\dfrac{c}{n}\right) = \lambda$, $D(u) = D\left(\dfrac{c}{n}\right) = \dfrac{\lambda}{n}$,把 u 标准化,得

$$u_T = \frac{u - \lambda}{\sqrt{\lambda/n}}$$

式中:u 称为单位缺陷数,$E(u_T) = 0$,$D(u_T) = 1$。前已述及,通常用 $\bar{u} = \dfrac{\sum c}{\sum n}$ 作为 λ 的估计值。于是

$$u_T = \frac{u - \bar{u}}{\sqrt{\bar{u}/n}}$$

【例 3-8】某厂根据已有数据,知道某产品的生产过程基本上处于统计控制状态,其平均单位缺陷数 $\bar{u} = 10.97$。现拟定采用单位缺陷数的标准化控制图进行控制。抽查数据如表 3-12 所示。

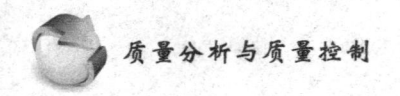

表3-12 抽查数据

日 期	4	5	6	7	8	11	12	13	14
样本序号 i	1	2	3	4	5	6	7	8	9
样本大小 n	9	10	12	7	11	9	13	11	10
缺陷数 c	89	93	132	71	144	97	112	150	129
日 期	16	18	19	20	21	22	25	26	27
样本序号 i	10	11	12	13	14	15	16	17	18
样本大小 n	11	12	8	11	12	10	11	12	8
缺陷数 c	109	128	74	140	123	87	131	104	125

解 （1）计算 $\bar{u}=10.97$。

（2）计算 u_T

$$u_T = \frac{u - 10.97}{\sqrt{10.97/n}}, u = 10.97 + \sqrt{10.97/n} \cdot u_T$$

根据日常抽样的样本大小 $n = 6 \sim 15$，由上式可以作出缺陷数标准化打点表。方法如下：对于给定的 n，令 $u_T = 0$，± 1，± 2，± 3，可得缺陷数 c 的一列数值。变动 n 的取值，又可得到另一列，如此这般，可以得到表3-13。

表3-13 u_T 值表

u_T \ n	6	7	8	9	10	11	12	13	14	15
3	90.2	103.1	115.9	128.5	141.1	153.6	166.0	178.4	190.8	203.0
2	82.0	94.3	106.5	118.6	130.6	142.6	154.6	166.5	178.4	190.2
1	73.9	85.6	97.1	108.7	120.1	131.7	143.1	154.6	166.0	177.4
0	65.8	76.8	87.8	98.7	109.7	120.7	131.6	142.6	153.6	164.6
−1	57.7	68.0	78.4	88.8	99.2	109.7	120.2	130.7	141.2	151.7
−2	49.6	59.2	69.0	78.9	88.8	98.7	108.7	118.7	128.8	138.9
−3	41.5	50.5	59.7	68.9	78.2	87.7	97.2	106.8	116.4	126.1

通过表3-13，可以查出 u_T 的值。

（3）绘制 u_T 控制图，如图3-15 所示。

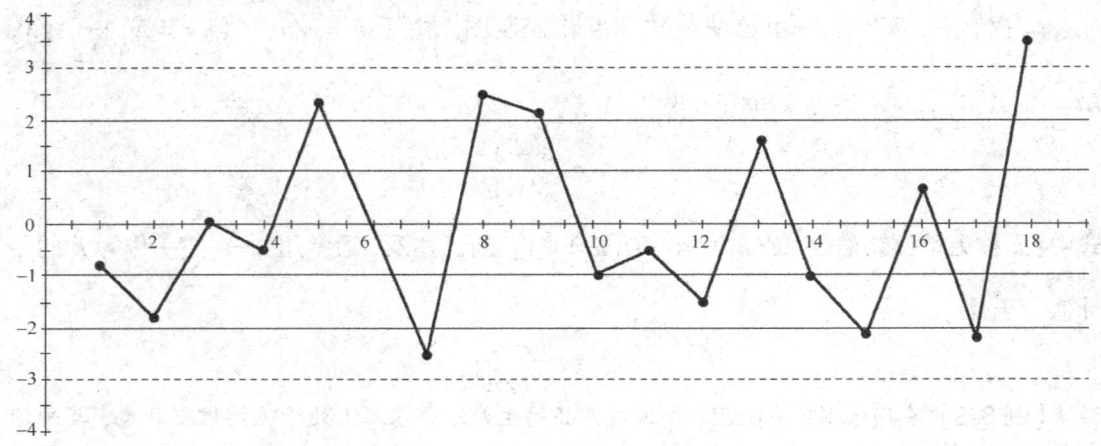

图3-15 u_T 控制图

第五节 控制图的观察分析与使用

一、两类错误和 3σ 的方式

(一) 两类错误

控制图利用抽查对生产过程进行监控，因而是十分经济的。但既是抽查就不可能没有风险。在控制图的应用过程中可能会犯以下两类错误。

1. 虚发警报的错误，也称第Ⅰ类错误

在生产正常的情况下，纯粹出于偶然而点出界的概率虽然很小，但总还不是绝对不可能发生的。因此，在生产正常、点偶然出界的场合，根据点出界而判断生产异常就犯了虚发警报的错误，也称第Ⅰ类错误，发生这种错误的概率通常记为 α，如图 3-16 所示。

2. 漏发警报的错误，也称第Ⅱ类错误

在生产异常的情况下，产品质量的分布偏离了典型分布，但总还有一部分产品的质量特性值是在上、下控制界之内的。如果抽到这样的产品进行检测并在控制图中描点，这时由于点未出界而判断生产正常，就犯了漏发警报的错误，也称第Ⅱ类错误，发生这种错误的概率通常记为 β，如图 3-16 所示。

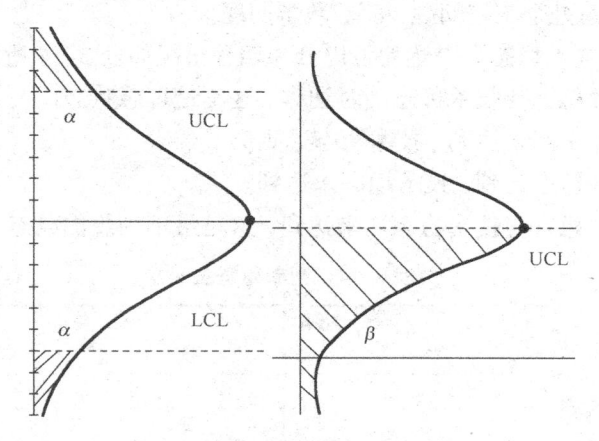

图 3-16 两类错误发生的概率

由于控制图是通过抽查来监控产品质量的，故两类错误是不可避免的。在控制图上，中心线一般是对称轴，上下控制线又是平行的，故所能变动的只是上、下控制界的间距。若将此间距增大，则 α 减小而 β 增大，反之相反。因此，只能根据这两类错误造成的总损失最小来确定上、下控制界限。

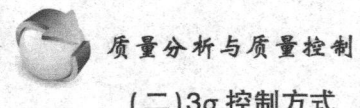

(二) 3σ 控制方式

长期实践经验证明，3σ 控制方式，即

$$UCL = \mu + 3\sigma$$

$$CL = \mu$$

$$LCL = \mu - 3\sigma$$

就是两类错误造成的总损失较小的控制界限。式中：μ 为总体均值，σ 为总体标准差，此时犯第 I 类错误的概率或显著性水平 $\alpha = 0.0027$。

要注意的是，在现场把规格作为控制图的控制界限是不对的。规格是用来区分产品的合格与不合格，而控制图的控制界限则是用来区分偶然波动与异常波动，也即区分偶然因素与异常因素这两类因素的，这二者不能混为一谈。利用规格界限显示产品质量合格或不合格的图是显示图，在现场可以使用，但不能作为控制图来使用。

二、控制图的判断准则

(一) 分析用控制图与控制用控制图

根据不同的用途，控制图分成两类，即分析用控制图与控制用控制图。

分析用控制图的主要目的是：①分析生产过程是否处于统计稳态？若过程不处于稳态，则需要调整过程，使之达到稳态。②分析生产过程的工序能力是否满足技术要求，若不满足，则需要调整工序能力，使之满足，荷兰学者威尔达（S. J. Wierde）称此状态为技术稳态。显然，技术稳态是个工程问题，而非数学问题。

根据统计稳态与技术稳态是否达到可以分为四种情况如表 3-14 所示。

(1) 状态 I：统计稳态与技术稳态同时达到，这是最理想状态。
(2) 状态 II：统计稳态未达到，技术稳态达到。
(3) 状态 III：统计稳态达到，技术稳态未达到。
(4) 状态 IV：统计稳态与技术稳态均未达到，这是最不理想的状态。

表 3-14 判断稳态表

技术稳态	统计稳态	统计稳态
	是	否
是	I	II
否	III	IV

显然，状态 IV 是最不理想的，也是现场所不能接受的，需要加以调整，使之逐步达到状态 I。从表中可见，从状态 IV 达到状态 I 的途径有二：状态 IV 到状态 II 再到状态 I 或状态 IV 到状态 III 再到状态 I，究竟通过哪条途径应由具体技术经济分析来决定。有时，为了更加经济，在现场宁可保持在状态 II 也是有的。当然，在生产线的末道工序一般以保持状态 I 为宜。

当过程达到了所确定的状态后，才能将分析用控制图的控制线延长作为控制用控制图。这里要用到判断统计稳态的准则（简称判稳准则），在稳定之前还要用到判断异常的准则(简称判异准则)。应用控制用控制图的目的是使生产过程保持在确定的状态。在通用控制用控制图的过程中,若过程又发生异常,则应执行20个字,使过程恢复原来的状态。

从数学的角度来看,分析用控制图就是过程参数未知的阶段,而控制用控制图则是过程参数已知的阶段。实施上述分析用控制图与控制用控制图的过程实际上就是不断进行质量改进的过程。

(二)判断稳态的准则

稳态是生产过程追求的目标。那么在控制图上如何判断过程是否处于稳态?为此,需要制定判断稳态的准则。

在统计量为正态分布的情况下,由于第 I 类错误的概率 $\alpha = 0.27\%$ 取得很小,所以只要有一个点落在界外就可以判断有异常,可靠程度还很高,但既然 α 很小,第 II 类错误的概率 β 就大,故只根据一个点落在界内远不能判断生产过程处于稳态。如果连续有许多点,如25个点,全部都在控制界限内,情况就大不相同。这时,根据概率乘法定理,全部点的总 β,即 $\beta_{总} = \beta^{25}$,要比单个点在界内的 β 减小很多。如果连续在控制界内的点更多,则即使有个别点在界外,过程仍可看做是稳态的,这就是判稳准则的思路。

判稳准则:在点随机排列的情况下,符合下列各点之一就可以认为过程处于稳态。
① 连续25个点都在控制界限内;
② 连续35个点至多有1个点落在控制界限外;
③ 连续100个点至多有2个点落在控制界限外。

当然,即使在判断稳态的场合,对于界外点也必须执行前面所述的20个字来处理。

现在对上述三条判稳准则再进行一些讨论:如果对上述三条判稳准则,分别计算它们的显著性水平,就可得到

$$\alpha_1 = 0.065\ 4$$

$$\alpha_2 = 0.004\ 1$$

$$\alpha_3 = 0.002\ 6$$

式中,显然 α_2 与 α_3 是同一数量级的,而 α_1 则要比前二者大得多,说明上述判稳准则的设计有不合理之处。因此,国外有的学者认为,最好将上述判稳准则改成如下的准则:若在界内连续描35个点,落在界外的超过1个点;或在界内连续描100个点,落在界外的超过2个点,则认为过程显著失控。根据上述判稳准则,在作分析用控制图时,至少应该取35组数据,若再考虑在分析阶段过程中可能还要甩掉一些数据,所以最好至少取40组数据为妥。

(三)判断异常的准则

在讨论控制图原理时,已经知道点出界就判断异常,这是判断异常的最基本的一条准则。

为了增加控制图使用者的信心,第 I 类错误的概率 α 取为 $\alpha_0 = 0.002\ 7$,很小,于是第 II 类错误的概率 β 就一定很大,针对这一点,即使对于在控制界限内的点也要观察其排列是否随机。各界内点排列是非随机的,则判断其异常。在制定所谓的判异准则时,

并未限制在控制图中的点数目，故通过排列组合界内点排列不随机的方式原则上可以有无穷多种，但在现场实际使用能够保留下来的不过六七种模式，如点屡屡接近控制界限、链、间断链、倾向、点集中在中心线附近、点呈现周期性变化，等等，这些大都是具有明显的直观物理意义的，在控制图的判断中要注意对这些模式加以识别。现在分别介绍如下。

1. 模式 1：点屡屡接近控制界限

如图 3-17 所示，所谓接近控制界限是指点距离控制界限在 1σ 以内。这时，属于下列情况的就判断点排列不随机，存在异常因素：

① 连续 3 个点中，至少有 2 点接近控制界限；
② 连续 7 个点中，至少有 3 点接近控制界限；
③ 连续 10 个点中，至少有 4 点接近控制界限。

直观来看，若点接近一侧的控制界限，表明过程的均值向这一侧偏移；若点上下接近两侧的控制界限，则表明过程的标准差增大。注意，这三条准则是以至少有 2 点、3 点、4 点来排列的。后两条准则由于需要观察的点数较多，应用起来不很方便，所以主要应用第一条，即通过连续 3 个点中至少有 2 点接近控制界限来判断异常。

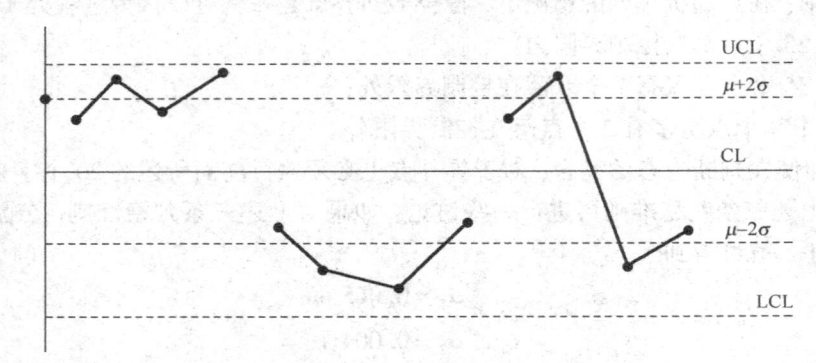

图 3-17 连续 3 点中有 2 点接近控制界限来判断异常

根据理论计算，上述 3 条准则的 α 分别为

$$\alpha_1 = 0.0053$$
$$\alpha_2 = 0.0024$$
$$\alpha_3 = 0.0006$$

α 都是比较小的，但第三条准则的 α_3 过于小了，与其他的两条准则不相称，应适当加大。

2. 模式 2：链

在控制图中心线一侧连续出现的点称为链，其点数称作链长，如图 3-18 所示。链长不少于 7 时判断点排列是非随机的，存在异常因素。可直观看到，出现链表示过程均值向链这一侧偏移。推行 SPC 必须采用计算机来进行，计算机会把所有的判稳准则、判异准则都考虑在内自动地进行判稳、判异。而根据理论分析，总的第 I 种错误的概率 $\alpha_总$ 近似等于各条准则的第 I 种错误的概率 α 之和，因此为了降低 $\alpha_总$ 就必须降低每一条准则的 α，故国外有一种趋势，即降低每条准则的 α。例如，根据理论计算，7 点链的 α_7 为 0.015 3，而 9 点链的 α_9 为 0.003 8。

如果链较长，那么即使个别点出现在中心线的另一侧而形成间断链，也可按照与链类似的方式处理。

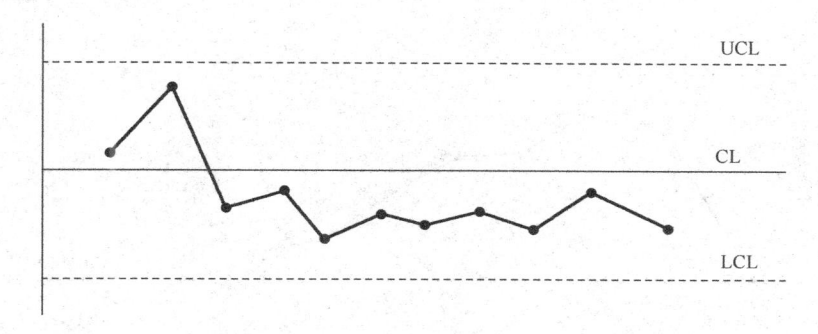

图 3-18　长为 9 的链

3. 模式 3：间断链

如图 3-19 所示，属下列情况的判断点排列非随机，存在异常因素：
① 连续 11 个点中，至少有 10 个点在中心线一侧；
② 连续 14 个点中，至少有 12 个点在中心线一侧；
③ 连续 17 个点中，至少有 14 个点在中心线一侧；
④ 连续 20 个点中，至少有 16 个点在中心线一侧。

显然，上述准则是按照至少有 10 点、12 点、14 点、16 点来排列的。实际上，后三条准则由于需要观察的点数过多，使用起来不方便，所以是较少应用的。注意，根据理论计算，上述 4 条准则的 α 分别为：

$$\alpha_1 = 0.011\ 4$$
$$\alpha_2 = 0.012\ 5$$
$$\alpha_3 = 0.012\ 2$$
$$\alpha_4 = 0.011\ 2$$

α 都大于 1%，过于大了，应加以改进，否则在应用计算机推行 SPC 中难以采用。

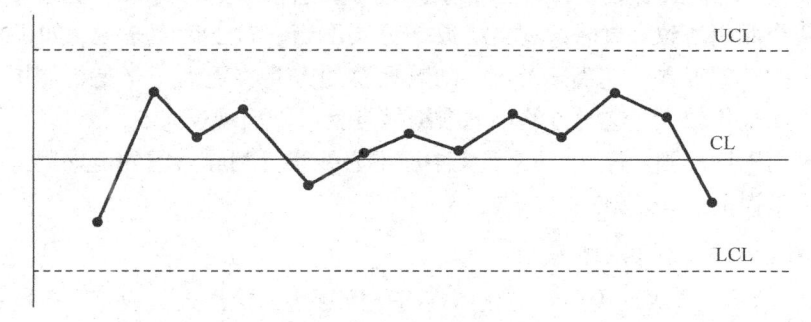

图 3-19　连续 11 点中有 10 点在一侧判断异常

4. 模式 4：倾向

点逐渐上升或下降的状态称为倾向。当连续不少于 7 个点有上升或下降的倾向时判断点排列非随机，存在异常因素，如图 3-20 所示。直观看来，出现倾向表明过程均值逐渐增大或逐渐减少。

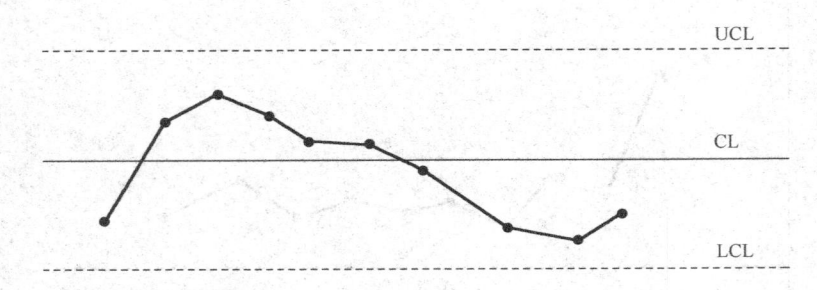

图 3-20　7 点连续下降趋势判断异常

现在我国国家标准与国外的做法一样，都是规定 7 点倾向判异，7 点倾向的第一种错误的概率 $\alpha_7 = 0.00039$，这是比较小的。

5. 模式 5：点集中在中心线附近

所谓中心线附近指点距离中心线在 1α 以内，如图 3-21 所示。

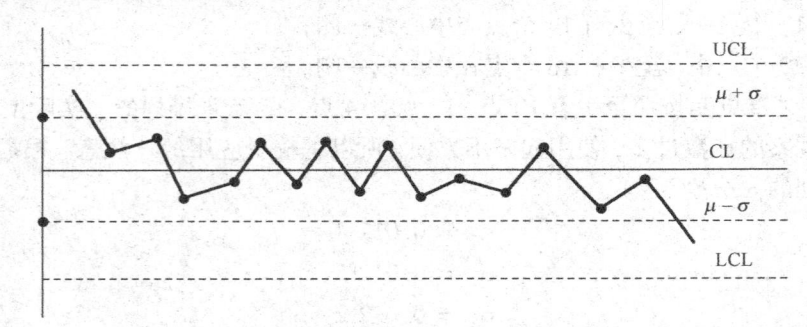

图 3-21　连续 15 点集中在中心线附近判断异常

直观看来，出现模式 5 表明过程标准差异常小。这似乎是件好事。但通常，模式 5 可能是由下列两个原因所致：数据不真实或数据分层不当。对于后者来说，如果把方差大的数据与方差小的数据混在一起而未分层，则数据总的方差将更大。于是控制图上、下控制界限的间隔距离也将较大，这时方差小的数据描点就可能出现模式 5。

模式 5 采用下列准则：若连续 15 点集中在中心线附近判异。国外也采用这一准则。模式 5 的第一种错误的 $\alpha = 0.0033$ 也比较小。

6. 模式 6：点呈现周期性变化

如图 3-22 所示，造成点周期性变化可能有下列原因：操作人员疲劳、原材料的发送有问题、某些化工过程热积累或某些机械设备应用过程中的应力积累等。消除上述周期性变化可以减少产品质量的波动，改进产品质量。

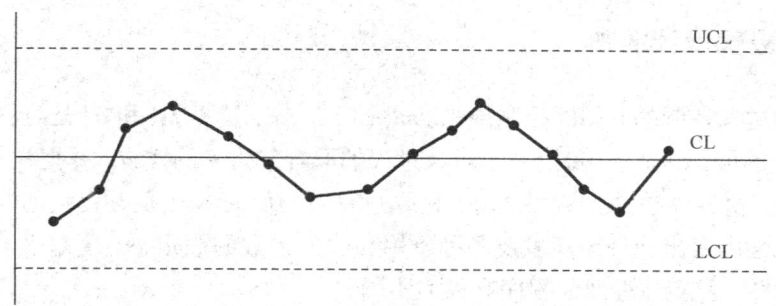

图 3-22　点呈现周期性变化

现在介绍一些国外应用判异准则的情况，1983 年 12 月份日本名古屋大学对于日本应用控制图的企业进行了调查，应用判异准则情况的结果如表 3-15 所示。

表 3-15　日本企业应用判异准则的情况

判异准则内容	遵　守	不太遵守	几乎不遵守	未设此规则
3σ 界限	86.3%	6.4%	0	7.3%
链	35.8%	31.2%	4.6%	28.4%
倾向	18.3%	34.0%	6.4%	41.3%

由表 3-15 可得出以下结论。

(1) 在判异准则中，遵守最多的是"点出界就判异"，即 3σ 界限这一条，其他依次为链和倾向。说明这些企业对于判异准则理解得还不透彻，应该重新学习。

(2) 遵守判异准则的企业占 86.3%，这点与用控制图有效果的企业所占 81.6% 基本是一致的，这并非偶然，因为应用控制图有效果的企业起码会遵守"点出界就判异"，即 3σ 界限这一条判异准则。

(3) 现在都是应用计算机判稳、判异，表 3-15 的统计已经没有多大意义。

第六节　控制图的经济设计

质量控制图的使用是一个经济问题，朱兰研究了已知各种风险、费用和收入因素，如何决定平均值控制图的样本容量、抽样间隔和控制限系数，使长期平均费用最小，也就是使平均纯收入最大。他导出在 $\bar{x}$ 图下度量平均纯收入的数学函数，并给出近似解的方法。根据朱兰的模型给出决定 $\bar{x}$ 图经济设计的精确方法，为了实际应用，设计了 $\bar{x}$ 图的简化方案，即所谓半经济方案。中位值图相对于平均位图来说简单，便于工人直接使用。本节根据朱兰博士的模型建立 $\tilde{x}$ 图的简化方案，并用同样的模型建立 np 图（或 p 图）的简化经济方案。

一、$\tilde{x}$图最优设计准则

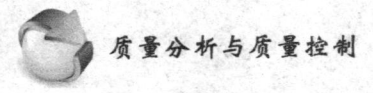

用于现场过程控制的 $\tilde{x}$ 图的控制限是：$m' \pm l\sigma'/\sqrt{n}$，这里 m' 和 σ' 是过程平均值 m 和标准差 σ 的标准值，$l = kc_m$。每隔 h 小时从过程抽取容量为 n 的样本，并把样本中位值 $\tilde{x}$ 点标注在 $\tilde{x}$ 图上。如果 $\tilde{x}$ 位于控制限之外，则是过程平均值 m 发生反常变化的信号。

在有系统性因素出现的风险以及各种费用和收入参数的假定下，度量平均纯收入的公式亦适用于 $\tilde{x}$ 图，但实际近似的程序有很大不同。

假定开始时过程处于控制状态，亦即质量特征服从正态分布 $N(m', \sigma')$。当系统性因素发生时，过程平均值 m 从 m' 变到 $m' + \delta\sigma'$ 或从 m' 变到 $m' - \delta\sigma'$。这里 δ 已知。$\delta\sigma'$ 是 m 的变动度，假定标准差 σ 保持不变，仍等于 σ'。设系统性因素发生的时间服从负指数分布，即 $f(t) = \lambda e^{-\lambda t}, t \geq 0$。在区间 $(0, t)$ 内过程平均值处于控制状态的概率是 $e^{-\lambda t}$，在区间 $(t, t + \Delta t)$ 内发生系统性因素的概率近似于 $\lambda e^{\lambda t}\Delta t$。系统性因素发生的平均时间为 $1/\lambda$ 小时。生产周期定义为从生产开始（或调整以后）到系统性因素的发现和消除的时间。如果样本是每隔 h 小时抽取一次，则在生产周期中样本之间的区间内系统性因素发生的条件下，在该区间内发生系统性因素的平均时间为

$$t = \frac{\int_0^h t\lambda e^{-\lambda t}dt}{\int_0^h \lambda e^{-\lambda t}dt} = \frac{1-(1+\lambda h)e^{-u}}{\lambda(1-e^{-u})} = \frac{h}{2} - \frac{\lambda h^2}{12} + \frac{\lambda^3 h^4}{720}\cdots$$

h 随着 λ 的减少而增大，当 λ 较小而 h 适当大时，上式右端自第三项起以后各项的和可以忽略不计。因此，在大小为 h 的区间内系统性因素发生的平均时间可取为 $(h/2) - (\lambda h^2/12)$。

在使用 $\tilde{x}$ 图的过程中，我们应用仅当点超过控制限时采取纠正动作的规则。设 P 表示当系统性因素已经发生时系统性因素被发现的概率，Q 表示没有被发现的概率。按照上述规则，P 是当过程平均值 m 发生变化时样本点位于控制限以外的概率，Q 是样本点位于界限内的概率，因此，当 m 已从 m' 变到 $m' + \delta\sigma'$（这里 δ 可取负值）时

$$P = \int_{-\infty}^{m'-t\frac{\sigma'}{\sqrt{n}}} \frac{(2r+1)t}{(rl)^2}[F(\tilde{x})]^r[1-F(\tilde{x})]^r f(\tilde{x})d\tilde{x}$$
$$+ \int_{m'+t\frac{\sigma'}{\sqrt{n}}}^{\infty} \frac{(2r+1)}{(rl)^2}[F(\tilde{x})]^r[1-F(\tilde{x})]^r f(\tilde{x})d\tilde{x}$$

(3.29)

这里

$$f(x) = \frac{1}{\sigma'\sqrt{2\pi}}e^{-\frac{1}{2}\left(\frac{x-m'-\delta\sigma}{\sigma'}\right)^2}, \quad F(x) = \int_{-\infty}^x f(y)dy \quad (3.30)$$

令 $F(\tilde{x}) = z, f(\tilde{x})d\tilde{x} = dz$，上式为

$$P = \int_0^{F\left(m'-t\frac{\sigma'}{\sqrt{n}}\right)} \frac{1}{B(r+1,r+1)}z^r(1-z)^r dz + \int_{F\left(m'+t\frac{\sigma'}{\sqrt{n}}\right)}^1 \frac{1}{B(r+1,r+1)}z^r(1-z)^r dz$$

(3.31)

这里

$$F\left(m' + l\frac{\sigma'}{\sqrt{n}}\right) = \int_{-\infty}^{\frac{t}{\sqrt{n}}-\delta} \frac{1}{\sqrt{2\pi}} e^{-\frac{t^2}{2}} dt = \Phi\left(-\frac{l}{\sqrt{n}} - \delta\right)$$

$$F\left(m' + l\frac{\sigma'}{\sqrt{n}}\right) = \Phi\left(-\frac{l}{\sqrt{n}} - \delta\right) \tag{3.32}$$

为了简化，假定 m 仅发生增大的变化，即 $\delta > 0$。这时候式(3.31)第一个积分接近于零，因此只取式(3.31)右端的第二项，即

$$P = 1 - \int_0^{\Phi\left(\frac{l}{\sqrt{n}}-\delta\right)} \frac{1}{B(r+1,r+1)} z^r (1-z)^r dz \tag{3.33}$$

（对于 $\delta < 0$，P 近似于第一项）。上式中的积分是不完全贝塔函数比 $I_\Phi(r+1,r+1)$。

当过程处于控制样本点位于控制限之外的概率 α 可在式(3.31)中置 $\delta = 0$ 得到。利用关系式 $I_v(s,t) = 1 - I_{1-v}(t,s)$，并注意到

$$F = (m' - l\sigma'/\sqrt{n}) = 1 - F(m' + l\sigma'/\sqrt{n})$$

就有

$$\alpha = 2\int_0^{\Phi(-l/\sqrt{n})} \frac{1}{B(r+1,r+1)} z^r (1-z)^r dz \tag{3.34}$$

假定生产率非常高，使得在抽样期间过程发生的变化可以忽略。

按照朱兰的模型，在寻找系统性因素期间允许过程连续操作直至系统性因素被发现，也假定调整或修理（包括过程可能停止）费用不从纯收入中扣除。

由于使用 $\tilde{x}$ 图而获得的平均每小时纯收入可以用朱兰的方法求得。

① 在系统性因素发生后，根据第 r 个被检验的样本，系统性因素被发现的概率是 $Q^{r-1}P$，这里 P 由式(3.33)给出，$Q = 1 - P$。所以在过程变动被发现以前抽取的样本平均数量是

$$\sum_{r=1}^{\infty} rPQ^{r-1} = 1/P \tag{3.35}$$

假定抽取和检验样本及计算结果所要求的时间为 en，e 是抽取样本和在 $\tilde{x}$ 图上描点之间的时间随着样本容量增加的比率，它主要与检验产品所要求的时间有关。例如 $e = 0.05$ 表示检验每件近似于 3 分钟。

设 D 是发现点超出控制限后找寻系统性因素所要求的平均时间。于是，周期的平均长度为

$s = $（处于控制的平均时间）+（样本超出控制限以前失去控制的平均时间）

  +（描点延误的时间）+（找寻系统性因素延误的时间）

$$= \frac{1}{\lambda} + \left(\frac{h}{p} - \frac{h}{2} + \frac{\lambda h^2}{12}\right) + en + D$$

这里 s 是正常的操作时间，它扣除了所发现的系统性因素被消除的时间。从而过程处于控制和失去控制的时间比率分别为

$$\beta = 1/(s\lambda), \quad \gamma = 1 - \beta$$

② 设 h 是以小时度量的样本之间的间隔，则在过程处于控制期间每一周期错误警报的期望次数等于 α 乘以该期间内所抽取样本的期望个数，即

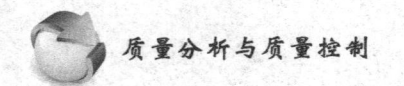

$$a\sum_{i=0}^{\infty}\int_{ih}^{(i+1)h}i\lambda e^{-\lambda t}dt = \frac{ae^{-\lambda k}}{1-e^{-\lambda k}} \approx \frac{a}{\lambda h} \tag{3.36}$$

因此每操作一小时错误警报的期望次数近似于

$$\frac{1}{s}\cdot\frac{\alpha}{\lambda h} = \frac{\beta\alpha}{h}$$

现在定义收入和费用如下：

V_0 = 过程处于控制状态下平均每小时收入；

V_1 = 过程平均值位于新的水平时平均每小时收入；

$M = (V_0 - V_1)$ 是当过程失去控制时每小时的纯损失；

T = 系统性因素不存在时找寻它的费用；

W = 系统性因素存在时找寻它的费用；

b = 与样本容量独立的抽样和绘图的每个样本的费用；

c = 抽样、测量和计算的每单位费用。

在长期操作中每小时平均纯收入可以从下式得出

I = （过程处于控制时收入） − [（过程超出控制时损失） + （操作 $\tilde{x}$ 图的费用）
 + （寻找系统性因素的费用） + （错误警报的损失）]

$$= V_0 - \left(M\gamma + \frac{b+cn}{h} + \frac{W}{s} + T\frac{\beta\alpha}{h}\right)$$

把 s, γ 和 β 的表示代入，就有

$$I = V_0 - \frac{\lambda MB + \alpha T/h + \lambda W}{1+\lambda B} - \frac{b+cn}{h} \tag{3.37}$$

这里

$$B = \left(\frac{1}{P} - \frac{1}{2} + \frac{\lambda h}{12}\right)h + en + D$$

其中

$$L = \frac{\lambda MB + \alpha T/h + \lambda W}{1+\lambda B} + \frac{b+cn}{h}$$

L 称为每小时平均损失的费用。当 L 最小时，I 为最大。所以最优设计的准则是在 L 最小的条件下求 n, l 和 h 的最优值。

二、$\tilde{x}$ 图经济设计的简化方案

$\tilde{x}$ 图经济设计的简化方案是预先指定真正警报的概率 P 为 0.90 或 0.95。在 $\tilde{x}$ 图的经济设计中 P 的大小对损失-费用的影响甚小。在下面将用例子说明这个结论对 $\tilde{x}$ 图也是正确的。

我们取

$$P = 1 - I_\Phi(r+1, r+1) = 0.90 \tag{3.38}$$

或者等价地

$$l/\sqrt{n} - \delta = a \tag{3.39}$$

式中与样本容量 n 相应的 $\Phi(\alpha)$ 值可以由不完全贝塔函数比表查得，与 Φ 相应的 a 值可从正态分布表中得到。

选择 $P=0.90$ 是使技术员获得对变坏质量的一个指定的保护水平，使其很快地发现系统性因素，系统性因素发生后平均大约 $1/0.90\,(\approx 1.1)$ 个样本就能发现由于缩短高废品率的生产而减少了损失。这是简化经济方案的特征。如果一些费用参数不能准确地估计，所得精确最优控制方案就不是很可靠，则简化经济方案是较好的。

为了数学上的简化和使用的方便，我们在使 L 达到最小的程序中需要作一些近似。在生产稳定的情况下，λ 是小的量。比如，$\lambda=0.01$，亦即发生系统性因素所要求的平均时间为 100 小时。因此 λB 与 1 相比是小的，可从式(3.37)中第一个分母略去 λB，从而得到近似式为

$$L' = \lambda BM + (at)/h + \lambda M + (b+cn)/h \tag{3.40}$$

从式(3.39)解得 $n=[l/(a+\delta)]^2$，把此式代入式(3.36)和式(3.40)中，并注意 P 是常数，由偏导数 $\partial L/\partial l$ 和 $\partial L'/\partial h$ 等于零，我们分别得到

$$2\lambda Melh + T(a+\delta)^2 \frac{\partial a}{\partial l} + 2cl = 0 \tag{3.41}$$

$$\lambda M\left(\frac{1}{p} - \frac{1}{2} + \frac{\lambda h}{6}\right)h^2 - aT - (b+cn) = 0 \tag{3.42}$$

通常 e 值很小，因此式(3.41)中 λeMh 值也小，可以略去。如果遇到 e 值较大，例如 $e=0.3$，忽略这一项的结果可能是严重的。但是式(3.41)中包括 h，使此式不易处理。为了简化起见，我们以 λeM 代替 λeMh。如上所述，式(3.42)中的 $\lambda h/6$ 是小的量，可以略去。这样，式(3.41)和式(3.43)可以分别写成

$$\frac{l}{(a+\delta)^2 \partial a/\partial l} = \frac{T}{2(c+\lambda Me)} \tag{3.43}$$

$$h = \sqrt{\frac{aT+b+cn}{\lambda M(1/P-1/2)}} \tag{3.44}$$

这里 $\partial a/\partial l$ 可从式(3.44)求得，即

$$\frac{\partial a}{\partial l} = -\frac{2}{B(r+1,r+1)}\left[\Phi\left(\frac{l}{\sqrt{n}}\right)\right]^r \left[1-\Phi\left(\frac{l}{\sqrt{n}}\right)\right]^r \frac{1}{\sqrt{2\pi n}} e^{-\frac{1}{2}\left(\frac{l}{\sqrt{n}}\right)^2} \tag{3.45}$$

因此，从式(3.38)，式(3.43)和式(3.44)解出 n，l 和 h，就得到简化的经济方案。

为了计算 l 和 h 的最优值，首先要确定式(3.38)、式(3.34)和式(3.45)中的 $\Phi(l/\sqrt{n}-\delta)$、a 和 $\partial a/\partial l$ 的值。前两数值可从不完全贝塔函数比表查得。当 $n=3$ 或 $r+1=2$ 时，查表得到与 $Q=0.1$ 相应的 $\Phi(l/\sqrt{n}-\delta)=0.195\,8$，再从正态分布表得

$$\Phi(l/\sqrt{n}) - \delta = -0.856\,8$$

给定 δ 值就可确定 l 值。例如 δ=1.5 时，l=1.114 1，从而由式(3.34)和式(3.35)就可得出 a 和 ∂a/∂l 的值。由此可算得与不同的 n 值相应的 l、α 和 A 值，如表 3-16 所示。

表 3-16 当 $P=0.9$ 时 $\bar{x}$ 图最优设计方案的决定

n	δ											
	0.75	1.00	1.25	1.50	1.75	2.00	2.25	2.50	2.75	3.00	3.25	3.50	
3				6	7	10	16	31	70	184	556	1 907	A
				0.335 2	0.181 7	0.088	0.038	0.014 6	0.005 1	0.001 7	0.000 5	0.000 2	a
				1.114	1.547	1.980	2.413	2.846	3.279	3.712	4.145	4.578	l
5			10	13	23	52	148	530	7 339	12 667			A
			0.290 5	0.128	0.047 2	0.014 6	0.003 8	0.000 8	0.000 15	0.000 02			a
			1.263	1.822	2.381	2.94	3.499	4.058	4.617	5.176			l
7		15	17	32	85	314	1 555	10 249					A
		0.368 8	0.148 2	0.046 3	0.011 6	0.002 2	0.000 35	0.000 04					a
		1.093	1.754	2.415	3.077	3.738	4.4	5.061					l
9		19	31	84	341	2 045	17 695						A
		0.24	0.074 3	0.016 7	0.002 7	0.000 33	0.000 03						a
		1.435	2.185	2.935	3.685	4.435	5.185						l
11	24	27	59	227	1 425	13 967							A
	0.45	0.155 6	0.036 5	0.005 9	0.000 6	0.000 05							a
	0.914	1.743	2.572	3.402	4.231	5.06							l
13	27	38	115	638	6 149	99 258							A
	0.36	0.100 1	0.017 8	0.002	0.000 15	0.000 007							a
	1.126	2.027	2.928	3.83	4.731	5.633							l
15	31	57	231	1 839	27 275	731 258							A
	0.283 8	0.063 9	0.008 5	0.000 7	0.000 03	0.000 001							a
	1.323	2.291	3.26	4.228	5.196	6.164							l
17	37	85	467	5 392	124 333								A
	0.222 8	0.040 4	0.004 1	0.000 23	0.000 007								a
	1.508	2.539	3.569	4.6	5.631								l

三、损失-费用的计算

式(3.43)和式(3.44)对给定风险和费用因素 δ、λ、M、e、T、b 和 c 值提供 n、h 和 l 限制最优值的相当简单的计算程序。首先计算 $T/[2(c+\lambda Me)]$ 的值，然后从表 3-17 确定 n、a 和 l 值，最后根据式(3.34)计算 h 值。把所得结果代入式(3.37)，即得平均损失-费用 L 的值。

下面给出的一个经济方案，如表 3-17 所示，这里以表 3-17 中第一个例子，δ=2，λ=0.01，M=100 元，e=0.05，D=2，T=50 元，W=25 元，b=0.50 元和 c=0.10 元来确定与 P=0.90 相应的经济方案。计算步骤如下。

（1）计算 A
$$A = T/[2(c+\lambda Me)] = 50/0.30 = 166.7$$

（2）确定 l 和 n

查表 3-17 中 δ=2 的一列，A 值位于 52～314 之间，取较大值 314，得到 l=3.738，n=7。

(3) 计算 h

从表 3-17 查得 $a = 0.002\,2$, 由式(3.44)得

$$h = \sqrt{\frac{0.002\,2 \times 50 + 0.50 + 0.10 \times 7}{0.01 \times 100(1/0.90 - 1/2)}} = 1.464\,1$$

(4) 估计平均损失-费用

把以上数字代入式(3.36)和式(3.37), 使得

$$B = 3.246\,5, \quad L = 4.278\,9$$

所以 100 个操作小时的损失-费用为 $100L = 427.89$ 元。

对上例, 按照精确方法, 经过复杂计算, 得到

$$n = 7, \quad l = 3.655, \quad h = 1.834$$
$$P = 0.911\,5, \quad a = 0.002\,8, \quad L = 4.303\,5$$

所以, L 的限制最优值和精确最优值之间的差异是很小的。

从式(3.39)、式(3.43)、式(3.44)和表 3-17 可以得出下列的一般性结论。

表 3-17 $\tilde{x}$ 图的最优设计方案

例子	δ	所取费用和风险因素											100 个操作小时的损失-费用	
		λ	M	e	D	T	W	b	c	n	h	l	最优 $\tilde{x}$ 图	$n=6, h=1, l=3\,594$
1	2	0.01	100	0.05	2	50	25	0.5	0.1	7	1.464	3.738	427.89	734.90
2	2	0.02	100	0.05	2	50	25	0.5	0.1	7	1.035	3.738	726.55	736.56
3	2	0.05	100	0.05	2	50	25	0.5	0.1	5	0.753	2.94	1 402.95	1 546.39
4	2	0.02	50	0.05	2	50	25	0.5	0.1	7	1.464	3.738	440.98	448.91
5	2	0.01	1 000	0.05	2	50	25	0.5	0.1	5	0.532	2.94	2 856.79	3 099.67
6	2	0.01	10 000	0.05	2	50	25	0.5	0.1	3	0.292	1.98	24 526	30 159.81
7	2	0.01	100	0.05	2	50	25	0.5	0.1	5	1.683	2.94	648.31	641.42
8	2	0.01	100	0.05	20	50	25	0.5	0.1	7	1.464	3.738	1 861.11	1 872.08
9	2	0.01	100	0.05	2	5	2.5	0.5	0.1	5	1.325	2.94	380.27	399.97
10	2	0.01	100	0.05	2	500	250	0.5	0.1	9	1.6	4.435	670.78	784.24
11	2	0.01	100	0.05	2	5 000	2 500	0.5	0.1	11	1.74	5	2 867.54	4 277.65
12	2	0.01	100	0.05	2	50	25	0.5	0.1	7	3.083	3.738	619.23	884.90
13	2	0.01	100	0.05	2	50	25	1	0.1	5	3.193	2.94	622.16	884.90
14	2	0.01	100	0.05	2	50	25	10	0.1	3	7.557	1.98	1 119.59	5 384.90
15	2	0.01	1000	0.05	2	50	25	0.5	1	5	1.01	2.94	3 427.15	3 545.67
16	1	0.01	12.87	0.05	2	50	25	0.5	1	9	16.539	1.455	289.84	638.41

(1) 最优样本容量主要由 δ 决定。如果要求 $\tilde{x}$ 图发现 m 的 $2\sigma'$ 或更大的变化, 则在一般情况下样本容量为 3~7 是最优的; 如果要发现 $1\sigma'$ 的变化, 则在费用和风险因素不变的情

况下样本容量必须增大，这时较大的样本容量对应较大的抽样间隔。因此通常使用的 $\tilde{x}$ 图对发现 m 的较大变化是有效的，对发现较小的变化不是有效的。

（2）最优的抽样间隔 h 主要受损失率 M 的影响。M 越大，h 越小，因 A 值变动的幅度较大，因此 M 的变化对 A、从而对 n 和 l 的最优值仅有少许的影响。

（3）控制限系数 l 的大小主要由 T 和 W 来决定。对较大的 T 和 W 值，应使用较大的 l 值。W 和 T 依某一确定的比值变化，对 h 的影响较小，这从式（3.44）及表 3-17 可以看出。

（4）测量每个产品的费用 c 的变化影响着设计元素 n、k、l。在其他因素不变的情况下，对于大的 c 值，应在较大的抽样间隔内抽取小样本，并要求较紧密的控制限。

（5）抽样和绘图的每个样本的费用 b 的变化主要影响抽样的间隔 h，对样本容量无多大影响。

（6）延误因素 e 的变化影响上述 3 个设计元素 n、h、l。因 A 随着 e 的增大而减少，故在其他因素不变的情况下较大的 e 导致较小样本容量和较紧密的控制限。

（7）λ 是每小时发生系统性因素的平均次数，它的增加相当于发生系统性因素所要求的平均时间的减少。λ 的变化对 h 有显著的影响，λ 越大，h 就越小；λ 的变化对 n 和 l 也有一些影响，大的 λ 值对应着较小的 n 和 l 值。

从结论（1）和（7）可知，抽样间隔 h 的大小取决于生产过程是否稳定。若生产过程不稳定，亦即过程平均值变动放大或系统性因素较频繁地发生，则宜缩小抽样间隔，用小样本逐渐发现应该除去的系统性因素。若过程已趋稳定，不妨扩大抽样间隔，采用比较大的样本。

四、np 图最优设计的准则

现在使用类似于 $\tilde{x}$ 图经济设计的模型。假定开始时过程处于控制状态，即过程平均值等于 p_0。当系统性因素发生时，过程平均值从 p_0 增至 p_1，这里 $p_1 = p_0 + \delta \sigma_0$，$\sigma_0 = \sqrt{p_0(1-p_0)}$。用于现场过程控制标注的 np 图，仅有控制上限 d，每隔 h 小时从过程抽取容量为 n 的样本，把样本中不合格品数标准在 np 图上。如果不合格品数超出控制上限（大于 d），则总体不合格品数发生异常变化的信号。样本小的不合格品数服从具有平均值 np_0（初期的）和 $n(p_0+\delta\sigma_0)$（变化后的）的二项分布。p 是根据单个样本发现变动的概率，当 p 已从 p_0 变到 p_1 时

$$P = 1 - \sum_{x=0}^{n} \frac{n!}{x!(n-x)!} p_1^x (1-p_1)^{x-n} \tag{3.46}$$

当过程处于控制时，点超出控制限的概率是

$$a = 1 - \sum_{x=0}^{n} \frac{n!}{x!(n-x)!} p_0^x (1-p_0)^{x-n} \tag{3.47}$$

设 $\tau = \dfrac{1-(1+\lambda h)e^{-\lambda k}}{\lambda(1-e^{-\lambda k})}$，$A_1 = \dfrac{ae^{-\lambda k}}{1-e^{-\lambda k}}$。

因此，由于使用 np 图而得到每周期每小时的平均损失-费用为

$$L = \frac{\lambda MB + \lambda A_1 T + \lambda W}{1 + \lambda B} + \frac{b + cn}{h} \tag{3.48}$$

这里 $B = h/P - \tau + en + D$。

参见式(3.36)和式(3.37)，np 图的最优设计准则是在 L 最小的条件下求 n，d 和 h 的最优值。P 图是与 np 图等价的，p 图的相应设计参数是 n，h，并取 $(d+1)/n - 0.01$ 作为 p 图的控制上限。

五、np 图经济设计的简化方案

朱兰利用计算机求出参数 n、d 和 h 的准确最优值。这个方法对仅有有限数学和程序知识的实际工作者是困难的。为了方便实际应用，下面设计朱兰模型的 np 图的简化经济方案。

np 图经济设计的简化方案是预先指定真正警报的概率 P 为 0.90，即

$$P = \sum_{n=d+1}^{\infty} \frac{n!}{x!(n-x)!} p_1^x (1-p_1)^{x-n} = 0.90 \tag{3.49}$$

这个条件限制了 n 和 d 之间的关系，通过后面的数值分析指明，由此制定出的方案是最接近最优的。

在实际问题中，p_0 和 p_1 值都是小的，n 值是大的，可以利用泊松分布来近似二项分布，因此式(3.47)和式(3.49)成为

$$a = \sum_{n=d+1}^{\infty} \frac{m_0^x}{x!} e^{-m_0} = \sum_{n=d+1}^{\infty} m_1^x \frac{(p_0/p_1)^x}{x!} e^{-m_1(p_0/p_1)} \tag{3.50}$$

和

$$P = \sum_{n=d+1}^{\infty} \frac{m_1^x}{x!} e^{-m_1} = 0.90 \tag{3.51}$$

这里 $m_1 = np_1$。

用 $(h/2 - \lambda h^2/12)$ 和 $a/(\lambda h)$ 分别代替 τ 和 A_1，并注意到式(3.48)分母中的 λB 与 l 相比是小的，可以忽略不计，从而得到近似式

$$L' = \lambda BM + (aT)/h + \lambda W + (b + cn)/h \tag{3.52}$$

上式同式(3.40)，这里 B 和 P 分别按照式(3.36)和式(3.51)规定。

现在根据式(3.51)分析 n 和 d 之间的关系。

对于每一个 d 值，由式(3.51)可得出 m_1 值，例如，当 $d = 1$ 时，与 $P = 0.99$ 相应的 $m_1 = 3.890$。与各个 d 值相应的 m_1 值由表 13-18 第二列给出。

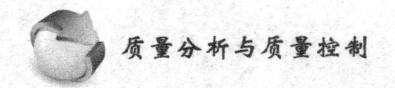

表 3-18 当 $P=0.90$ 时，$-\Delta_d m_1/\Delta_d \alpha$ 的值

d	m_1	p_0/p_1									
		0.05	0.1	0.15	0.2	0.25	0.3	0.35	0.4	0.45	0.5
0	2.303	17.2	10.8	9.0	8.5	8.6	9.2	10	11.2	12.9	15.1
1	3.89	101.9	34.4	20.7	15.8	13.8	13.1	13.2	14	15.4	17.5
2	5.322	623.6	112.7	48.4	29.7	22.2	18.8	17.5	17.3	18.2	19.9
3	6.681	3 898.9	376.4	115.2	56.6	36.2	27.3	23.3	21.6	21.5	22.6
4	7.994	24 771	1 275.5	277.5	109.2	59.5	40	31.1	26.9	25.4	25.7
5	9.275	159 367	4 370.6	675.4	212.3	98.7	58.8	41.7	33.7	30.1	29.2
6	10.532	1×10^6	15 115	1 657.3	415.8	164.5	87	56.3	42.3	35.8	33.3
7	11.771	1×10^6	52 683	4 094.7	819.3	275.7	129.3	76.2	53.3	42.6	37.9
8	12.995		184 839	10 178	1 622.9	464.3	129.6	103.5	67.3	50.3	43.2
9	14.206		652 278	25 429	3 229.9	785.2	288.3	141	85.3	60.7	49.4
10	15.407		1×10^6	63 831	6 454.8	1 332.5	432.9	192.6	108.2	72.7	56.5

这里定义下列增量

$$\Delta_d \alpha = \alpha(d+1) - \alpha(d)$$
$$\Delta_d m_1 = m_1(d+1) - m_1(d)$$

由

$$L' = \left(\frac{\lambda Me}{p_1} + \frac{c}{hp_1}\right)m_1 + \frac{T}{h}\alpha + \lambda M\left(\frac{h}{p} - \frac{h}{2} + \frac{\lambda h^2}{12} + D\right) + \lambda W + \frac{b}{h}$$

得出

$$\Delta_d L' = \left(\frac{\lambda Me}{p_1} + \frac{c}{hp_1}\right)\Delta_d m_1 + \frac{T}{h}\Delta_d \alpha$$

要使 L' 满足条件式(3.51)中的 d 为最小，在最小的位置上有不等式

$$\Delta_{d-1} L' < 0 \leqslant \Delta_d L'$$

它等价于

$$\left(\frac{\lambda Me}{p_1} + \frac{c}{hp_1}\right)\Delta_{d-1} m_1 + \frac{T}{h}\Delta_{d-1}\alpha < 0 \leqslant \left(\frac{\lambda Me}{p_1} + \frac{c}{hp_1}\right)\Delta_d m_1 + \frac{T}{h}\Delta_d \alpha$$

由于 $\Delta_{d-1} m_1 > \Delta_d m_1$，可写成

$$\frac{\Delta_{d-1}\alpha}{\Delta_{d-1} m_1} < -\frac{h}{p_1 T}\left(\lambda Me + \frac{c}{h}\right) \leqslant \frac{\Delta_d \alpha}{\Delta_d m_1}$$

或

$$-\frac{\Delta_{d-1}\alpha}{\Delta_{d-1} m_1} < \frac{Tp_1}{\lambda Meh + c} \leqslant \frac{\Delta_d m_1}{\Delta_d \alpha} \tag{3.53}$$

通常 e 是很小的量，λ 也是很小的量，为了简化，以 λMe 代替 λMeh。这样有

$$-\frac{\Delta_{d-1}\alpha}{\Delta_{d-1} m_1} < \frac{Tp_1}{\lambda Me + c} \leqslant \frac{\Delta_d m_1}{\Delta_d \alpha} \tag{3.54}$$

式中 $\frac{\Delta_d m_1}{\Delta_d \alpha}$ 值可以根据式(3.50)和式(3.51)来计算。

最后,对于任何给定的 n 和 d 值,使 L' 最小的 h 值可用式(3.44)求得。从式(3.51)、式(3.44)和式(3.54)定出 d、n 和 h 的值,就得到 np 图的简化经济方案。

小 结

本章着重介绍了控制图,分成了计数型和计量型两大类别,从而针对不同的生产情况进行质量控制。此处学习的难点是控制图的绘制与观察分析,对于绘制而言,不仅需要掌握计算方法和原理,还需要与时俱进,掌握 Minitab 等相关质量管理软件的使用;对于观察分析而言,控制图只能起到反馈过程运行状况的作用,需要从控制图中发现问题并解决问题,这才是绘制控制图的最终目的。

习 题 三

3.1 某工地在工程施工中,设计掘进断面宽度为 3 600 mm,高 2 300 mm,拱半径为 1 750 mm,要求超、欠挖量不得大于 100 mm。为控制超欠挖量,收集现场数据如表 T3-1 所示。

表 T3-1 某工地工程施工现场数据

组号	测量数据				
	x_1	x_2	x_3	x_4	x_5
1	−90	24	76	−24	93
2	43	97	79	74	50
3	−37	27	39	70	58
4	−35	−60	−50	23	77
5	53	17	32	−70	39

试根据所给数据制作 $\bar{x}$-R 控制图。

3.2 某支局抽查收寄包裹的规格,每天抽取 100 个样本,经过 10 天得到数据如表 T3-2 所示,试画出 pn 控制图。

表 T3-2 某支局抽查包裹的规格数据

第 n 天	1	2	3	4	5	6	7	8	9	10
不合格品数	5	7	4	2	5	3	4	3	1	6

3.3 对于样本容量为 4,$\bar{x}$ = 81.538 4,$\bar{s}$ = 0.860 8,求 $\bar{x}$ − s 的上、下控制限。

3.4 简述六种模式的判断异常准则。

3.5 简述控制图对于质量控制的重要性。

第四章
SPC 与 SPCD

第一节　过程控制与 SPC 概述
第二节　统计过程控制的发展
第三节　统计过程控制的实施
第四节　统计过程控制与诊断

第四章　SPC 与 SPCD

章前导引

早在20世纪20年代，美国贝尔电话实验室（Bell Telephone Laboratory）成立了两个研究质量的课题组分别是以休哈特为学术领导人的过程控制（Process Control）研究组和以道奇为学术领导人的产品控制（Product Control）研究组。休哈特后来被世人尊称为"统计控制之父"，在1924年5月16日他提出了世界上第一张"不合格品率p控制图"，1931年他的代表作《加工产品质量的经济控制》标志着统计过程控制时代的开始。道奇与罗米格则提出了抽样检验理论和抽样检验表。1940年SPC正式引进制造业。

这两个研究组研究工作的影响是深远的，在他们之后，虽然有成百上千篇的论文出现，但至今仍未能脱其窠臼。由于在过程控制方面主要应用休哈特的过程控制理论，而现今的SPC理论与当年的休哈特理论并无根本的区别，所以本章将集中讨论SPC与SPCD方面的发展。

第一节　过程控制与 SPC 概述

一、过程控制

过程控制是工业系统中，为了控制过程的输出，利用统计或工程上的方法处理过程的结构、运作方式或其演算方式。处理过程控制的系统可称为过程控制系统。例如利用加热器调节房间的温度即可视为一个过程，因为其目的是要使输出量（比如温度）到达一个理想值内（如20℃）且此输出变量不随时间变化。在此例中温度是一个控制系数，不过若用温度计量测温度，决定是否加热，温度同时也是输入系数，理想的温度（20℃）为目标值，加热器的状态（如加热器控制热水流量的闸门）会随控制而改变，则是受控系数。

过程控制的主要目的是保证制造过程处于控制状态，预防废品出现。这种统计控制方法的典型工具是控制图，在图上描绘出按一定时间间隔抽取的序列样本的数字特征。平均值围绕中心线摆动，在大多数情况下，位于两条控制上限和控制下限之间。当图上的点越出虚线时，应该认为生产过程偏离了标准。在此情况下，必须寻找破坏过程的原因，然后设法加以消除，从而将过程纳入稳定状态。

用统计方法确定的控制限，要使监督制造过程的工人在发现点越出界限时通常能找到过程受到严重破坏的原因。因此控制限的制订要保持下列两类错误之间的平衡：

（1）当生产过程实际上并没有受到破坏时，错误地找寻了过程受破坏的原因；

（2）当生产过程实际上已受到破坏时，控制图上没有显示出过程中破坏的信号，从而没有找寻被破坏的原因。

这两类错误中任何一类都不应过分频繁地发生，且其中任一个的频数的降低不应当增大另一个的频数。换言之，这两类错误的概率都应该足够小。

控制图是过程控制中极有价值的工具。因为它既能预先发现过程的破坏，又是非常灵活的。

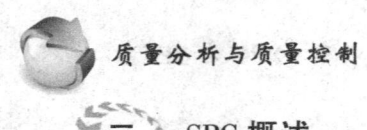

二、SPC 概述

(一)统计过程控制的含义

所谓统计过程控制,是为了贯彻以预防为主的原则,应用有关的统计方法(如控制图等),在过程中的各个阶段捕捉异常质量波动的先兆,并对其进行评估和监察,为质量管理提供信息和依据,建立并保持过程处于可接受的并且稳定的水平,从而保证产品与服务符合规定要求的一种质量管理技术。

SPC 是统计过程控制(Statistical Process Control)的英文字首简称,即统计过程控制。为了在制造过程中贯彻预防为主,美国休哈特博士在 20 世纪二三十年代提出了统计质量控制理论及监控过程的工具——控制图,现在统称之为 SPC。它能科学地区分出过程中产品质量的偶然波动与异常波动,从而对过程的异常及时告警,以便人们采取措施,消除异常,恢复过程的稳定,这就是所谓的统计质量控制。SPC 就是应用统计方法对过程中的各个阶段进行监控与诊断,从而达到改进与保证产品质量的目的。SPC 强调全过程的预防原则。这也是系统工程全局观点的反映。

(二)SPC 的特点

SPC 给企业各类人员都带来好处。对于生产第一线的操作者,可用 SPC 方法改进他们的工作;对于管理干部,可用 SPC 方法消除在生产部门与质量管理部门间的传统矛盾;对于领导干部,可用 SPC 方法控制产品质量,减少返工与浪费,提高生产率,最终可增加上缴利税。

SPC 的特点如下。

(1)SPC 是全系统的、全过程的,要求全员参加,人人有责。这点与全面质量管理的精神完全一致。

(2)SPC 强调用科学方法(主要是统计技术,尤其是控制图理论)来保证全过程的预防原则。

(3)SPC 不仅用于生产过程,而且可用于服务过程和一切管理过程。

(4)企业现场最需要 SPC 工程。这点与可靠性学科类似,企业现场最需要可靠性工程而非可靠性数学。

(三)统计过程控制的重要意义

1. 现代质量管理的要求

(1)贯彻以预防为主的原则是现代质量管理中的核心与精髓。

(2)现代质量管理所提出的一系列原则、方针、目标都需要采用科学的方法和有效的措施来保证它们的实现。

2. ISO 9000 标准的要求

ISO 9000 标准为质量管理提出八项基本原则,首要的是"以顾客为关注焦点"。也就是要求企业长期、稳定地提供优质的产品和服务。为此，同时还提出了过程方法、管理的系统方法、持续改进、基于事实的决策方法等一系列原则。无一不是要求企业保持过程的稳定性，即加强统计过程控制。

ISO 9004-1:1994 标准，在组织目标中提出：为了达到组织目标，组织应确保影响质量的技术、管理和人的因素处于受控状态。无论是硬件、软件、流程性材料还是服务，所有的控制都应针对减少和消除不合格，尤其是预防不合格。

标准明确提出，建立和有效运行质量管理体系的目标在于：减少和消除不合格，尤其是预防不合格。

为了保证目标的实现，标准还指出了保证目标实现的手段是：组织应确保影响质量的技术、管理和人的因素处于受控状态。而且指出无论是硬件、软件、流程性材料还是服务，均应如此。

(1) 技术受控是指组织应采用最先进的工艺技术生产产品，使组织具有保证不出不合格品的能力（过程能力）。实现技术受控的过程称其处于"技术稳态"。达到技术稳态的条件在标准中也有明确的规定：GB 4091—1983 标准要求实现过程能力指数 $C_p \geq 1$ 的过程实现了"技术稳态"，但 GB/T 4091—2001 标准进而提出了要求过程能力指数 $C_p \geq 1.33$ 的过程为实现"技术稳态"。这一点充分体现了朱兰博士预见 21 世纪为质量的世纪，高科技必然带来高质量要求的观点的正确性。

(2) 管理受控是指组织应采用科学方法（如统计技术）实施过程控制，保持过程的稳定性，使组织具有保持不出不合格品的能力。实现管理受控的过程称其处于"统计稳态"。这一点充分说明了实施统计过程控制的重要意义。

(3) 人的因素受控是技术受控和管理受控的基础。要求组织的职工具有较高的素质，当然素质的要求是全面的，但质量管理的要求主要是指文化素质、技术（包括专业技术、管理技术以及统计技术）素质和工作经验等。这一方面强调了高素质人才在组织中的作用，同时也为组织加强对职工进行系统、有计划、分层的培训教育的必要性提出了要求。

3. SPC 获益

(1) 单纯从 SPC 理论分析企业的获益

① 经济性：有效的抽样管制计划，而不用全检验，预估不良率，得以控制成本，使产品制造过程稳定，生产状况可以预测，进而控制品质、成本、交期；

② 预警性/时效性：制造过程的异常趋势可实行对策，预防整批不良，以减少浪费，直接由作业人员绘制控制图，提供一个可靠的资料，以决定何时应该采取对策，何时不必采取任何措施；

③ 善用机器设备：估计机器能力，可妥善安排适当机器，生产适当零件。

(2) 从制造过程分析对制造过程的功效

① 分析共同原因与特殊原因；

② 改善的评估：制造过程能力指标（CPK）可作为改善前后比较的依据，作为制造过程检验的共同语言；

③ 减少报表处理工作量；

④ 找出最大品质问题原因，以便工作更有成效；
⑤ 减少数据在人员传递的过程中变异；
⑥ 分辨数据的真实性；
⑦ 从宏观到微观全面真实地了解品质状况；
⑧ 建立一个工程、品管、制造等三个与品质有直接关系部门的沟通平台与通道。

(3) 理想地运作 SPC 可达到的功效(3W2H)
① 找出什么时候会发生异常；
② 找出发生什么具体异常；
③ 分析出异常的原因；
④ 得出解决异常的方法；
⑤ 建立起预防方案。

第二节 统计过程控制的发展

过程控制的概念与实施过程监控的工具——控制图，早在 20 世纪 20 年代就由美国的休哈特提出。今天的统计过程控制方法与当年的休哈特方法并无根本的区别。

在第二次世界大战后期，美国开始将休哈特方法在军工部门推行。但是，上述统计过程控制方法尚未在美国工业牢固扎根，第二次世界大战就已结束。由于美国本土未直接遭受到第二次世界大战战争的破坏，故战后美国成为当时工业强大的国家，没有外来竞争力量去迫使美国公司改变传统方法，只存在美国国内的竞争。由于美国国内各公司都采用相似的方法进行生产，竞争性不够强，于是统计过程控制方法在 1950—1980 年这一阶段内，逐渐从美国工业中消失。反之，战后经济遭受严重破坏的日本在 1950 年通过休哈特早年的一个同事戴明(W. Edwards Deming)博士，将 SPC 的概念引入日本。1950—1980 年，经过 30 年的努力，日本跃居世界质量与生产率的领先地位。美国著名质量管理专家伯格(Roger W. Berger)教授指出，日本成功的基石之一就是推行了 SPC。

在日本强有力的竞争之下，从 20 世纪 80 年代起，SPC 在西方工业国家复兴，并列为高科技之一。例如，加拿大钢铁公司在 1988 年列出的该公司的七大高科技方向是：连铸；炉外精炼钢包冶金；真空除气；电镀锌流水线；电子测量；高级电子计算机；SPC。

美国从 20 世纪 80 年代起开始推行 SPC。美国汽车工业已大规模推行了 SPC，如福特汽车公司、通用汽车公司、克莱斯勒汽车公司等，上述美国三大汽车公司还在 ISO 9000 的基础上联合制定了 QS 9000 标准，在与汽车有关的行业中，颇为流行。美国钢铁工业也大力推行了 SPC，如美国 LTV 钢铁公司、内陆钢铁公司、伯利恒钢铁公司等。

经过十五六年推行 SPC 的努力，到 1995 年左右，美国与日本在产品质量方面的差距方才基本持平。

一、统计过程控制的理论发展

SPC 迄今已经历了三个发展阶段，即 SPC(Statistical Process Control，统计过程控制)阶段、SPCD(Statistical Process Control and Diagnosis，统计过程控制与诊断)阶段与 SPCDA (Statistical Process Control, Diagnosis and Adjustment，统计过程控制、诊断与调整)阶段。

(一) SPC 阶段

SPC 是美国休哈特博士在 20 世纪二三十年代所创造的理论，它能科学地区分出生产过程中产品质量的偶然波动与异常波动，从而对过程的异常及时告警，以便人们采取措施，消除异常，恢复过程的稳定。这就是所谓质量控制。这一理论直到 20 世纪 80 年代，依然是过程控制实施的重要指导。

(二) SPCD 阶段

SPCD 即统计过程控制与诊断。SPC 虽然能对过程的异常进行告警，但是它并不能告知是什么异常，发生于何处，也不能进行诊断。1982 年张公绪教授提出了新型控制图——选控图系列，为 SPCD 理论的发展奠定了基础。1982 年，张公绪提出两种质量诊断理论，突破了传统的美国休哈特质量控制理论，开辟了统计质量诊断的新方向。从此 SPC 上升为 SPCD，SPCD 是 SPC 的进一步发展，也是 SPC 的第二个发展阶段。

1994 年，张公绪教授与其学生郑慧英博士提出多元逐步诊断理论，解决了西方国家的诊断理论需要同时诊断所有变量从而第一种错误的概率 α 比较大的问题。1996 年张公绪提出了两种质量多元逐步诊断理论(也称为两种 T^2 图的逐步诊断理论)解决了多工序、多指标系统的 MSPC 与 MSPCD(多元质量控制与诊断)问题。1998 年，张公绪又将上述理论进一步改进，这是多元诊断理论的一个突破，不但使得多元控制与诊断大为简化，而且许多的多元诊断问题由此得以解决。目前 SPCD 已进入实用性阶段，我国仍然居于领先地位，在 SPC 与 SPCD 的理论与实践方面做出了应有的贡献，形成我国的 SPC 与 SPCD 学派。

(三) SPCDA 阶段

SPCDA 是"统计过程控制、诊断与调整"英文的字首简称。正如病人确诊后要求进行治疗，过程诊断后自然需要加以调整，故 SPCDA 是 SPCD 的进一步发展，也是 SPC 的第三个发展阶段。这方面国外刚刚起步，他们称之为 ASPC(Algorithmic Statistical Process Control，算法的统计过程控制)，但目前尚无实用性的成果。

二、控制图的图种发展

继休哈特发明常规控制图之后，几十年来在统计过程控制的实施过程中相继又有 10 余种新型控制图被提出和应用。

(一) 常规控制图

常规控制图如表 4-1 所示。

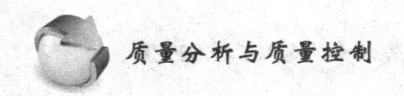

表 4-1　常规控制图一览表

数据种类		控制图的名称及简记		计算公式		应用范围
				中心线	上、下控制界	
计量值		均值-极差控制图（$\bar{x}-R$）	$\bar{x}$ 图	$\bar{\bar{x}}$	$\bar{\bar{x}} \pm 3 \dfrac{\bar{R}}{d_2 \sqrt{n}}$	应用范围广，效果好，通常样本至少取25个，每个样本点的含量为2～10。适用产品批量较大的工序
			R 图	$\bar{R}$	$\bar{R} \pm 3 \dfrac{d_3}{d_2} \bar{R}$	
		均值-标准差控制图（$\bar{x}-s$）	$\bar{x}$	$\bar{\bar{x}}$	$\bar{\bar{x}} \pm 3 \dfrac{\bar{s}}{c_2 \sqrt{n}}$	适用范围同上，适用于每个样本点含量 >10 的情况
			s	$\bar{s}$	$\bar{s} \pm 3 \dfrac{c_3}{c_2} \cdot \bar{s}$	
		中位数-极差控制图（$\tilde{x}-R$）	$\tilde{x}$	$\bar{\tilde{x}}$	$\bar{\tilde{x}} \pm m_3 A_2 \bar{R}$	适用于数量大、检验时间小于加工时间的场合
			R	$\bar{R}$	$D_4 R$（上界），$D_3 R$（下界）	
		单值-移动极差控制图（$x-R_s$）	x	$\bar{x}$	$\bar{x} \pm E_2 \bar{R}_s$	适用于自动化全检或数量少的场合，判断灵敏度低，不易发现工序分布中心的变化
			R_s	$\bar{R}_s$	$D_4 \bar{R}_s$（上界），$D_3 \bar{R}_s$（下界）	
计数值	计件	不合格品率控制图（p）		$\bar{p}$	$\bar{p} \pm 3 \sqrt{\dfrac{\bar{p}(1-\bar{p})}{n}}$	适用于关键件全检场合
		不合格品数控制图（pn）		$n\bar{p}$	$n\bar{p} \pm 3 \sqrt{n\bar{p}(1-\bar{p})}$	适用于一定样本量 n 的场合
	计点	缺陷控制图（c）		$\bar{c}$	$\bar{c} \pm 3 \sqrt{\bar{c}}$	适用于全数检验
		单位缺陷数控制图（u）		$\bar{u}$	$\bar{u} \pm 3 \sqrt{\dfrac{\bar{u}}{n}}$	适用于每次检测样本容量为 n 的场合

注：表中 $D_4 = 1 + 3\dfrac{d_3}{d_2}$；$D_3 = 1 - 3\dfrac{d_3}{d_2}$，$E_2$ 与 $m_3 A_2$ 的值，如表 4-2 所示。

表 4-2　计量值控制图计算系数

小组观察数目	2	3	4	5	6	7	8	9	10
E_2	2.66	1.772	1.457	1.29	1.184	1.109	1.054	1.01	0.945
$m_3 A_2$	1.88	1.187	0.796	0.691	0.549	0.509	0.432	0.412	0.363

（二）新型控制图

1. 累积和控制图

休哈特的常规控制图只是利用过程中当前的数据，而没有充分利用整个样本中的数据。所以，对过程中较小的质量波动（如小于 1σ 的波动）反映不是很灵敏。为此，1954 年佩基最早应用序贯分析原理，提出累积和控制图。将一系列点（数据在控制图中的表达）的微弱信息累积起来，所以对过程中的微小波动也很灵敏。

2. 小批量生产控制图

小批量生产过程在很多企业普遍存在，由于常规控制图取得预备数据的周期较长，难以在小批量生产过程中应用。小批量生产控制图是将相似工序同类分布的产品质量特性值的数据，通过某种数学变换，变换为同一分布，从而累积成为大样本，于是可以应用大样本的方法处理数据,实现过程控制。常用的如相对偏差法、固定样本容量法、通用图法等。

3. 选控控制图

常规控制图是一种全控图,即对过程中所有的异常因素都加以控制的控制图。1980年,我国质量管理专家张公绪教授提出选控控制图系列,可以用来选择部分异常因素加以控制,从而缩小了搜索异常因素的范围,提高了控制效率和效果。

4. 多元控制图

常规控制图的控制对象是单一性的,在生产过程中,需要控制的质量指标和技术指标往往是多个,应用常规控制图需要分别加以控制,这样就造成工序内同时有多张控制图在应用,同时也很难考虑到各项指标之间的相关性。即使每个指标在常规控制图中各自表现正常,有时过程并不一定是正常的,这就会导致错误的判断结论。因此,在多元的过程中采用多元控制图是非常必要的。

第三节 统计过程控制的实施

因为SPC主要是应用在制造业中,而根据制造业中制造过程品质的特性,品质一般有优良品与不良品的概念和重要特性分布状况两种,所以SPC的主要内容分为计数值与计量值两种,所涉及的内容有:抽样检验、数据整理、各种图形分析(状况)、制造过程分析(原因)、改善监控等,其中最为重要的就是我们在第三章中重点学习的控制图法,这里我们不再赘述,而将注意力放在这样一个问题:统计过程控制怎样才能在一个企业或公司中成功的实施并加以应用,取得良好的效果。

一、共同原因与特殊原因

世界上没有人能制造出两件完全相同的东西,因为制造过程中存有许多影响变异的原因。有些变异很明显,容易看出,但有些很难察觉,例如一个加工轴,其外径尺寸可能受许多因素影响,经由相同制造过程重复加工,将其中一批产品外径加以量测取得几十到几百个量测数值,再经整理制作出各种管制图或状态后,才能分析和判断出来。通常一个产品的生产会有以下图形的形式,如图4-1所示。

在制造过程管制中,通常可以将品质问题分为两种,一种是局部问题(也称特殊问题),另一种是系统问题(也称共同问题)。局部问题是指由于制造过程中某一个小部位的突发变异产生的问题,难以预测,只有一经发现,由现场人员立即判断并处理。系统问题是指由整体因素变异产生的问题,可以预测,问题需要各相关部门协力共同解决。

品质管理部门主要的工作之一就是要找到问题的原因,可能影响品质变异的原因要确定和分析清楚,并寻求解决方案。针对品质问题的分法,问题的原因也分两种:共同原因(又称非机遇性原因)和特殊原因(又称机遇性原因)。

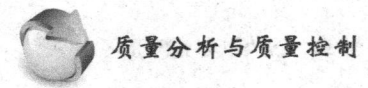

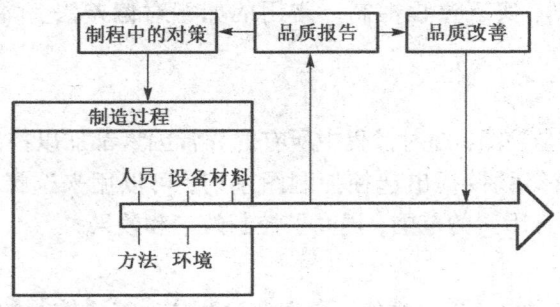

图 4-1　产品生产流程图

1. 共同原因

制造过程中变异因素是在统计的管制状态下，其产品特性有固定的分布。通俗地说，就是目前制造过程的各个因素环境下，品质变异是必然，并不是单个品管部门或制造部门单独加以解决的，需要品管、生产、工程部门，甚至采购、业务、行政部门等共同参与来解决。对于管理与品质系统非常严谨的企业，这类因素会占整个问题的85%，但若占到60%以下时，则说明企业的整个管理体系出现了严重的问题，或者制造过程已达到同行业中最好的制造过程能力。

2. 特殊原因

制造过程中变异因素不在统计的管制状态下，其产品的特性没有固定的分配。通俗地说，就是谁也不知道会发生的、由偶然因素造成的，如生产机台设备中某个电子元件突然被烧毁而导致机台工作混乱，生产出不合格产品。只要对制造过程及时监控，此种原因很容易发现，但后果也非常严重，如若不能及时排除，其损失是非常大的。在一个管理严谨的企业，这类因素只能占到15%以下，如若占到40%以上时，这家企业管理体系不是出现了严重问题，就是在做产品试验，同时也说明该企业未做失效模式分析，建议先做失效模式分析。特殊原因的变异可由简单的统计分析发现，这些变异的原因本来就须由直接负责制程的人员去改善，这一般称为局部问题对策。

二、SPC 的推行步骤及注意事项

（一）推行步骤

步骤1：培训 SPC。培训内容主要有下列各项：SPC 的重要性，正态分布等统计基本知识，质量管理工具，其中特别是要对控制图进行深入学习，两种质量诊断理论，如何制订过程控制网图，如何制订过程控制标准，等等。

理论培训在 SPC 的整个推行中也是非常重要的，其原则是让品质管理工程师能够通过各种图形分析出：现阶段品质状况如何、有无问题、原因是什么、下一步品质将会怎么样、怎样预防问题发生、是否有假数据等；让一线制造部门主管能看出现阶段品质状况如何，简单一点的问题与原因；让高层非品管专业的人员能看得懂品质现状是好是坏，或是否达到预期目标；数据输入人员能了解是否输错数据；让工程部的工程师能看出问题可能的原因。

这里有一份 SPC 理论培训计划供读者参考，如表 4-3 所示。

表 4-3 SPC 理论培训计划

项　　目		主要内容	时　　程	对应人员
第一部分	软件操作教育训练	1. 基本资料建立 2. 工作站的建立 3. 层别的设定 4. 数据的输入 5. 图表输出 6. SPC 在品管上运用的方法和好处	2 小时	软件操作人员 数据输入人员
第二部分	理论教育训练（一）观念说明	1. 品质观念历程 2. 简述品管和各人员之间关系 3. SPC 历程及概述	2 小时	品管工程师 制造品一线主管 工程部工程师
	理论教育训练（二）品管手法说明	1. 管制图原理、作法、应用 2. 柏拉图原理、作法、应用 3. 直方图原理、作法、应用	6 小时	品质工程师 品质部主管 工程部工程师
	理论教育训练（三）SPC 应用	1. SPC 的主要内容 2. 计数值实际应用分析 3. 计量值实际应用分析	2 小时	品质工程师
	理论教育训练（四）	针对软件所能输出的报表进行有针对性的讲解，包括各项报表的作用、管制图的判图、图形分析	2 小时	同上
第三部分	问题解答	操作问题解答 理论问题解答	不定	所有相关人员
第四部分	长期咨询	在以后的时间内，长期提供电话、传真、E-mail 的远程问题解答和指导	1 年	所有相关人员

步骤 2：确定关键变量（即关键质量因素）。具体又分为以下两点：

（1）对全厂每道工序都要进行分析（可用因果图），找出对最终产品影响最大的变量，即关键变量（可用排列图）。如美国 LTV 钢铁公司共确定了大约 20 000 个关键变量；

（2）找出关键变量后，列出过程控制网图。所谓过程控制网图即在图中按工艺流程顺序将每道工序的关键变量列出。

步骤 3：提出或改进规格标准。具体又分为以下两点：

（1）对步骤 2 得到的每一个关键变量进行具体分析；

（2）对每个关键变量建立过程控制标准，并填写过程控制标准表。

（二）注意事项

1. 面临问题

企业刚开始推行 SPC，通常面临以下几个问题：

（1）相关人员对 SPC 了解不全面，尤其是非品质管理人员；

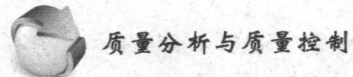

(2) 繁杂的计算过程，而计量值部分更为突出；
(3) 图形分析不全面，心中无底，也不知 SPC 功能能否完全发挥；
(4) 对各方相关联的资料不知如何去建立和完善；
(5) 相关人员不支持。

2. 需做到的事项

为了使 SPC 能推行成功，必须做到以下几点：

(1) 必须有一套功能健全的 SPC 软件；

(2) 争取高层管理者的支持，推行前请高层组织一个动员会，并告诉相关人员 SPC 对他的工作是利多弊小；针对不同人员做相应完整的培训，包括软件操作培训和理论培训，增强相关人员的图形分析能力；应用 SPC 定期检讨品质问题；客人来参观或考察，要尽量让 SPC 展现品质，这样会使高层更支持 SPC，能更好地保持正常运作；在运行过程中，一定要叮嘱品管工程师认真定时分析各种图形，使 SPC 功能发挥出来；如果条件允许，将电脑放入离收集数据最近的位置；所有收集的数据是真实的，否则相关部门与人员就不会再重视，实现不了 SPC 的真正功能，且导致错误的分析。

三、SPC 的成功条件

我们都知道，一件事情的成功，通常是一个点，这个点由众多有利因素点组合而成。SPC 在企业运作成功，同样需要由多种因素良好的组合，由于在企业管理中因素太多，这里就列出以下 5 个关键的因素加以说明。

(一) 高层管理者的大力支持

(1) 在 SPC 推行时期，需建立一个 SPC 推行委员会（正常运作后就不可能不需要），这就需要高层主管来全力支持；

(2) 在 SPC 运行过程中，需要生产、工程，甚至是采购等相关部门的配合，并最好是建立一个奖罚机制（建议奖大于罚），这就需要高层管理者协调与核准；

(3) 推行 SPC 需要专业的软件，通常依靠自身公司内部计算机工程师来开发是不可取的，这样就需要从外界购买 SPC 软件，而这方面软件也不便宜，所以需要高层管理人员的大力支持和核准；

(4) SPC 正常运行后，通常客户会参观，这就是需要高层管理者了解 SPC 的一部分的内容，且能带客户参观（这是一个很好展示 SPC 品质的机会）。

(二) 中层干部有能力分析各种 SPC 图形，在有良好品质观念的基础上及时分析图形

发挥 SPC 功能最主要的部分就是，SPC 所产生的图形必须有专业人员分析，否则 SPC 只能用来做做表面工作，不能真正预防品质问题和降低成本。

根据目前大多数企业的人力资源分析，有能力或有潜能分析 SPC 图形的人员，通常都为中层干部（一线主管人员、各部门工程师）以上人员，而根据人员分工的实际状况，做图形分析的大多是中层干部。

SPC 图形分析是否及时，直接关系是否能预测品质。如果今天的数据到明天分析，可能问题都已经发生,即使到第二天预测到问题也已经晚了,因为已经发生了。所以当数据一进入电脑,就必须立即分析。

(三)做一份详尽、全面、系统的 SPC 系统规划

我们在做任何一件事情时,通常有意识或无意识地都会事先计划或规划,否则做事就产生无重点、无顺序等一系列的问题。企业在推行 SPC 系统开始时,也需要做一个规划,并且这不像是日常生活中做简单的事情一样有重点有顺序就行,它需要对可能的状况做一个全面而严谨的规划。如若不这样,到后面运作起来,就会发现一些想要的资讯不能获取,或 SPC 的作用发挥不了,或图形无人看,根本就是在做形式,甚至一直就是在浪费资源,这样就得不偿失了。

SPC 系统规划通常要由一个既对本公司产品熟悉,又对所用软件有一定熟悉的人员来做指导或主导,其内容包括人员权责、各项基本资料的界定与建立、SPC 运作流程、数据收集、问题处置等。

(四)必须用专业软件来做

SPC 最主要的内容之一就是制出各种条件下的各种图形,并计算出各种品质指标,这中间就有大量的计算和复杂的数据分类整理,这就需要用数据库来统筹管理全部制造过程的数据,用手工做是不可能的,因为计算太多了,而用非专业的 Excel 或其他电子表格软件来做,则所得数据不能很好地被企业统筹调用,也不能多层次的分类整理;或者就是做出图形时需要大量人力和时间,这样就失去适时的概念。所以用专业的 SPC 软件来做是必需的,哪怕是公司不大而为降成本采用单机运行也是必需的。

(五)数据收集要真实、适时

前面第二点提到,图形分析要及时,而图形的产生就必须要有数据,如若数据不进电脑,又何来的图形分析,所以数据收集一定要及时。

前面也提到,SPC 可以分析出数据的真实性,但假数据有时候可能被蒙蔽过关(尤其是对图形分析经验还不够丰富的人员),这样就容易产生错误的分析,从而做出错误的判断,导致很多可能预想不到的浪费和损失。

第四节 统计过程控制与诊断

SPCD 是英文 Statistical Process Control and Diagnosis(统计过程控制与诊断)的字首简称。SPCD 是 SPC 的进一步发展,是 SPC 的第二个发展阶段。SPC 虽然能对过程的异常进行告警,但是它并不能告知是什么异常,发生于何处,也即不能进行诊断。1980 年张公绪教授提出选控图系列,1982 年首创两种质量诊断理论,突破了传统的美国休哈特统计质量控制理论,开辟了统计质量诊断的新方向。从此 SPC 上升为 SPCD,1996 年张公绪教授提出了两种质量多元逐步诊断理论,集中了多元 T^2 控制图、两种质量诊断理论和多元逐步诊

断理论三者的优点,同时又避开了它们的缺点,居世界领先水平。由于在工业中普遍存在多工序、多指标的生产线,多工序就要考虑上工序对下工序的影响,这是纵的联系;多指标就要考虑指标间的相关性,这是横的联系。在纵横交错的联系同时存在的条件下,要对多工序、多指标的生产线进行质量控制与诊断是十分复杂的,两种质量多元逐步诊断理论就是至今解决此问题的有效方法。1998年5月张公绪教授又将上述理论加以改进,这是多元诊断理论的一个突破,使得多元诊断理论大为简化,许多多元诊断问题由此得以解决。

一、两种质量诊断理论

(一)生产线的分析方法

通常,一个产品在生产过程中要经过若干道工序加工才能完成。因此,每道工序都对产品的最终质量起作用。对于由若干道工序组成的一条生产线应如何分析和评价呢?

传统的休哈特分析方法是道道工序把关,即上道工序只允许把合格品送往下道工序加工,这样就可以保证产品的最终质量。这种场合的分析方法是假定上道工序的产品总是合格品,从而无须考虑上道工序对下道工序的影响。因此,在分析生产线时,每道工序都看成是独立的,参见图4-2的模型 I。换言之,在传统分析方法中各工序都假定与其余工序是统计独立的。这时若分析某道工序的质量问题,只需考虑该工序本身的质量因素就可以,所以这种模型的优点是分析简单。

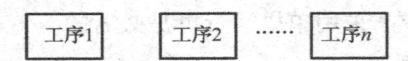

工序1   工序2   ……   工序n

图4-2 传统生产线分析模型 I

在现实生活中,对于上下无联系的工序,如机械加工中的镗内圆与钻孔,这种传统方法是有效的。但在许多场合,上下工序是相关的,如石油、化工等流程型生产或制药、食品加工等有严格时限要求的场合,传统的道道把关实际上做不到。因此,传统分析方法有局限性,需要采用新的选控分析方法。

在选控分析方法中,如图4-3所示,认为上道工序对下道工序的影响或多或少,始终存在,即上下工序间都是相关的。上下工序不相关(上工序影响为零)仅仅是本情况的特例。换言之,图4-3的模型 II 更一般、更符合实际,图4-2的模型 I 只是其特例。

工序1 —— 工序2 …… 工序n

图4-3 选控生产线分析模型 II

在模型 I 中,各工序间是统计独立的,故分析工序时只需要考虑本工序的质量因素;而在模型 II 中,各工序是相关的,故分析工序时除要考虑本工序的质量因素以外,还需考虑上道工序的影响。为了简化模型 II 的分析,需要提出两种质量的概念。

(二)两种质量

为了简化分析图 4-3 中的模型Ⅱ,需要提出两种质量的概念。例如,在第 n 道工序(这里可以是生产线的任一道工序),根据质量含义所涉及的范围大小,存在以下两种质量概念。

1. 工序综合质量

工序综合质量简称总质量(Total Quality)。总质量不但包括第 n 道工序的加工质量,而且综合了所有上道工序的加工质量在内。总质量就是通常意义下的产品质量,不过强调一个"总"字而已。总质量的特点是:它由用户直接感受到。

对于负责整个生产线的主管人员来说,当然要关心总质量,因为总质量直接为用户感受到。但是,只关心总质量是不够的,当总质量发生问题时,往往不能立刻判定究竟是哪道工序造成的。因此,还要关心第二种质量,即工序固有质量。

2. 工序固有质量

工序固有质量简称分质量(Partial Quality)。分质量是指该工序本身的加工质量,不包括上道工序的影响。分质量是一种新的质量概念,但它是客观存在的。分质量的特点是:它反映了该工序的工作质量。事实上,影响一道工序的因素按照来源的不同可分为人、机、料、法、环五大类因素(即 4M1E)。其中,料即原材料,半成品来自上道工序,与本工序无关;环即环境,由于整条生产线大多处于相同的环境下,故可将环境看成一个共同的因素而不必给予特殊的考虑。而其余的人(操作人员)、机(设备,其可用性与人的维护好坏有关)和法(操作法)都与人的因素有关。所以说,分质量反映了该工序的工作质量。

总质量是在上道工序提供的半成品(它的质量特征值反映了上道工序的影响水平)的基础上,经过本工序的加工综合而成的产品质量。总质量和分质量两者的关系可概括表示如图 4-4 所示。

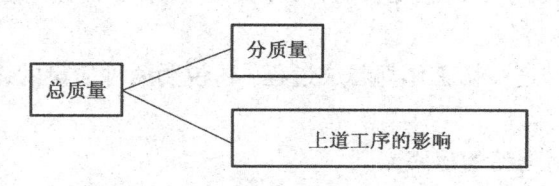

图 4-4 总质量和分质量的关系

由此可见,分质量只是形成总质量的一部分。

分质量与上道工序无关,如果能够针对每道工序的分质量进行控制,那么就在分析方面切断了下道工序与上道工序的联系,从而达到简化分析的目的。而模型Ⅰ之所以能够做到分析简单就是由于上下道工序无联系的缘故。因此,在用两种质量的观点分析问题时,抓住分质量去分析是关键。

对于一条生产线而言,上道工序的半成品反映了上道工序的影响(简称上影),下道工序在此半成品上加工即实现分质量,分质量加工完毕,就形成总质量。所以说,每道工序都存在两种质量。只不过,在技术上与上道工序无关的工序或在不需要考虑原材料、零部件输入影响的第一道工序,两种质量相等。

两种质量的概念在服务过程也是存在的。现在举一个医院管理的例子来加以说明。大型综合医院一般设有各个医疗科室，如内科、外科、五官科、产科、儿科、肿瘤科等。医院经常用治愈率这个指标对各个医疗科室进行统一的评价。结果，儿科的治愈率可高达97%以上，独占鳌头，而相反，肿瘤科则治愈率很低。显然，以治愈率来评价各个医疗科室的工作是不合理的，因为不同的病种对治愈率有显著的影响，从而使得治愈率无可比性。

为了更深入分析这个问题，现在将影响治愈率这个服务质量指标的所有服务质量因素分为以下两大类。

(1) 共有因素：指各医疗科室共同具有的质量因素，如医疗人员的医疗水准、对病人的责任心、医疗组织机构是否有利于病人的治疗等。总之，这些因素都与人的因素、人的主观努力有关。

(2) 特殊因素：指病种不同、医疗设备的先进程度不同等属于各医疗科室所独有的特殊因素。这些因素都与客观条件有关。

由于疾病病种对治愈率有显著影响，所以利用治愈率来评价各个医疗科室并不合理。最好能设计一种新的选控治愈率，使它只受共有因素的影响，而与特殊因素无关，这样用选控治愈率来评价各个医疗科室就合理了。

现在将服务质量指标治愈率和选控治愈率与两种产品质量即总产品质量和分产品质量进行一些比较。治愈率受到所有服务质量因素的影响，而且它是病人能感受到的，所以与总产品质量相当，与此相对应，应更确切地称之为总治愈率。选控治愈率只与共有因素即人的因素有关，所以它反映了工作质量，与分产品质量相当，亦可称之为分治愈率，故应用选控治愈率来评价各个医疗科室是合乎逻辑的。应用上述选控治愈率对各个医疗科室进行了重新的统一评价，结果都很成功，产科不再是冠军，肿瘤科也不再是垫后。根据选控治愈率将各个医疗科室依序排列，所得名次与医院管理部门的印象十分吻合。

由上述，可见两种质量的概念是普遍存在的，不仅存在于生产过程、服务过程，而且也存在于管理过程和其他过程。

新版 ISO 9000 标准把一切工作都看成过程，这说明两种质量的诊断理论有着广阔的应用前景。

（三）两种质量诊断理论的思路

先看医生诊病的简单例子以便由此得到启发。病人发烧去医院看病，医生用体温表测量病人的体温。若病人的体温为39 ℃，高于37 ℃，医生凭此诊断此病人发烧。因此，诊断总是根据某个实测指标值（如病人体温）与标准值（如人的正常体温为37 ℃）进行比较而得出的。二者差值越大说明病情越严重，二者差值越小说明病情越轻微，若二者差值等于零，即二者相等，则说明正常无病。

与此类似，若对生产线的某个过程进行诊断，需要确定：

(1) 取产品质量的某个主要指标值作为诊断依据；

(2) 找出该指标值的比较标准；

(3) 将该指标的实际值与标准值进行比较，做出诊断。

例如，为了分清上下道工序在产品质量方面的责任，需要对上道工序影响进行诊断。

在生产线的每道工序都存在两种质量，即总质量与分质量，那么，谁反映了标准值？谁反映了测量值？由于分质量与上道工序无关，它只决定于该工序的人、机、法、环（"料"属于上道上序）各个条件，是固有质量，所以分质量反映了标准值。而总质量是包含了上道工序影响与分质量在内的综合质量，故它反映了测量值。将此几者进行比较即可对上道工序影响进行诊断，故称之为两种质量诊断理论。当然，把上道工序影响看作其他质量故障也一样可以诊断。

这里，有一个重要的问题，即对这两种质量如何进行度量。张公绪提出两种方法。一种是应用控制图，总质量用休哈特图（以下简称休图，或更一般地称之为全控图）进行度量，分质量用选控图进行度量，这就是两种控制图的诊断。由于在控制图上任一瞬时均可描点，故这种诊断也是实时诊断。另一种方法是用工序能力指数，总质量用总工序能力指数 $Cp_{总}$ 度量，分质量用分工序能力指数 $Cp_{分}$ 度量，这就是两种工序能力指数的诊断。工序能力指数对瞬时的质量变化是不灵敏的，一个阶段度量一次才有意义，故这种诊断也是阶段诊断。无论控制图还是工序能力指数都是统计工具，所以上述两种质量的诊断都是统计诊断。统计诊断只能用于大量数据的场合，若数据过少，应用这种统计诊断有困难。

与此相对应的，在现场还有技术诊断。技术诊断是最根本的，现场发生了质量问题，最终要通过技术诊断加以确认，但它耗资费时，而统计诊断则快速节约。因此，技术诊断与统计诊断各有优缺点，应相辅相成，发挥各自的优势。

（四）两种控制图的诊断

1. 总质量由休图度量

工序总质量要受到本工序的异常因素和上道工序的异常因素两方面的影响，即该工序全部可能的异常因素的影响。而休哈特控制图的实质是区分由偶然因素引起的偶然波动和由异常因素引起的异常波动，即区分偶然因素和异常因素这两类因素。这里异常因素包括全部可能发生的异因，从这个意义上讲，休图也可称为全控图，故总质量可以用全控图来进行度量。休图、累积和控制图、验收控制图，乃至多元 T^2 控制图等都是全控图。

2. 分质量由选控图度量

工序分质量只是工序总质量的一部分，它与上道工序的影响无关，所以分质量只受到一部分异常因素的影响，我们称这部分异常因素为欲控异因，其余的为非控异因。因此，度量分质量需要一种能够选择部分异因加以控制的新型控制图，称之为选控控制图（Cause-Selecting Control Chart，简称选控图或选图）。全控图的实质是区分偶然因素和异常因素两类因素，而选图的实质是区分三类因素，即偶然因素、欲控异因和非控异因。与全控图相对应，选图可以有选控休图、选控累积和控制图、选控验收控制图，乃至选控多元 T^2 控制图等。

3. 选控图的任务

选控图需要完成的任务如下。

（1）只选择欲控异因加以控制（选控），而对于非控异因，则即使它实际上发生了，也不加以反映。例如，在工序控制方面，对于分质量而言，本工序发生的种种质量问题均属于欲控异因，而上道工序的影响则属于非控异因。若用选控图度量分质量，就首先有一个如何从总质量中选出分质量加以控制的问题。我们并不是直接从总质量中去选出分质量，这样做很困难，而是走另一条迂回道路，即从总质量中排除非控异因，这里非控异因为"上影"的影响，这样剩下来的就是分质量。因此，选控图的第一个任务是从总质量中排除非控异因的影响。

(2) 区分偶因与欲控异因。在完成上述选控图的任务(1)后，剩下的只有分质量，影响它的只有偶因与欲控异因。故选控图的第二个任务即区分偶因与欲控异因。

4. 选控图是如何完成任务的

选控图是如何完成其第一项任务(即选控)的呢？

在正态分布情况下，设本工序质量指标为 y，$y \sim N(\mu, \sigma^2)$，上道工序影响用上道工序质量指标 x 描述，则一般地有

$$\mu = F(x)$$
$$\sigma = G(x) \tag{4.1}$$

式中：函数 $F(x)$ 和 $G(x)$ 可由回归、技术分析或经验公式求得。若上下道工序联系密切，则由于非控异因即上道工序影响 x 的变化，本工序质量指标 y 的分布为正态分布，一般的控制图不适用。为了达到选控，使选图对非控异因 x 不加反映，对 y 应用标准变换，并记变换后的 y 为 y_{cs}，则

$$y_{cs} = \frac{y_i - \mu_i}{\sigma_i} \approx \frac{y_i - \hat{\mu}_i}{\hat{\sigma}_i} \tag{4.2}$$

式中：符号 y_{cs} 称为选控值，下标"cs"表示选控(cause-selecting)，符号"^"表示估计值。当样本充分大时，近似地有 $y_{cs} \sim N(0, 1)$，于是 $\mu_1 = 0$，$\sigma_1 = 1$，故 y_{cs} 与非控异因 x 无关，从而达到选控。

由于标准变换式(4.2)对于 y 的分布性质不加限制，故式(4.2)也可用于二项分布与泊松分布，达到选控。应该强调指出，选控的实现方法并不是唯一的。例如，在二项分布情况下还可用反正弦变换实现选控，在泊松分布情况下还可用平方根变现实现选控等。

在下列特殊条件下：① y 服从正态分布；② $\sigma = G(x) = \sigma_0$ 为一常数；③ $\mu = F(x)$ 由回归方法求得，则式(4.2)可简化为

$$y_{csi} = \frac{y_i - \mu_i}{\sigma_i} = \frac{y_i - F(x_i)}{\sigma_0} \approx \frac{y_i - \hat{\mu}_i}{\sigma_0} = \frac{y_i - \hat{y}_i}{\sigma_0}$$

或

$$y'_{csi} = \sigma_0 y_{csi} = y_i - \mu_i \approx y_i - \hat{\mu}_i = y_i - \hat{y}_i \tag{4.3}$$

当样本充分大时，近似地有 $y'_{cs} \sim N(0, \sigma_0^2)$。

现在讨论如何完成选控图的两项任务，即区分偶因与欲控异因。这与一般控制图的原理相同。

在正态分布大样本情况下，若 σ 不为常数，$y_{cs} \sim N(0, 1)$；若 $\sigma = \sigma_0$ 为一常数，则 $y'_{cs} \sim N(0, \sigma_0^2)$。因此可应用正态分布的各种控制图对选控值 y_{cs} 进行控制，从而得出相应的选控图。例如，对于 $(x_{cs} - R_{scs})$（选控单值-选控移动极差）控制图，利用 3σ 界限公式，x_{cs} 控制图的控制界限为

$$UCL_{x_{cs}} = \mu_{y_{cs}} + 3\sigma_{y_{cs}} \approx \hat{\mu}_{y_{cs}} + 3\hat{\sigma}_{y_{cs}} = \bar{y}_{cs} + 2.66\bar{R}_{scs}$$
$$CL_{x_{cs}} = \mu_{y_{cs}} \approx \hat{\mu}_{y_{cs}} = \bar{y}_{cs} \tag{4.4}$$
$$LCL_{x_{cs}} = \mu_{y_{cs}} - 3\sigma_{y_{cs}} \approx \hat{\mu}_{y_{cs}} - 3\hat{\sigma}_{y_{cs}} = \bar{y}_{cs} - 2.66\bar{R}_{scs}$$

式中：$\mu_{y_{cs}}$ 为选控值 y_{cs} 的总体均值，$\sigma_{y_{cs}}$ 为 y_{cs} 的总体标准差，$\bar{y}_{cs}$ 为 y_{cs} 的样本均值，R_{scs} 为 y_{cs} 的样本移动极差，$\bar{R}_{scs}$ 为其样本均值。而 R_{scs} 控制图的控制界限为

$$UCL_{R_{scs}} = \mu_{R_{scs}} + 3\sigma_{R_{scs}} \approx \hat{\mu}_{R_{scs}} + 3\hat{\sigma}_{R_{scs}} = 3.27\bar{R}_{scs}$$
$$CL_{R_{scs}} = \mu_{R_{scs}} \approx \hat{\mu}_{R_{scs}} = \bar{R}_{scs} \tag{4.5}$$
$$LCL_{R_{scs}} = \mu_{R_{scs}} - 3\sigma_{R_{scs}} \approx \hat{\mu}_{R_{scs}} - 3\hat{\sigma}_{R_{scs}} = -3.27\bar{R}_{scs}$$

再如，对于 $(\bar{x}_{cs} - R_{cs})$（选控均值 – 选控极差）控制图，有 x_{cs} 控制图的控制界限为

$$UCL_{\bar{x}_{cs}} = \mu_{\bar{y}_{cs}} + 3\sigma_{\bar{y}_{cs}} \approx \hat{\mu}_{\bar{y}_{cs}} + 3\hat{\sigma}_{y_{scs}} = \bar{y}_{cs} + A_2\bar{R}_{cs}$$
$$CL_{\bar{x}_{cs}} = \mu_{\bar{y}_{cs}} \approx \hat{\mu}_{\bar{y}_{cs}} = \bar{y}_{cs} \tag{4.6}$$
$$LCL_{\bar{x}_{cs}} = \mu_{\bar{y}_{cs}} - 3\sigma_{\bar{y}_{cs}} \approx \hat{\mu}_{\bar{y}_{cs}} - 3\hat{\sigma}_{\bar{y}_{cs}} = \bar{y}_{cs} - A_2\bar{R}_{cs}$$

式中：$\mu_{\bar{y}_{cs}}$ 为 $\bar{y}_{cs}$ 的总体均值，$\sigma_{\bar{y}_{cs}}$ 为 $\bar{y}_{cs}$ 的总体标准差，$\bar{y}_{cs}$ 为 $\bar{y}_{cs}$ 的样本均值，即 y_{csi} 的样本总均值，R_{cs} 为 y_{cs} 的样本极差，$\bar{R}_{cs}$ 为其均值。而 $\bar{R}_{cs}$ 控制图的控制界限为

$$UCL_{R_{cs}} = \mu_{R_{cs}} + 3\sigma_{R_{cs}} \approx \hat{\mu}_{R_{cs}} + 3\hat{\sigma}_{R_{cs}} = D_4\bar{R}_{cs}$$
$$CL_{R_{cs}} = \mu_{R_{cs}} \approx \hat{\mu}_{R_{cs}} = \bar{R}_{cs} \tag{4.7}$$
$$LCL_{R_{cs}} = \mu_{R_{cs}} - 3\sigma_{R_{cs}} \approx \hat{\mu}_{R_{cs}} - 3\hat{\sigma}_{R_{cs}} = D_3\bar{R}_{cs}$$

式中：$\mu_{R_{cs}}$ 为选控值 R_{cs} 的总体均值，$\sigma_{R_{cs}}$ 为 R_{cs} 的总体标准差。

【例 4-1】某制药厂抗生素车间为了分清过滤工序与脱色工序的质量责任，决定在脱色工序建立选控图，预备数据如表 4-4 所示。表中 x 表示过滤液透光度，Y 表示脱色液透光度。

表 4-4 遥控图数据

批号 (1)	x (2)	y (3)	$\hat{y}$ (4)	y_{cs} (5)	R_{scs} (6)
1	76.8	92.3	92.847	−0.747	−
2	72.3	92.9	92.206	0.694	1.441
3	76.9	92.4	92.861	−0.461	1.155
4	78.8	93.4	93.131	0.269	0.730
5	77.2	93.0	92.904	0.096	0.173
6	81.1	93.4	93.459	−0.059	0.155
7	76.2	92.3	92.761	−0.461	0.402
8	80.3	94.0	93.345	0.655	1.116

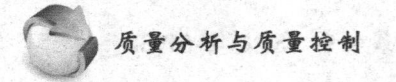

续表

批号 (1)	x (2)	y (3)	$\hat{y}$ (4)	y_{cs} (5)	R_{scs} (6)
9	79.0	92.3	93.160	−0.860	1.515
10	74.8	92.7	92.562	0.138	0.998
11	78.3	93.6	93.060	0.540	0.402
12	79.5	91.9	93.231	−1.331	1.871
13	80.3	92.8	93.345	−0.545	0.786
14	80.0	93.2	93.302	−0.102	0.443
15	76.0	93.3	92.733	0.567	0.669
16	78.6	95.6	93.103	2.497	1.930
17	79.8	94.0	93.244	9.726	1.771
18	77.7	92.4	92.975	−0.575	1.301
19	76.6	93.8	92.818	0.982	1.557
20	75.8	92.8	92.704	0.096	0.886
21	78.7	92.4	93.117	−0.717	0.813
22	76.9	93.2	92.861	0.339	1.056
23	77.5	92.8	92.946	−0.146	0.485
24	80.3	93.6	93.345	0.255	0.401
25	75.3	92.0	92.633	−0.633	0.888
26	77.5	90.9	92.946	−2.046	1.413
27	81.5	93.6	93.516	0.084	2.130
28	78.3	93.7	93.060	0.640	0.556
29	81.9	93.4	93.573	−0.173	0.813
30	76.0	92.7	92.733	−0.033	0.140
31	84.8	95.1	94.986	1.114	1.147
32	78.0	95.3	92.018	2.282	1.168
33	82.8	93.5	93.701	−0.201	2.483
34	80.5	92.6	93.374	−0.774	0.573
35	80.0	93.4	93.302	0.098	0.872
36	77.5	93.5	92.926	0.554	0.456
37	84.0	95.2	93.872	1.328	0.774
38	85.0	93.8	94.014	−0.274	1.542
39	76.9	92.4	92.861	−0.461	0.247
40	76.3	92.9	92.776	0.124	0.585
41	74.0	92.9	92.448	0.452	0.328
42	78.6	92.4	93.103	0.703	1.155
43	78.7	91.5	93.117	−1.617	0.914
44	79.3	93.0	93.203	−0.203	1.414
45	77.0	94.5	92.875	1.725	1.928
46	81.0	91.9	93.445	−1.545	3.270
47	77.5	91.3	92.946	−1.646	0.101
小计				0.002	49.953

解 由于透光度为计量值,应采用正态分布选控图。为便于说明问题,采用最简单的 $x_{cs}-R_{scs}$ 图,建立控制图步骤如下。

步骤1:对于正态分布情况,需要检验质量指标值 y 的标准差 $\sigma = G(x)$ 是否为常数。若 σ 不为常数,应用式(4-2);若 σ 为常数,则应用式(4-4)求出选控值 y_{cs}。该厂根据以往经验知本例脱色液透光度 y 的 σ 为常数。而二项分布与泊松分布则不需要此步骤,因为此二分布的 σ 参数不为常数。

步骤2:求出函数 $\mu = F(x)$。此函数可根据回归方法、技术分析或经验公式得出。本例应用回归方法求出此函数。根据表4-4中数据作出的散点图如图4-5所示,选择回归模型

$$\hat{y} = b_0 + b_1 x \tag{4.8}$$

再用电子计算器算得回归系数为

$$b_1 = 0.142\ 237$$
$$b_0 = 81.912\ 44$$

相关系数 $r = 0.374$,查相关系数检验表(见表4-5),当 $n = 47$,$n - 2 = 45$,取 $a = 1\%$,得检验数 $r_{0.01}(45) = 0.372 < 0.374$,故式(4.8)是有意义的。

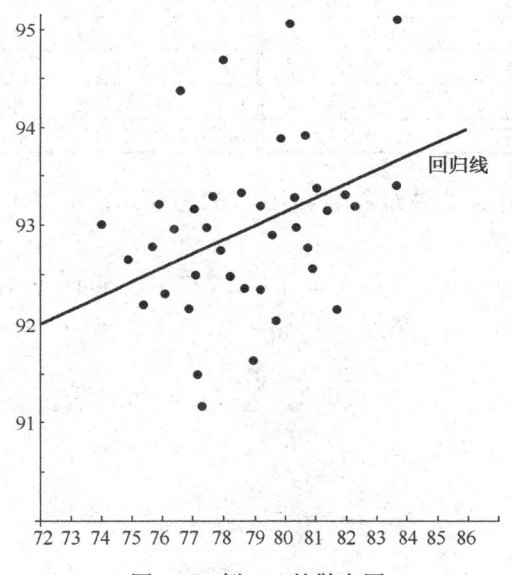

图4-5 例4-1的散点图

步骤3:计算回归值 $\hat{y}$。根据式(4.8),计算结果如表4-3中第(4)栏所示。例如,对于批号1,$x_1 = 76.8$,于是

$$\hat{y} = b_0 + b_1 x_1 = 81.912\ 44 + 0.142\ 237 \times 76.8 = 92.847$$

步骤4:计算选控值 y_{cs}。根据式(4.3)进行计算,计算结果如表4-4中第(5)栏所示。例如,对于批号1,有

$$y_{cs1} = y_1 - \hat{y}_1 = 92.1 - 92.847 = -0.747$$

表 4-5 相关系数检验表

$N-2$	α 0.05	0.01	$N-2$	α 0.05	0.01
1	0.997	1.000	21	0.413	0.526
2	0.950	0.990	22	0.404	0.515
3	0.878	0.959	23	0.396	0.505
4	0.811	0.917	24	0.388	0.496
5	0.754	0.874	25	0.381	0.487
6	0.707	0.834	26	0.374	0.478
7	0.656	0.798	27	0.367	0.470
8	0.632	0.765	28	0.361	0.463
9	0.602	0.735	29	0.355	0.456
10	0.576	0.708	30	0.349	0.449
11	0.553	0.684	35	0.325	0.418
12	0.532	0.661	40	0.304	0.391
13	0.514	0.641	45	0.288	0.372
14	0.497	0.623	50	0.273	0.354
15	0.482	0.606	60	0.250	0.325
16	0.468	0.590	70	0.232	0.302
17	0.456	0.575	80	0.217	0.283
18	0.444	0.561	90	0.205	0.267
19	0.433	0.549	100	0.195	0.254
20	0.423	0.537	200	0.138	0.181

步骤 5：计算 R_{scs}。计算结果如表 4-4 中第(6)栏所示。

例如，对于批号 2，有

$$R_{scs1} = |y_{cs1} - y_{cs2}| = |-0.747 - 0.694| = 1.441$$

步骤 6：计算 $\bar{y}_{cs}$ 与 $\bar{R}_{cs}$。从表 4-4 末行知

$$\sum_{i=1}^{47} y_{csi} = 0.002, \quad \sum_{i=1}^{46} R_{csi} = 46.953 y_{csi}$$

则

$$\bar{y}_{cs} = \frac{1}{47}\sum_{i=1}^{47} y_{csi} = \frac{0.002}{47} = 0.00004$$

$$\bar{R}_{scs} = \frac{1}{47-1}\sum_{i=1}^{46} R_{scs} = \frac{46.953}{46} = 1.0207 y_{csi}$$

这里，y_{cs} 是 x_{cs} 图的中心线。

步骤 7：作 $(x_{cs} - R_{scs})$ 图。先作 R_{scs} 图。根据式(4.5)，R_{scs} 图的控制线为

$$UCL = 3.27 \bar{R}_{scs} = 3.27 \times 1.0207 = 3.3377 \approx 3.34$$

$$CL = \bar{R}_{scs} = 1.0207 \approx 1.02$$

$$LCL = -3.34$$

如图 4-6 所示，为了判断脱色工序分质量的变异度是否处于稳定状态，将表 4-4 中

第(6)栏的 R_{scs} 数据描点在 R_{scs} 图中。于是根据判稳准则知脱色工序分质量的变异度处于稳定状态。现在将 $\bar{y}_{cs} = 0.00004$ 与 $\bar{R}_{cs} = 1.0207$ 代入式(4.4)，得 x_{cs} 的控制线为

$$UCL = \bar{y}_{cs} + 2.66 \bar{R}_{cs} = 0.00004 + 2.66 \times 1.0207$$
$$= 2.7151 \approx 2.72$$
$$CL = \bar{y}_{cs} \approx 0$$
$$LCL \approx -2.72$$

如图 4-6 所示，为了判断脱色工序分质量的均值是否处于稳定状态，将表 4-4 中第(5)栏的 y_{cs} 数据描点在 y_{cs} 图中。根据判稳准则知脱色工序分质量的均值也处于稳定状态。因此，脱色工序的分质量处于稳定状态。可以延长 x_{cs}-R_{scs} 图的控制线作为控制用控制图。

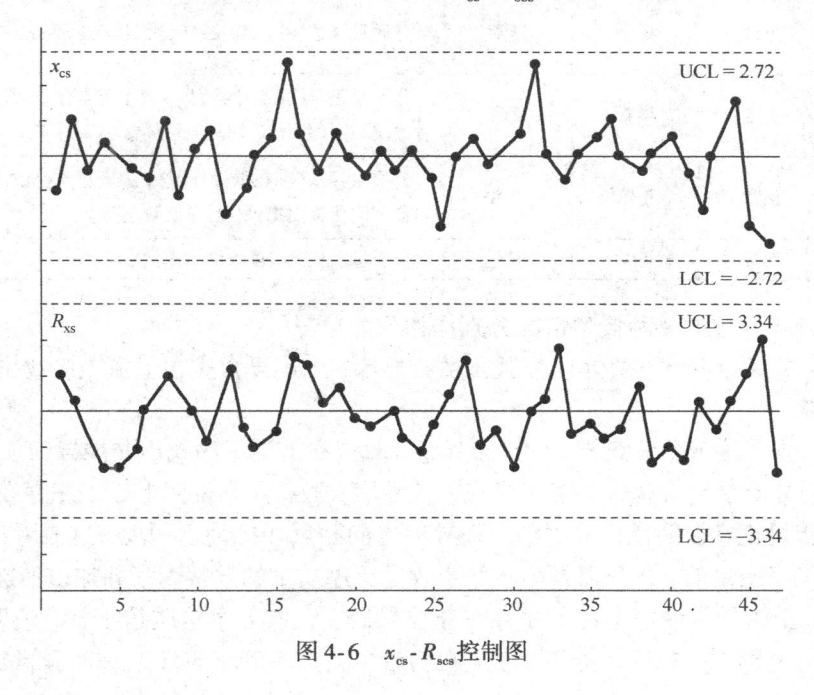

图 4-6 x_{cs}-R_{scs} 控制图

（五）两种控制图诊断的典型情况

由于任何一道工序都存在两种质量，即总质量与分质量，总质量由全控图度量，而分质量由单选图（单因素选控图）度量，这里非控异因指上道工序影响。上道工序与下道工序的接口处是上道工序总质量，故也用全控图度量。这样就构成一个诊断系统，如图 4-7 所示。根据全控图与选图是否显示异常，上下道工序三张图的组合共有 $2^3 = 8$ 种典型情况，如表 4-6 所示。为便于记忆，以后简称之为三八（三张控制图、八种典型诊断情况）表。

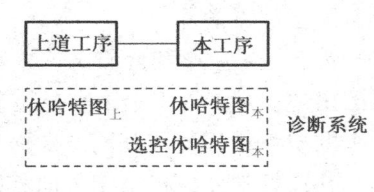

图 4-7 诊断系统

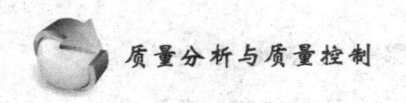

表 4-6 两种控制图诊断的三八表

典型情况	上道工序全控图	下道工序全控图	下道工序选控图	诊断
Ⅰ	异常	异常	异常	分质量异常(存在欲控异因),上影也异常(存在非控异因)
Ⅱ	异常	异常	正常	分质量正常(无欲控异因),上影也异常(存在非控异因)
Ⅲ	异常	正常	异常	分质量异常(存在欲控异因),上影也异常(存在非控异因),但两者相反抵消,使总质量正常
Ⅳ	异常	正常	正常	分质量正常(无欲控异因),上影正常(无非控异因)
Ⅴ	正常	异常	异常	分质量异常(存在欲控异因),上影正常(无非控异因)
Ⅵ	正常	异常	正常	分质量正常(无欲控异因),上影正常(无非控异因),但两者方向相同而叠加,使总质量异常
Ⅶ	正常	正常	异常	分质量异常(存在欲控异因),上影正常(无非控异因),但两者方向相反而抵消,使总质量正常
Ⅷ	正常	正常	正常	分质量、上影和总质量均正常

现在对表 4-6 中的 8 种典型情况分别作如下简单分析。

情况Ⅰ:分质量异常应在本工序找出欲控异因,上影异常应在上道工序找出非控异因,并将两者消除。

情况Ⅱ:本工序分质量正常,而上影异常,故应在上道工序找出非控异因加以消除。

情况Ⅲ:分质量异常说明本工序存在欲控异因,上影异常说明上道工序存在非控异因,但本工序总质量正常说明欲控异因与非控异因方向相反而抵消。因此,这三者中有一个是有利于改进工序质量的,故只需找出不利于改进工序质量的异常因素并加以消除。

情况Ⅳ:上影异常说明上道工序存在非控异因,但本工序总质量正常,说明本工序分质量正常且与上影方向相反而抵消,故应在两者中找出不利于工序改进的异常因素并加以消除。

情况Ⅴ:上影正常,而本工序分质量异常说明存在欲控异因,故只需在本工序中找出异常因素加以消除。

情况Ⅵ:上影和分质量均正常,但两者方向相同而叠加使本工序总质量异常。这种情况的出现,大多由于上影和分质量中有一个的质量指标值已经靠近控制图控制界限,而另一个的质量指标值与其同方向而叠加,结果造成本工序全控图打点出界而显示异常。这种本身并未异常而仅仅由于方向相同叠加造成质量异常的因素称为致异因素,它扩大了异常因素的概念。

情况Ⅶ:分质量异常,上影正常且与分质量方向相反而抵消,使本工序总质量正常,故应在两者中找出不利于工序改进的异常因素并加以消除。

情况Ⅷ:上下道工序均正常,无须处理。

注意，由表4-6可见，若无两种质量诊断理论，而在生产线的各工序只使用休图，则根据表4-6中情况Ⅱ、Ⅲ、Ⅵ、Ⅶ可知将发生虚报与漏报的错误，这已为工厂的实践所证实。这里注意，并不是休图本身的错误，而是人们对休图理解的错误。休图只能用来反映总质量，从而包括上影在内。若认为休图能够反映分质量而与上影无关，那就是错误的。

二、两种质量多元诊断理论简介

（一）多工序、多指标系统

多元情况在现场是普遍存在的。严格地讲，几乎每一个工厂的生产线都是一个多工序、多指标系统。

（1）多工序系统是指产品经过多于一道工序的生产线加工的系统；产品只经过一道工序加工就完成的情况是罕见的。

（2）多指标系统是指至少有一道工序的指数数目多于一个的系统。这里，质量指标和技术指标统称指标。由于每道工序至少有一个技术指标和一个质量指标，故多指标系统总是成立的。

（二）在多工序、多指标系统中进行质量控制与诊断存在的问题

在多工序、多指标系统中进行质量控制与诊断存在下列问题。

（1）多工序生产线存在上道工序影响的问题。在一条多工序的生产线中，通常，上道工序的加工会给下道工序带来影响。由于上影与本工序的加工是综合在一起的，如何加以区分？如果不能加以区分，那么就必然分不清上、下道工序的质量责任，也就无法进行科学的质量控制与诊断。显然，多工序生产线需要对上影进行诊断。

（2）多指标工序存在指标相关性的问题。在一道工序中若有多个指标，通常，指标之间具有相关性。例如，在电路板生产线中，沉铜工序的质量指标沉铜速率、背光级数就与25个技术指标：HCHO、NaOH、Cu^{2+}等有关。当沉铜质量指标发生异常，需要诊断究竟是哪个或哪些技术指标致使沉铜质量指标异常。显然，多指标工序需要在指标相关的条件下诊断出引起异常的指标。

（3）在多工序、多指标体系中，既有纵的联系——上影，又有横的联系——指标相关性。这两者同时存在，就形成了纵横交错的复杂问题，无论对上影进行诊断或对相关指标进行诊断都更为复杂化。

在多工序生产线中诊断上影主要应用两种质量诊断理论。这里不再赘述。

（三）在多指标工序中如何诊断相关指标

（1）在多指标工序中诊断相关指标主要应用张公绪在1996年提出的两种质量多元诊断理论。两种质量多元诊断理论的思路与两种质量诊断理论基本上相同，只不过是这里的多元情况应用了多元T^2控制图与选控多元T^2控制图代替了一元情况图中的休图与选控休

图。多元情况与一元情况不同,引出新特点。

(2)多指标生产线中至少有一道工序具有多指标,而多指标之间往往存在相关性。在指标相关的条件下进行科学管理(SPC与SPCD)是相当困难的。

在现场技术人员极容易犯的一个错误就是把多元问题简单地分解成若干个一元问题来处理。例如,现场不少技术人员认为,把工序的每个指标都控制在其规格界限内,这已经是做得非常完备了。其实他们不明白,在多元情况下就产生了一个指标间相关的新特点,这是以前一元情况所没有的。现场技术人员对于指标间的相关性通常不加控制,而这是多元情况不容许忽略的新特点。为了说明这一点,请看下面的例题。

【例4-2】设有一道工序,共有两个指标:x_1,x_2,它们的成组数据如表4-7所示。对指标x_1,x_2分别作$\bar{x}$控制图如图4-8(a),(b)所示。

表4-7 数据及计算表

组号	x_1					x_2					T^2
	x_{11}	x_{12}	x_{13}	x_{14}	$\bar{x}_1$	x_{21}	x_{22}	x_{23}	x_{24}	$\bar{x}_2$	
1	72	84	79	49	71	23	30	28	10	22.75	2.24
2	56	87	33	42	54.5	42	14	31	8	15.5	0.65
3	55	73	22	60	52.5	13	22	6	16	14.25	1.27
4	44	80	54	74	63	9	28	15	25	19.25	0.22
5	97	26	48	58	57.25	36	10	14	15	18.75	1.53
6	83	89	91	62	81.25	30	33	35	18	29	8.98
7	47	66	53	58	57	12	18	14	16	15	1.32
8	88	50	84	69	72.75	31	11	30	19	22.75	3.77
9	57	47	41	46	47.75	14	10	8	10	10.5	4.95
10	26	39	52	48	41.25	7	11	35	30	20.75	63.76
11	46	27	63	34	42.5	10	8	19	9	11.5	6.55
12	49	62	78	87	69	11	20	27	31	22.25	1.37
13	71	63	82	55	67.75	22	16	31	15	21	1.36
14	71	58	69	70	67	21	19	17	20	19.25	3.26
15	67	69	70	94	75	18	19	18	35	22.5	7.41
16	55	63	72	49	59.75	15	16	20	12	15.75	2.76
17	49	51	55	76	57.75	13	14	16	26	17.25	0.12
18	72	80	61	59	68	22	28	18	17	21.25	1.33
19	61	74	62	57	63.5	19	20	16	14	17.25	3.5
20	45	48	51	56	50	10	11	13	16	12.5	13.04

由图可见,并未发现异常。但若仔细观察图4-8(a)、(b)或表4-7中的第(6)、(11)栏,可以发现:两图点的波动态势是基本相似的,可是在图4-8(a)中第10个点呈下降趋势,而在图4-8(b)中第10个点则呈上升趋势,两者相反,这与两图点波动态势基本相似这

一点相违背，换言之，也即两指标之间的相关性或相关关系在第 10 点处有异常的变化。对于多指标间具有相关性的这一事实，一元控制图是反映不了的，只有多元控制图才能加以反映。例如，本例的多元 T^2 控制图，如图 4-9 所示，由图可见第 10 点出界正确地反映了变量间关系异常的客观事实。

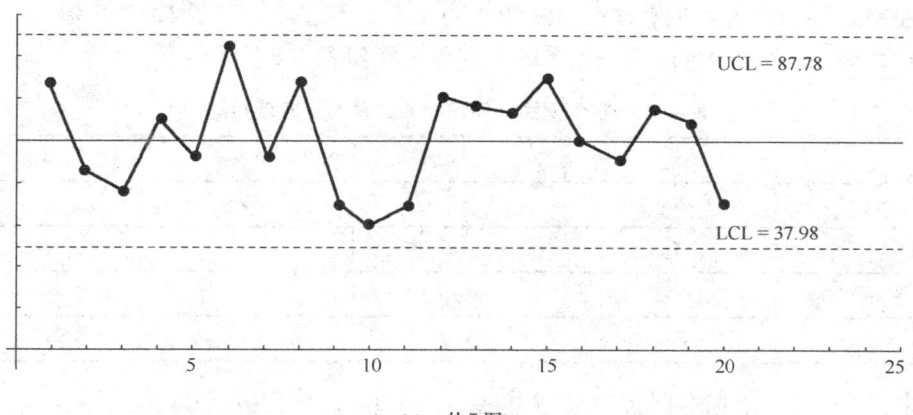

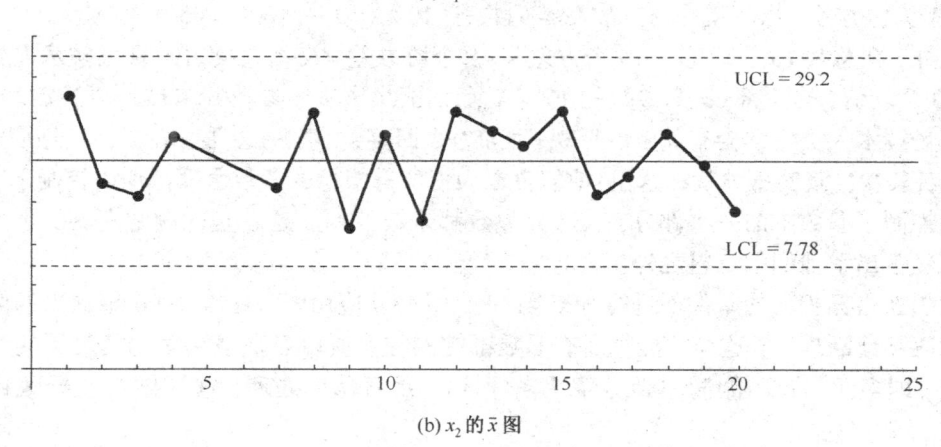

(a) x_1 的 $\bar{x}$ 图

(b) x_2 的 $\bar{x}$ 图

图 4-8　x_1、x_2 的 $\bar{x}$ 图

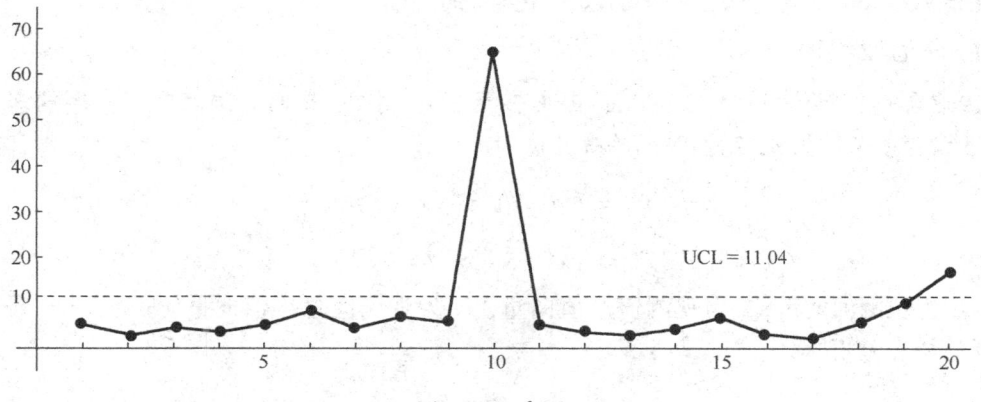

图 4-9　T^2 图

因此，在多元情况下要考虑变量间的相关性，这是多元情况的一个重要特点，也是一元情况所没有的新特点。由此可知，将多元问题简单化地分解成若干个一元问题来处理的作法没有考虑变量间的相关性，可能导致错误的结论。这是现场极易犯的错误。

更具体点说，假定某工序共有 10 个指标，记以 $x_1, x_2, \cdots, x_{10}$。现场技术人员把每个指标都控制在其规格界限内，这一点从统计角度看，不过是控制了 10 个均值，$\mu_i, i = 1, 2, \cdots, 10$，而表示 10 个变量间相关关系的协方差矩阵如表 4-8 所示。

表 4-8 10 个变量之间的相关关系的协方差矩阵

	x_1	x_2	……	x_{10}
x_1	S_{11}	S_{12}	……	S_{110}
x_2	S_{21}	S_{22}	……	S_{210}
……	……	……	……	……
x_{10}	S_{110}	S_{210}	……	S_{1010}

表中，S_{ii} 为方差，在本例共有 10 个方差，即 $S_{ii}(i = 1, 2, \cdots, 10)$，$s_{ij}, (i \neq j, i = 1, 2, \cdots, 10)$ 为协方差，由于 $s_{ij} = s_{ji}$，故在本例共有 $[10 \times (10-1)]/2 = 45$ 个协方差。

这样，在总共 10 个均值 + 10 个方差 + 45 个协方差 = 65 个参数中，现场技术人员只控制了 10 个均值，占全部 65 个参数的 15.4%，而占 84.6% 的参数并未被加以控制。因此，难怪现场技术人员经常会有如下的反映：不知怎么回事，工序一会儿变好了，一会儿又变坏了，莫名其妙！其实奥妙就在这里：他们自以为把所有指标的参数全部都加以控制了，而事实上只控制了参数中的一小部分，大部分参数都未被控制。这就是问题之所在，难怪工序的表现经常出乎他们的意料之外。

要想在指标相关的条件下进行 SPC 与 SPCD，必须应用张公绪在 1996 年提出的两种品质多元逐步诊断理论，这样才能把所有参数都控制住。所以必须强调多元情况下的一个重要事实，即多元问题不能简单地分解为若干个一元问题来处理，这样做将会导致错误的结论。

对于多指标生产线需要应用两种质量多元逐步诊断理论(或称两种 T^2 控制图的诊断理论)在指标相关的条件下去诊断出引起工序异常的指标。

1. 多元控制图

1947 年美国郝铁林(H. Hotelling)提出多元 T^2 控制图，是西方国家广泛应用的多元控制图。设变量个数为 p，T^2 控制图的统计量为

$$T^2 = (x - \bar{x})'S^{-1}(x - \bar{x})$$
$$T^2 = (\bar{x} - \bar{\bar{x}})'S^{-1}(\bar{x} - \bar{\bar{x}})$$
(4.9)

式中：x 为观测值向量，$\bar{x}$ 为观测值均值向量，$\bar{\bar{x}}$ 为观测值总均值向量，S 为各个(设有 P 个)元的协方差矩阵

第四章 SPC 与 SPCD

$$x = \begin{bmatrix} x_1 \\ x_2 \\ \vdots \\ x_p \end{bmatrix}, \quad \bar{x} = \begin{bmatrix} \bar{x}_1 \\ \bar{x}_2 \\ \vdots \\ \bar{x}_p \end{bmatrix}, \quad \bar{\bar{x}} = \begin{bmatrix} \bar{\bar{x}}_1 \\ \bar{\bar{x}}_2 \\ \vdots \\ \bar{\bar{x}}_p \end{bmatrix}, \quad S = \begin{bmatrix} s_{11} & s_{12} & \cdots & s_{1p} \\ s_{21} & s_{22} & \cdots & s_{2p} \\ \vdots & \vdots & \vdots & \vdots \\ s_{p1} & s_{p2} & \cdots & s_{pp} \end{bmatrix}$$

这里，$S_{ij}(i \neq j, i,j = 1,2,\cdots,p)$ 表示协方差，故 T^2 控制图能够全面地考虑各元之间的相关性，S^{-1} 为 S 的逆矩阵。

T^2 控制图的优点是能够全面地考虑各元之间的相关性，并能在变量相关的条件下精确地给出第一类错误的概率 α，但它最大的缺点就是不能诊断，当 T^2 控制图显示异常后，它不能告知是哪个变量引起的异常，而正是在多元情况下才更迫切需要诊断。另一方面，两种质量诊断理论最大的优点则是能够进行诊断，张公绪在 1996 年提出两种质量多元诊断理论将上述两种理论的优点集中，同时又避开它们的缺点。

2. 一元控制图和多元控制图的控制与稳态

(1) 一元控制图的控制与稳态

什么叫稳态？稳态即只有偶因、没有异因的状态。在稳态下分布也即分布参数稳定不变，故国外称之为统计控制状态。所谓统计控制状态就是指统计分布参数受到控制，稳定于稳态这一基准。

一元控制图的控制就是以一元稳态为基准对未来进行控制。首先为了了解过程是否处于稳态，需要作分析用控制图。若过程不是稳态，则控制图将显示异常，应逐步消除异因，逐步改进质量，最终一定能达到稳态(或我们所要求的状态)。然后作控制用控制图进行日常管理。

(2) 多元控制图的控制与稳态

与此相应地，多元控制图的控制就是以多元稳态为基准对未来进行控制。这里，所谓多元稳态是指所控制多个变量的多元分布的分布参数受到控制，稳定不变于稳态这个基准。具体说，设变量共有 p 个：$x_1, x_2, \cdots, x_p$，服从多元正态分布，则其分布参数为：

① $u_i(i=1,2,\cdots,p)$；
② $\sigma_i(i=1,2,\cdots,p)$；
③ $S_{ij}(i \neq j, i,j = 1,2,\cdots,p)$。

多元稳态要求所有参数都稳定于稳态这个基准，包括上述③要求各变量之间的协方差，也即相关关系稳定不变，后者是多元情况的新特点。

与一元情况类似，多元控制图也可分成分析用多元控制图与控制用多元控制图。若过程不处于稳态，多元控制图将显示异常，同样需要逐步消除异因，逐步改进质量，最终一定能达到多元稳态(或所要求的状态)。然后，作控制用多元控制图，进行日常管理。

3. 多元控制图的判异

一元控制图的判异很简单，最基本的一条是：点出界就判异。多元控制图的判异要复杂得多，必须从整个系统看问题。例如，设变量 $x_1, x_2, \cdots, x_p$ 构成一个系统，对此系统可应用多元控制图，例如 T^2 控制图进行控制，其参数为：

① $u_i (i = 1, 2, \cdots, p)$;

② $\sigma_i (i = 1, 2, \cdots, p)$;

③ $S_{ij} (i \neq j, \ i, j = 1, 2, \cdots, p)$。

若所有上述参数全部异常，当然系统异常，但若在上述参数中只有部分异常，其余正常，则如何判异？因此，与一元控制图的判异不同，多元控制图的判异必须从整个系统出发，应用一个综合评价指标对整个系统进行总评价才行。T^2 控制图的统计量 T^2 值就是一个评价整个系统的科学的总评价值。

从式 (4.9) 的 T^2 值表达式可见：

① $(X - \bar{X})$ 反映了变量取值的波动；

② $(X - \bar{X})$ 前后各乘一次，故 T^2 值为二次型，又由于协方差矩阵 S 是正定的，所以 T^2 值非负；

③ 协方差矩阵 S 考虑了变量间的相关性。由于多指标系统的指标通常都是随机波动的，所以一个综合评价指标的科学性决定于它能否反映客观的统计规律。根据郝铁林的研究知

$$T^2 \sim \frac{p(n-1)}{n-p} F(p, n-p)$$

式中：$F(p, n-p)$ 表示 F 分布，其中 P, $n-p$ 为 F 分布的自由度。上式说明 T^2 值服从 F 分布，故 T^2 控制图的统计量 T^2 值就是一个评价整个系统的科学的总评价指标。

在上述 F 分布中，若规定显著性水平 α，即可由 α 分位点求出 T^2 控制图的上控制界 UCL_{T^2}。这里，T^2 控制图的下控制界不存在，而 0 为 T^2 控制图的自然下界。由于 F 分布是一个从原点开始的左偏偏态分布，右侧有一条渐进趋于零的长尾，如图 4-10 所示，故其均值位于 F 分布最高点的右侧而靠近最高点处。因此，在稳态下，T^2 控制图中的描点应在位于 T^2 控制图下侧的中心线上下波动，点的波动越靠近 UCL_{T^2} 表明系统的稳定性越差，如图 4-11 所示。

T^2 控制图上的判异，可以是指变量数值的异常变化，也可以是指变量间相关关系的异常变化，或者二者兼而有之。

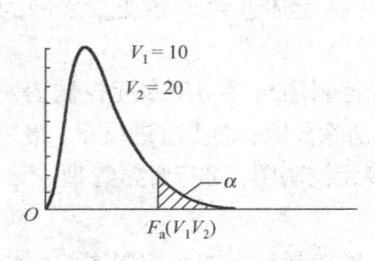

图 4-10　F 分布示意图

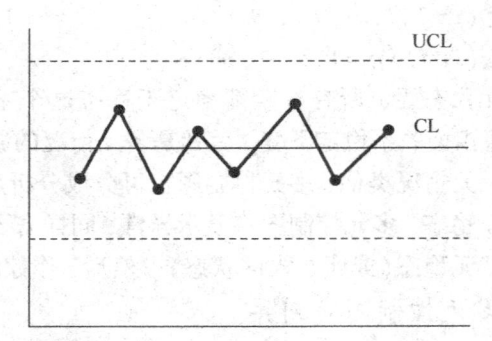

图 4-11　稳态下 T^2 控制图中的描点应位于下侧的中心线上下波动

第四章 SPC 与 SPCD

4. T^2 控制图的优缺点

T^2 控制图的优点是：

(1) 能全面地反映各变量间的相关性；

(2) 在变量相关的条件下，能精确地给出第一类错误的概率 α。

T^2 控制图的最大的缺点是：

它虽能对过程的异常提出警告，但不能进行诊断，这点在多元情况下尤其突出。

另一方面，两种质量诊断理论的最大优点就是能够进行诊断，它也能考虑变量间的相关性，但它难以精确地给出第一类错误的概率 α。故张公绪于 1996 年提出两种 T^2 控制图逐步诊断理论，集中了 T^2 控制图、两种质量诊断理论、逐步诊断理论三者的优点，同时又避开了它们的缺点。

5. 多工序、多指标生产线的情况

对于多工序、多指标的生产线，既有上影，又有指标间的相关性，情况就格外复杂，这里需要应用张公绪教授的上述两种质量多元逐步诊断理论。1998 年张公绪教授又将上述理论加以改进，使得多元诊断问题大为简化，从而许多多元诊断问题得以解决。

小　　结

本章着重介绍了统计过程控制(SPC)以及统计质量控制与诊断(SPCD)两部分内容。SPC 对于现代企业的发展来说非常重要，也正是 SPC 的不断发展才使得企业在制造和生产中不断精益求精。通过对 SPC 的运用可以降低品质变异，及时发现问题，在问题发生前提前预知，过程控制的前提是分清过程变差是系统原因还是特殊原因造成的。要想使统计过程控制取得提高产品质量和降低损失的作用，有赖于管理者和操作者对过程实施改进和控制活动。SPCD 是基于 SPC 的一种发展，增加了两种质量理论以及诊断，在纵横交错的联系同时存在的条件下，要对多工序、多指标的生产线进行质量控制与诊断的情况提供了解决方法。

习　题　四

4.1　简述推行过程质量控制的重要意义。

4.2　简述 SPC 的应用步骤，以及各步骤应重点加强注意的问题。

4.3　了解过程质量控制的三个发展阶段及其每个阶段的主要特点。

4.4　某手表厂为了提高手表的质量，应用排列图分析造成手表不合格品的各种原因，发现"停摆"占第一位。为了解决停摆问题，再次应用排列图分析造成停摆事实的原因，结果发现主要是由于螺栓松动引发螺栓脱落造成的，为此厂方决定应用控制图对装配作业中的螺栓扭矩进行过程控制。请设计相应的 SPC 管理方案。

4.5　案例分析。

俗话说"宴无好宴"。朋友邀你去他家做客吃晚饭，进了门迎面遇上他焦急无奈的表情，才知道主题是咨询。起因是朋友最近回家的时间越来越晚,罪证就在他家门口玄关的那张纸上——朋友的太太是一家美商独资企业的Q.C主管,在家里挂了一张单值-移动极差控制图,对朋友的抵家时间这一重要参数予以严格监控:设定的上限是晚7点,下限是晚6点,每天实际抵家时间被记录、描点、连线——最近连续7天(扣除双休日)的趋势表明,朋友抵家的时间曲线一路上扬,甚至最近两天都是在7点之后才到家的,证据确凿——按照休哈特控制图的原则和美国三大汽车公司联合编制的SPC(Statistical Quality Control,统计过程控制)手册的解释,连续7天上升已绝对表明过程发生了异常,必须分析导致异常的原因并做出必要的措施(比如准备搓衣板),使过程恢复正常。对于这样的情况你的合理解释成了朋友期待的救命稻草。你该做出怎样的合理解释。

第五章
工序质量控制

第一节　工序控制概述
第二节　工序能力分析
第三节　工序质量控制的革新
第四节　工序质量控制系统

质量分析与质量控制

章前导引

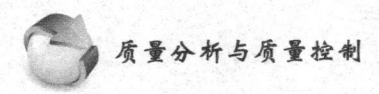

世界著名的质量管理专家朱兰博士指出:"在次品上发生的成本等于一座金矿,可以对它进行有力的开采"。如果加上废品、返修品所发生的成本,就等于几座金矿。我国有多少这样待开发的"金矿",是很难数清的。如果所有的生产都能够在提高产品质量、减少次品方面多下一点工夫,即便不增加投入的情况下,就可以为社会减少很多浪费,创造更多财富。因此质量又是一个微观的质量、具体的质量。

工序是产品零部件制造过程的基本环节,也是组织生产过程的基本单位。由于产品都必须经过各道工序的加工才能制造成功,因此,工序质量最终决定产品的制造质量。工序控制是生产现场中最常见、最常用的管理方法。

第一节 工序控制概述

工序质量控制就是对影响工序质量水平的因素进行分析、控制和管理的过程。在产品生产过程中,监控工序质量因素的变化及其规律,使产品质量特性在允许范围内波动,达到能够稳定地生产出合格品的目的。早在1939年,美国质量管理专家休哈特与戴明合著的《统计方法出发的质量管制》书中即强调:"质量是制造出来的,而非检验出来的",主张"将简单而且单刀直入的统计方法,运用在制造过程之中,才是预防质量滑坡的最好方法,也唯有统计的质量管制技巧,才能节省大量的检验成本,在最经济而有效的条件下,达到质量管理的目标"。

一、主导因素的分析

当工序质量发生异常时,总是从机器、方法、材料、人以及环境等方面进行分析,以找出原因所在。对企业来讲,又可将这些因素进一步具体化。如在机械零件的热处理中,淬火时间、淬火温度就是一些具体的因素。在这些对产品质量有影响的众多因素中,必定有一种或几种因素是占支配地位的,这些因素的改变将使产品质量发生很大的变化。而控制了这些因素,产品的质量就能得到保证。这些因素常称为主导因素。因此,所谓主导因素是指在众多影响最后质量的因素中,起决定全局和占支配地位的因素。人们可以根据各行各业的专业知识和实践经验确定主导因素。例如,在冲压加工中,模具的质量往往决定了冲压零件的外形和尺寸精度,因此,模具是占支配地位的主导因素。某些行业中,压力、温度等往往对一些质量特性起着主导作用。

在制造过程中,可以根据不同的工序,结合专业技术和实践经验,分析找出对工序质量起支配作用的主导因素,采用有效的措施,达到事半功倍的目的。

在制造过程中,常见的主导因素有以下几种。

(一)定位装置是主导因素

当工序设计已经达到相当的复杂性程度时,整批生产过程会生产基本上一致的产品。

在这种情况下，如果原来定位装置安放正确，那么整批产品就将符合标准。因此，这时定位装置就是主导因素。

定位装置起主导作用的典型工序有：打孔、模具切边、造型、加贴标签、印刷，等等。

(二) 机器是主导因素

这种工序的复制性程度往往也较高，但随着时间的推移，由于工具的磨损等情况的发生和变化，质量特性数据会发生较大的变化，而使在一批产品中不可避免地生产出不合格产品。因此，必须定期检查和校正。这样机器就成为主导因素。

机器起主导作用的典型工序有：自动包装、自动切割、电子器件焊接，等等。

(三) 操作人员是主导因素

在操作人员的手工操作占很大比重的工序中，操作人员的技能和谨慎是关键因素，它是产品零部件缺陷的主要来源。因此，操作人员就成为主导因素。

操作人员起主导作用的典型工序有：手工焊接、人工装配、手工包装、检验，等等。

(四) 零部件等是主导因素

对于装配、合成等工序，外购零部件、原材料起支配作用。它们的质量，以及组合在一起的质量将对产品质量起决定性的影响。因此，这时零部件等就是主导因素。

零部件是主导因素的有：汽车、机械产品的装配、食品配方制作，等等。

二、控制影响工序的因素

既然人、机器、材料、方法、环境是影响工序质量的五大因素，那么只有对这些因素加以控制，工序才能稳定地生产出符合设计要求的产品。因此，工序控制的基本内容就是对这五大因素的控制。

(一) 人的管理

在现场生产活动中，人是最重要、最关键的因素，因而充分调动人的积极性，充分发挥人的主观能动性是至关重要的，一般需要注意做好以下几点。

(1) 企业领导要牢固树立质量意识，领导的质量意识会潜移默化地影响职工，从而影响整个企业的质量意识。另一方面，只有领导真正树立质量第一的思想，才能严格质量纪律，使整个企业的质量管理工作落到实处。

(2) 建立健全质量责任制把每一项质量工作落实到人，并要切实可行，严格执行。

(3) 合理安排人员。充分发挥每个人的专长与作用，对关键岗位要定机、定人、定责。

(4) 制定合理的奖惩制度。

(5) 进行教育培训。提高职工的质量意识和技术技能。

(6) 开展质量管理小组活动。开展群众性的质量管理活动，发挥广大职工的积极性和聪明才智。

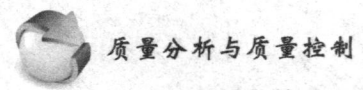

(二) 设备的管理

机器设备是保证产品质量的重要手段。许多质量问题的产生，往往是由设备因素造成的，对设备的管理要做好以下工作。

(1) 合理选择设备。技术部门要根据产品质量的要求和工艺特点，综合考虑质量、数量、成本等多方面因素，合理配置设备。

(2) 合理使用设备。操作人员要严格按操作规程操作，维护设备的精度。并且要按设备的保修制度对设备进行定期检修、更新，要做好备品配件的供应。

(3) 加强对工具的管理。对测量器具的维护、保养、检修要做出明确的规定，做好测量器具的检定工作。

(三) 工艺的管理

工艺是产品制造的具体方法，对产品质量形成的影响很大。工艺管理主要做好以下几点工作。

(1) 制定工艺操作规程，包括操作要领、检查手段和方法、记录要求等。对关键工序应配备相应级别的技术工人。

(2) 严格工艺纪律。任何人都必须严格执行生产工艺，要加强工艺检查。

(3) 配备完整的测试手段。做到测试器具稳定、准确、示值一致，测试方法正确。

(4) 建立自检责任制。每道工序都要检查人员检查是不现实的，建立自检制也是实现全员参加质量管理的好办法。

(四) 原材料的管理

企业要为各道工序提供合格的原材料或零部件。操作人员在使用前必须进行核对。

(五) 环境的管理

生产现场的环境与产品质量、生产效率、安全事故等都有直接关系。所以，要保证生产所必需的环境，要抓好精神文明建设。

三、质量控制点

产品的制造过程是由若干道甚至几十道工序组成的。在现场控制中，不可能对每道工序不分轻重主次都予以控制，而是要选择一些对产品质量影响较大的或在现阶段质量问题较多的工序加以控制。这些被选择来重点进行控制的工序称为质量控制点。因此，所谓质量控制点就是在一段时期内需要特别监督和控制的工序。

(一) 确定控制点的原则

正确设立控制点是实行工序质量控制的前提。对一个产品来讲，究竟要设置多少个控制点，在哪些工序设置控制点，需要在分析设计图和整个工艺流程之后，才能加以确定。控制点的设置要适当，确定控制点的原则如下。

(1) 关键零件的关键工序。

（2）特殊的工艺加工项目，并且该工艺对下道工序有重大影响，或该工艺项目为新工艺，尚未被广大工人所熟悉。

（3）质量不稳定，出不合格品较多的加工部位和工序。

（4）质量信息反馈中问题较多的零件部位和工序。

一般而言，凡是生产过程中的关键所在、质量上的薄弱环节，原则上都可以设置控制点。质量控制点建立以后，不是一成不变的，可以根据质量稳定情况的变化而酌情增加或取消，但关键的控制点要始终加以掌握，不能取消。

（二）对质量控制点采取的管理措施

对于质量控制点，必须明确重点控制的对象，控制的手段、方法和工具，还必须采取一定的管理措施，以达到设置控制点的目的。对质量控制点，主要可以采取以下管理措施。

（1）编制质量控制点明细表。明确各控制点的名称、技术要求、检查方式、检测工具、检测频率、特性重要程度及控制手段。

（2）控制点的控制项目和特性值要具体化，并尽可能用定量化数据表示。

（3）实行控制点的"三定"即定操作者、定设备、定工艺。

（4）开展工序分析。找出影响工序质量特性的主导因素，并对这些主导因素规定控制范围和管理要求。

（5）编制作业指导书。将加工过程中的控制办法、注意事项、异常情况的处理方法等做详细说明。作业指导书可与工序卡合并在一起。

（6）建立控制手段。根据工序的特点和生产实际的需要，建立相应的控制手段。工序能力分析和控制图是工序控制的常用手段。

（7）开展自检活动。所有控制点上的操作者都应当进行自检，并认真填写有关记录。

（8）制定责任条例。将操作者的责任条例纳入企业的责任制，并与奖惩挂钩。

质量控制点的设置与管理，应由专人负责，有关职能部门和生产车间明确职责，密切配合，这样才能把工序控制落到实处，抓住关键工序，保证产品质量。

四、工序质量控制的内容

工序是产品零部件制造过程的基本环节，也是组织生产过程的基本单位。由于产品都必须经过各道工序的加工才能制造成功，因此，工序质量最终决定产品的制造质量。工序控制是生产现场中最常见、最常用的管理方法。

（一）对生产条件的控制

对生产条件的控制就是对人、机、料、法、环、测等六大影响因素进行控制，也就是要求生产技术及业务部门提供并保持合乎标准要求的条件，以工作质量去保证工序质量。同时，还要求每道工序的操作者对所规定的生产条件精心有效地控制，包括开工前的检查和加工过程中的监控，检查人员应给予有效监督。

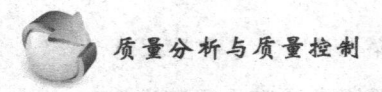

(二) 对关键工序的控制

对影响质量的关键工序应采取特殊措施。对关键工序，除控制生产条件外，平衡经济效益与质量水平间的关系，采取各种措施使其始终处于最优状态，而其中最有效的方式就是工序质量统计控制。

(三) 对计量和测试条件的控制

计量测试条件关系质量数据的准确性，必须加以严格控制，要规定严格的检定制度，计量器具应有明显的合格标志，超期未检定或检定不合格者应严格禁用；测试手段和方法必须适应先进工序质量控制技术的要求。

(四) 对不良品的控制

不良品的控制应有明确的制度和程序，不是仅仅局限于报表的统计和简单的返修品与废品的区别，而更重要的是根据统计信息进行预防性控制及正确评价，保持工序质量改进的持续性。

"产品检验"是工序质量控制的最原始也是最基本的手段。而现代工序质量控制则要求从产品设计和生产的全过程转化为商品后供用户投入使用，对产品存在的和可能发生的问题，事先进行研究分析，实时进行监控，防患于未然。

由于现代工序质量控制内涵的拓延，较之于单纯"产品检验"，无论是在质量的管理范围、管理内容、管理方法，还是管理层次、管理效果等方面均具有提高经济效益的现实意义与提高管理水平的长远意义。因此，它日益为工业界决策层、企业管理人员和工程技术人员所重视。

从工序的组合和影响工序质量的诸因素来看，工序是指机器、方法、材料以及操作者在特定环境下的组合，是这几方面因素对产品质量综合起作用的过程。对工序的最终成果——产品质量而言，上述各因素都是一个变量，工序控制的目的就是要使这些变量较好地匹配，而使工序长期处于稳定状态，从而为制造合格产品创造条件。

五、工序质量控制实践中亟待解决的问题

在实际生产过程中，可选择若干个直接影响产品质量变化的关键工序进行监控。参照技术标准，确认检测指标，通过对关键工序进行现场实测来取得数据，并依据正态分布等理论，分析产品质量波动情况，了解不良品的分布及检验其变化趋势，以便及时采取相应措施，使生产现场各个关键工序、各个重要环节都处于受控之中，因此基本控制住整个产品质量。

但在工序质量控制的实践中，仍有许多问题待解决。
(1) 工序能力分析理论简单粗糙，难以有效指导生产实践。
(2) 如何改变传统的检验方式，实现质量控制的高效化和经济性有效结合。

(3) 如何充分利用产品质量的信息，分析了解设备的运行状态。即作为设备运行状态表现形式的产品质量信息，如何用其进行反馈控制。

(4) 先进的工序质量控制方法如何有效地与现代制造技术结合。

(5) 统计过程控制与自动化技术如何在理论和实践上有机结合。

(6) 在敏捷制造方式下，质量控制与诊断如何适应产品更新快、生产批量小的特点。

(7) 如何充分调动工人在加工过程中的积极性，以使工序质量和产品质量不断有新的突破。

尽管不同时期的质量管理学者、专家针对不同的质量问题提出了种种行之有效的理论和方法，但由于时代的不同，生产条件和人文环境以及经济水平的不同，许多方法难以得到真正的推广和应用。尤其是面对我国大部分小型企业设备陈旧、加工手段落后、资金匮乏和人员文化素质不高的现状，研究和开发符合我国国情的先进质量控制手段成为质量管理中的当务之急。

第二节 工序能力分析

全面质量管理强调了产品质量就是产品的适用性这一基本概念。产品的适用性在很大程度上是由设计阶段所决定的。然而，要使适用性体现在实际的产品上，还必须经过加工制造过程。只有当加工制造出的产品符合设计要求，才能真正得到满足质量要求的产品。因此，制造过程的质量管理和质量控制是实现质量目标的重要保证。

制造过程的质量职能可以分为两个部分：一是工艺质量职能，另一是生产质量职能。工艺质量职能属于生产前的准备工作，为保证制造质量提供必要的技术上和管理上的条件。生产质量职能则是一系列的实施过程，其重点是搞好工序控制，保证产品质量。

一、工序能力

工序能力是指工序处于稳定状态下的实际加工能力，也称过程能力或者工艺能力。它是衡量工序质量的一种标志。对加工工序的工序能力进行分析，可使我们随时掌握制造过程中各工序质量的保证能力，从而为保证和提高产品质量提供必要的信息和依据。

对于任何生产过程，产品质量特性值的波动总是存在的。实践经验表明，工序能力越高，产品质量特性值的波动就越小；工序能力越低，产品质量特性值的波动就越大。因此，可用产品质量特性值波动的大小来描述工序能力的高低，通常将工序能力记作 B。当生产过程稳定，一般其计算公式为

$$B = 6\sigma \approx 6s = 6\frac{R}{d_2} \tag{5.1}$$

式中：σ 为产品质量特性值的标准差；s 为样本标准差；R 为极差；d_2 为和样本容量 n 有关的系数。B 也称为加工精度，B 越大，工序能力越低；B 越小，工序能力越高。

当生产过程稳定时，绝大多数产品的质量特性值服从正态分布或近似正态分布。如果产品质量特性值的分布中心为 μ，标准差为 σ，那么由正态分布的理论可知，在 $\mu \pm 3\sigma$ 范围内包括了 99.73% 的合格品。也就是说，选用 6σ 来描述工序能力时，工序具有保证生产 99.73% 合格品的能力。如果用 4σ 来描述工序能力，那么工序具有保证生产 95.45% 合格品的能力，此时合格品率较低。当采用 8σ 来描述工序能力时，工序具有保证生产 99.994% 的合格品的能力。此时合格品率虽有提高，但相对于 6σ 时提高的比例很小，而花在提高设备精度和操作水平上的费用却很高，因此，为了兼顾质量与经济两方面的要求，常用 6σ 来描述工序能力。

二、工序能力指数

从式(5.1)可以看到，工序能力 B 仅与标准差有关，而与产品的技术要求无关。因此，它没有反映出工序对技术要求的满足程度。事实上，工序能力只表示一种工序固有的实际加工能力，它与产品的技术要求无关。为了能够反映和衡量工序能力满足技术要求的程度，我们有必要引进一个新的指标，这就是通常说的工序能力指数。工序能力指数定义为产品的技术要求与工序能力之比，即

$$\text{工序能力指数} = \frac{\text{技术要求}}{\text{工序能力}}$$

工序能力指数的值越大，说明工序能力越能满足技术要求，产品质量越有保证。

下面具体介绍计量值质量指标的工序能力指数的计算方法。

（一）双侧技术标准，分布中心无偏移

假设产品质量特性值服从均值为 μ、标准差为 σ 的正态分布，产品质量特性值的标准上限为 S_U，标准下限为 S_L，那么公差范围 $T = S_U - S_L$，此时工序能力指数

$$C_{pk} = \frac{S_U - S_L}{B} \frac{S_U - S_L}{6\sigma} = \frac{T}{6\sigma} \tag{5.2}$$

当产品的技术标准确定之后，T 就为定值，反映的是产品质量特性值的波动大小，σ 越大，波动就越大，因而工序能力就越低，而工序能力指数的值越小；反之，σ 越小，工序能力就越高，而工序能力指数的值越大。一般 σ 直接取样本标准差 S 代替。

【例5-1】 某螺栓外径的设计要求为 5 ± 0.02 mm，现从生产现场随机抽取样本，测得 $\bar{x} = 5$ mm，$s = 0.005$ mm，试求工序能力指数。

解

$$C_{pk} = \frac{S_U - S_L}{B} = \frac{S_U - S_L}{6\sigma} = \frac{T}{6\sigma} = \frac{0.04}{0.03} \approx 1.33$$

因此，该工序的工序能力指数为 1.33。

（二）双侧技术标准，分布中心有偏移

如果产品仍具有双侧技术标准，但其分布中心 μ 如图5-1所示，已经偏离标准中心，那么就须对式(5.2)进行修正，此时，工序能力指数的计算公式是

$$C_{pk} = (1 - K)\frac{S_U - S_L}{6\sigma} \tag{5.3}$$

式中：K 是修正系数，它的计算公式是

$$K = \frac{\left|\frac{1}{2}(S_U + S_L) - \mu\right|}{\frac{1}{2}(S_U - S_L)} \tag{5.4}$$

K 值的大小，反映了 μ 偏离 M 的程度，由式(5.4)可知，$K \geq 0$，并且规定，当 $K \geq 1$ 时，$C_{pk} = 0$。

【例 5-2】在例 5-1 中如果样本平均值 $\bar{x} = 5.01$，样本标准差 $S = 0.005$ mm。

解 可以估计产品的分布中心为 5.01，已偏离了产品的标准中心 5，所以有

$$K = \frac{\left|\frac{1}{2}(S_U + S_L) - \mu\right|}{\frac{1}{2}(S_U - S_L)} = \frac{0.01}{0.02} = 0.5$$

$$C_{pk} = (1 - K)\frac{S_U - S_L}{6\sigma} = 0.5 \times \frac{0.04}{0.03} = 0.665$$

因此，如果分布中心发生了偏移，经修正后的工序能力指数为 0.665。分布中心偏离标准中心如图 5-1 所示。

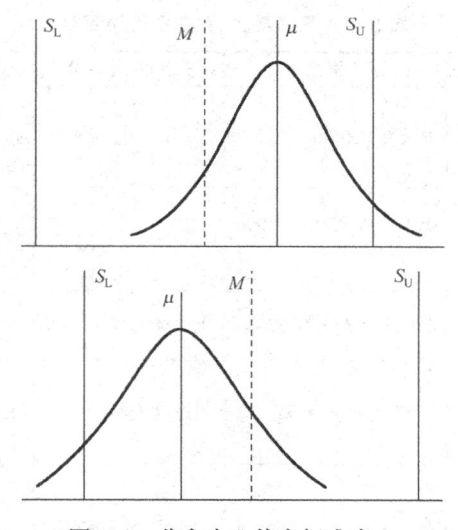

图 5-1 分布中心偏离标准中心

（三）技术标准为单侧时

在许多场合下，产品的质量特性只规定了单侧标准。如节能灯的寿命，钢丝的抗拉强度等，希望它们的值越大越好，所以技术标准往往只规定了标准下限 S_L，而机械产品中的光洁度等，希望它们的值越小越好，因而技术标准往往只规定了标准上限 S_U，当技术标准为单侧时，工序能力修正为 $B = 3\sigma$，工序能力指数的计算定义如下。

只有标准上限 S_U 时

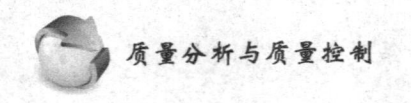

$$C_p = \frac{S_U - \mu}{3\sigma} \tag{5.5}$$

只有标准下限 S_L 时

$$C_p = \frac{\mu - S_L}{3\sigma} \tag{5.6}$$

式中：μ、σ 也是理论值，通常是未知的。在实际应用时，常以样本均值 $\bar{x}$ 和样本标准差 S 来近似计算。

三、工序能力的判断

前面已介绍了判别工序能力是否充足的主要指标——工序能力指数。工序能力指数的值越大，表明产品的离散程度相对于技术标准的公差范围越小，因而工序能力就越高；工序能力指数值越小，表明产品的离散程度相对于公差范围来讲越大，因而工序能力就越低。因此，可以从工序能力指数的数值大小来判断工序能力的高低。从质量和经济两方面的要求来看，工序能力指数的值并非越大越好，而应在一个适当的范围内取值。通常，将工序能力指数的取值划分成 5 个区间，对应于工序能力的 5 个等级。现将具体的等级界限列于表 5-1 中，便于对照判断，采取相应的措施。

表 5-1 工序能力指数评定分级表

等 级	C_p	不合格品率	工序能力评价	处 理 意 见
特级	$C_p > 1.67$	$P < 0.00006$	工序能力过于充足	即使质量波动有些增大，也不必担心；可考虑放宽管理或降低成本，收缩标准范围，放宽检查
一级	$1.33 < C_p < 1.67$	$0.00006 < P < 0.006$	工序能力充足	允许小的外来干扰所引起的波动；对不重要的工序可以放宽检查；工序控制抽样间隔可以放宽
二级	$1.0 < C_p < 1.33$	$0.006 < P < 0.27$	工序能力尚可	工序需要严格控制。否则容易出现不合格品
三级	$0.67 < C_p < 1.00$	$0.27 < P < 4.55$	工序能力不足	必须采取措施提高工序能力；已出现一些不合格品；要加强检查，必要时全检
四级	$C_p < 0.67$	$P \geq 4.55$	工序能力严重不足	立即追查原因，采取紧急措施，提高工序能力；可考虑增大标准范围；已出现较多的不合格品，要加强检查，最好全检

对于例 5-1，因为 $C_p = 1.33$。由表 5-1 可知，该工序有充足的工序能力，为一级加工，此时，加工工序基本稳定，应利用控制图来监视工序的变化，确保产品质量的稳定。

对于例 5-2，因为 $C_p = 0.665$，由表 5-1 可知，该工序属于四级加工，工序能力严重不足。因此，应分析调查影响工序能力的主要因素，找出原因，采取措施，使工序恢复正常。

那么，对于有偏移系数时的工序能力指数的判断准则和对平均值应该采取的措施如表 5-2 所示。

表 5-2　有偏移系数时的工序能力指数的判断准则和对平均值应该采取的措施

工序能力指数	偏 移 系 数	对平均值应该采取的措施
$1.33 < C_p$	$0 < K < 0.25$	不必调整
$1.33 < C_p$	$0.25 < K < 0.50$	要注意
$1.00 < C_p < 1.33$	$0 < K < 0.50$	要注意
$1.00 < C_p < 1.33$	$0.25 < K < 0.50$	要采取措施

四、工序能力测定的方法

通过工序能力指数来判断工序能力是否充足，是工序能力测定的一种常用方法。由于工序的种类繁多，所以用来评价和测定工序能力的方法也不一样。常用的测定工序能力的方法有以下几种。

1. 直接测定法

对工序使用的设备或装置的某些特性直接进行测定，以得到有关参数。例如，定期检查机器的精度，使其能保持良好的加工性能。

2. 测定产品法

通过测量工序生产出的产品，并根据其变化情况来计算和分析工序能力。对产品质量特性值的测量，不仅得到了产品本身的质量情况，同时产品质量特性值的变化也反映了工序质量的变化，并且通过产品质量来推测工序质量，在实际生产过程中往往是可行的。计算工序能力指数的原始数据就是通过测定产品得到的。

3. 差错分析法

通过分析操作及管理上的差错来判断工序能力是否充足。对操作工的能力等"软件"的测定，往往难于用仪器仪表来测定，但可通过对所有差错的类型、数量的分析来推测工序能力是否充足。

五、工序能力调查

工序能力是保证和提高产品质量的重要因素。通过工序能力调查，可以掌握工序能力的状态。分析和评价工序的现状，可以为工艺的验证、工艺分析和技术经济分析提供依据。

（一）工序能力调查的步骤

工序能力调查的步骤归纳如下。

1. 明确调查目的。
2. 确定调查对象。
3. 确定调查方法。
4. 工序标准化。
5. 按标准操作。
6. 收集和分析数据。
7. 辨别工序状态。

8. 计算工序能力指数 C_P。
9. 判断工序能力。
10. 采取处理措施。

(二) 工序能力调查的方法

工序能力调查的主要方法是直方图法和控制图法，这两种方法都是通过测定产品来得到原始数据的。

1. 直方图法

所谓直方图法，就是从工序中随机抽取一定数量的原始数据，按前面章节所介绍的方法作直方图。

如果直方图是正常型的，那么将技术要求的标准界限画在直方图上，进行观察判别。如图 5-2 所示列出了直方图与技术标准之间的各种可能情况。当图形如图中(a)所示时，表明工序能力过于充足，可考虑放宽技术要求等；当图形如图中(b)所示时，表明工序能力充足，加工工序稳定；当图形如图中(c)所示时，表明工序能力基本能满足生产需要，但必须严格控制工序，设法减小波动；当图形如图中(d)所示时，表明工序能力严重不足，应立即采取措施，降低质量波动；当图形如图中(e)或(f)所示时，表明产品的质量中心有所偏移，应首先校正偏移。

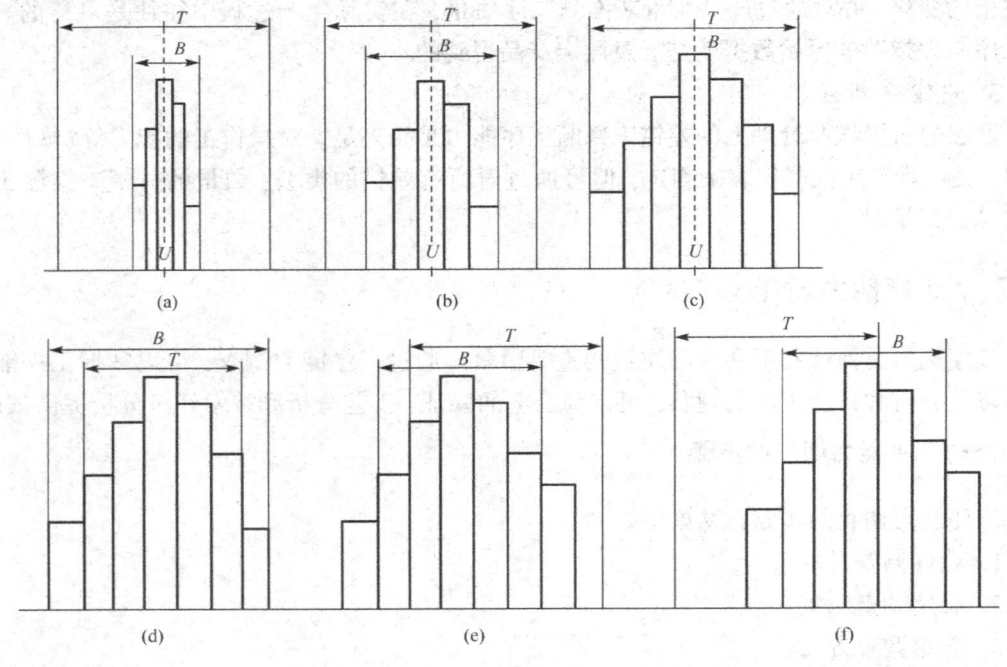

图 5-2 直方图法

根据图形可以连续判别工序能力的状态，当然，可以利用频数分布表进一步计算工序能力指数的值。

2. 控制图法

利用直方图计算的工序能力指数，仅仅代表的是抽取样本的那段时间内的工序质量水平，而控制图法计算的工序能力指数则能代表较长时间内的工序质量水平，因此，控制图法的结论比较准确可靠。当工序处于稳定状态时，直方图法和控制图法的差别不大。在之前的内容中已经详细介绍，这里不做详细叙述。

第三节 工序质量控制的革新

从20世纪20年代至今，质量管理作为一门科学，随着在理论上的丰富与完善，质量管理的实践也有了长足的进展。主要表现为两个方面：一方面，休哈特学派理论与方法的产生和发展，为质量控制提供了科学实用的管理手段；仅控制图就出现了许多新的种类与形式，如选控图、验收控制图、万能控制图等；就抽样检验来说，在不断完善计数型各种方法的同时，又出现了若干计量型方法。另一方面，田口玄一等人所创立的质量管理理论与技术，标志着新的质量管理学派的产生，为质量管理科学开辟了另外一片天地。尤其是线外、线内质量控制技术，在加强线内质量控制的同时，更为注意提高设计质量，为进一步完善工序质量控制奠定了基础，使全面质量管理的真正实现有了理论与方法保证。

一、线内质量控制

线内质量控制的一个很重要的内容就是生产过程中的产品质量控制，也即对工序质量的控制。常用的质量控制手段如表5-3所示。

表5-3 常用的质量控制方法

方　式	具体内容	特　点
序后质量控制	进行序后检验和测试，它是在工序完成后对零件进行检测，剔除不合格品来保证产品质量的控制方式	相对于后两种控制方法来说，序后质量控制是一种消极的质量控制
过程改进	是一种消除产生质量缺陷的可能性的质量控制方式。它通过消除引起过程变化的原因，使过程始终稳定，来保证产品质量特征在规定的范围内，达到质量控制的目的	是控制产品质量的积极方法，也是质量控制的最直接途径。因为它消除了产品过程变化的原因。一般对于经过改进的过程，不必再进行在线质量控制或序后质量控制
在线质量控制	在生产的过程中控制产品的质量，即在线的检测过程参数和检测质量特征，调整过程参数，使产品的质量特征在一定范围内。对于经过在线质量控制的过程一般不需要再进行序后质量控制	是进行质量控制的最佳途径，但不是所有的过程都可以通过过程改进被消除。对于不能消除的过程变化而言，为了达到优良的质量特征，往往需要采用在线质量控制

为确保产品质量，应根据实际情况合理选取适当的质量控制方式，在产品质量形成的序前、序中、序后各个环节实行全程有效控制。但限于当时自动化技术、检测技术的发展程度，这种质量控制只能依靠人工操作来完成数据的采集与处理，其速度、能力、可信度等均有相当大的局限性。

二、线外质量控制

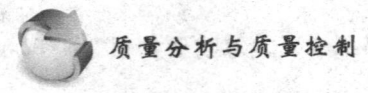

在全面质量管理理论形成之前，人们对产品的质量活动还仅限于着重控制生产过程。随着人们对如何科学、经济的制定标准，如何达到"合理质量"等质量观念的认识的深入，使质量管理从单纯关注加工过程，拓展至市场调研、产品设计、生产加工、销售、服务等全过程的活动，尤其是产品的设计质量直接关系从产品加工到产品报废整个寿命周期内的质量问题，如加工技术水平、用户对质量的需求、社会的环境保护、生命安全等方面的要求。因此，设计质量也就成为线外质量控制中的一项重要内容。作为提倡线外质量控制的代表人物，日本的田口玄一博士指出：产品的质量首先取决于产品设计，如果设计质量不佳，就会造成产品质量的先天不足。而产品成本的 70% 是在设计阶段决定的。只要采用科学的设计方法，就可将成本降低 25%~40%。因此，企业想在市场竞争中立于不败之地，就首先要在产品设计开始就综合考虑设计质量、设计成本和目标价格三者之间的关系，以取得最佳组合。

设计阶段质量经济分析的首要工作，是如何合理得确定产品的总体质量水平。目前常见的产品质量水平经济分析理论和方法的比较，如表 5-4 所示，在产品的设计阶段进行相应的质量经济分析是企业产品设计的重要内容，现有多种方案用于不同情况下的评判与分析，把影响产品质量设计的外部因素和内在因素综合起来，使质量优化设计问题形成了一个开放的体系。

表 5-4 常见的产品质量水平经济分析理论和方法比较

项目 设计方法	基本理论	存在问题
通过社会消耗最小化确定最佳的产品质量水平	产品质量水平的变化将引起社会消耗的变化，某一质量水平对应的社会总消耗 C 最低，该质量水平便是最佳的质量水平	忽视了不同的质量水平对应不同的社会消耗和社会收益；质量水平对顾客需求有影响
通过用户使用价值和企业设计制造成本确定最佳质量水平	考虑企业和用户两个方面的利益，用户使用价值与企业设计制造成本 C 差额最大时的质量水平便是企业追求的最佳产品质量水平	忽略用户的使用价值与企业设计制造成本的差额能否反映产品的社会效益；如何使两者统一。
以企业利润最大化为目标来确定最佳产品质量水平	尽管产品质量水平的提高会引起成本的上升，但产品售价 P 也会随之上升，使售价与成本 C 差额最大的质量水平是优选的最佳质量水平	忽略产品质量水平对销售量的影响；认为售价是质量水平的函数
	销售收入 S 与总成本 C 差额最大时对应的产品质量水平便是最佳的产品质量水平	没有考虑成本随着产品产销量变化而变化
运用价值工程理论确定最佳产品质量水平	质量水平变化将引起制造成本与使用成本的变化，使产品寿命周期成本最低的功能水平是最适宜的功能水平，偏离次水平都会引起产品价值的下降	功能水平难以度量

休哈特等人创造并拓展的以数理统计理论为主的工序质量控制方法使预防为主的质量管理指导思想得以较好实现。田口玄一等人提出的三次设计理论，则使工序质量控制由仅

限于工序自身控制的指导思想拓延到工序以外的工序质量控制,即实行线内线外质量管理的有机结合。在观念上彻底改变了以符合性为指导思想的工序控制,而是把质量形成的整个过程作为工序质量控制的出发点和最终目标,在控制方法上则更加侧重进行合理的工序质量控制,即采用计数方法以提高产品质量与采用经济控制方法以求良好的经济效益之间的平衡。

第四节 工序质量控制系统

当代质量管理基本原理有许多是在计算机大量应用之前形成并发展起来的,现代制造业已将计算机技术广泛应用于生产和管理中,并逐步向智能化、自动化、集成化方向发展,各种柔性自动化加工中心、数控机床、计算机控制生产流程在制造业中比比皆是。计算机辅助设计(CAD)及计算机辅助制造(CAM)、计算机辅助生产管理(CAPM)及工序策划(CAPP)、计算机辅助测试(CAT)等应运而生,目前正在逐步形成自动柔性制造系统(FMS)并向计算机集成制造系统(CIMS)方向发展。随着这种制造系统向柔性化、自动化、集成化方向发展的趋势,质量功能理应成为现代制造业中的首要功能,质量控制活动和质量数据处理的自动化也理应成为先进制造技术中的一个最要组成部分。但目前,质量管理的许多理论方法的应用与现代化制造业的发展并不协调甚至脱节,工序质量控制还仅仅停留在以提高技术、提高加工精度为主的传统观念上,而对于相对落后的我国企业来讲,由于设备陈旧、资金匮乏,更是被动地接受现有条件而始终使工序质量长期处于工序能力不足的状态之中,已被证明是行之有效的数理统计方法也未得到应有的重视。基于预防思想和数理统计理论的计算机辅助工序质量控制系统,即为顺应这一时代潮流应运而生。

一、功能设计

实现有效的质量管理,实现永不停止的质量改进目标,常常依赖于全面正确的信息及时提供。在现代自动化制造环境中,要突破传统的文件化质量体系对质量问题的反应时间的极限,就必须有一个处理现代高变化率和低库存的加工环境,即实时制造环境。因此,通过自动检测进行自动化实时质量数据的采集,并与其他制造功能联系形成质量信息快速反馈与控制系统,已成为提高质量水平的重要途径。

(一)系统软件设计的思路

在本系统中,选择车削加工工序为控制对象。系统软件设计的基本思路如图5-3所示,每一步的作用如下。

1. 输入参数

在设备开始工作时,要把一些必要的参数输入计算机。例如,工件参数、车削参数、时间参数、采样间隔、标准参数值等。

2. 采集数据
当必要参数设置完备后，利用仪器仪表按要求采集生产和质量数据。

3. 储存数据
采集到的数据分门别类储存到数据库中，需要时可随时提取。

4. 数据处理
根据预置数学模型，调用所采集数据进行处理。

5. 检验判断
在处理数据的过程中，计算机根据预设原则把数据进行比较和判断，并把判断结果以某种特定方式予以输出。

6. 储存结果
为进行预警、控制及其他系统调用，作为历史资料予以储存备用。

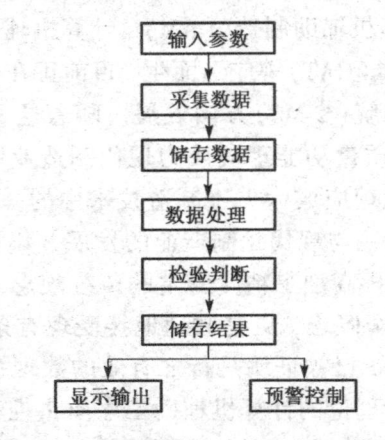

图 5-3　系统软件设计的基本思路框图

（二）系统软件的功能

依据上述分析，工序质量控制系统软件的主要功能有 5 项:数据采集功能、文件检索功能、分析诊断功能、结果输出功能和预警控制功能，如图 5-4 所示。

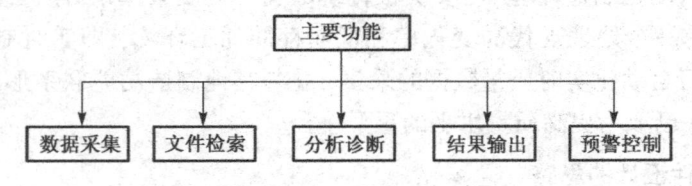

图 5-4　系统软件功能框图

1. 数据采集功能
数据采集是设备状态检测与诊断的前提，只有先采集数据后才能进行分析诊断。数据采集功能模块主要有:参数输入模块、采样模块、数据检验模块和数据储存模块，如图 5-5 所示。

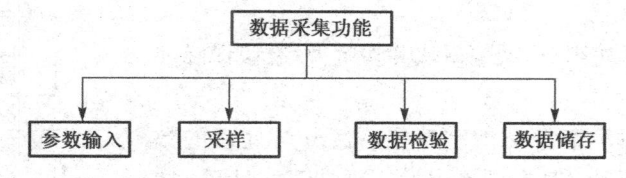

图 5-5　数据采集功能模块

参数输入模块要求输入采用参数、滤波参数、数据文件名等参数，然后由采样模块进行数据采集。数据检验模块对采集的数据进行平滑处理，剔除干扰。数据滤波模块对采集的数据按要求进行低通、带通，高通滤波处理。波形显示模块显示采样信号的时域波形。数据储存模块以给定的数据文件名存储数据。

2. 分析诊断功能

该功能主要由数据处理模块、结果储存模块、工序能力诊断模块和质量分析模块组成，如图 5-6 所示。

数据处理模块包含误差处理功能；质量分析模块主要是监视工件波动情况，进行质量实时判断，预报质量信息。

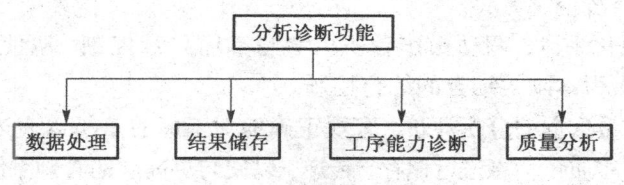

图 5-6　分析诊断功能模块

3. 文件检索功能

该功能主要是按所给定的工序代码、加工编号和加工日期储存数据文件，需要时可分别检索到相应的数据文件，它只有文件检索一个功能模块。为了方便快捷地检索数据文件，本系统对数据文件名作如下的统一规定：

数据文件名 = 设备代码 + 上序点 + "." + 测量日期和时间

该规定的主要目的是降低编程难度，加快数据文件的自动化程度。

4. 结果输出功能

该功能由图形显示模块、质量显示模块、生产显示模块和打印模块组成，如图 5-7 所示。

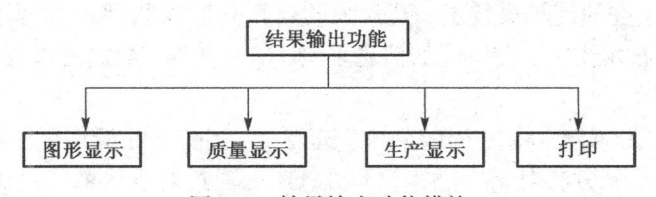

图 5-7　结果输出功能模块

5. 预警控制功能

该功能由两个模块组成：预警模块和控制模块，如图5-8所示。

预警模块包含预测报警和控制功能。经分析处理的数据与理想的数据相比较，基本预测出设备正常工作时间、加工件数，预测报警，并对相关工序进行控制，使相关设备进行调整或停止工作，减少损失，保证质量。

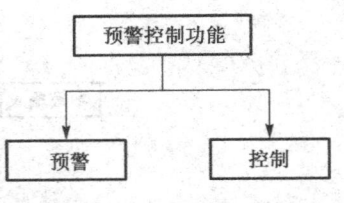

图 5-8 预警控制功能模块

二、工序质量控制系统的功能与特点

(一) 功能

该系统开发完成后具有下面这些功能。

(1) 可根据控制对象选择不同的控制方式和方法，对工序质量实施实时和在线预警控制。

(2) 可根据合理抽样原则，自动采集质量数据进行工序能力分析评价，并确定最佳工序能力指数及最佳经济控制方案。

(3) 可通过可视化手段，调动操作者积极参与工序质量控制，以使工序质量由刚性的自动控制提升为以人为本刚柔结合的综合控制。

(4) 可通过对质量数据的分析评价，客观正确地对工序质量予以表述，为工序质量改进提供调整依据，并可将质量信息进行储存、传递，以便与更高层的管理系统进行有效连接。

(5) 可以根据有关理论方法进行工序质量中抽样方法的优化选择，也可为适应单件小批量生产方式或是其他生产具体要求予以全部检测。

(二) 特点

对机加工工序质量控制系统所进行的研究，包括硬件构成、数据采集、数据处理及质量管理理论的应用等内容并涉及机加工、检测、控制技术及计算机应用等技术，该系统采用 Delphi 语言及 MS SQL Server 数据库，可用于对单工序、多工序及区域性的质量控制并可对工序质量及其系统自身进行可靠性分析和经济性分析，相对传统的工序控制而言，其主要特点如下。

(1) 面向企业设备陈旧、加工手段落后状况所研究开发的系统，无须改变原有工艺规程、无须投入过多的人力物力，起到工序质量明显提高的效果，此方式最为适合我国国情。

(2) 由于采用先进的计算机技术，其强大的运算功能为数理统计理论在质量控制中的应用提供了有力的技术支持，使得诸如信息采集、信号转换、数据处理与分析、系统瞬时响应等功能得以实现。

(3) 系统除采用诸如控制图、回归分析、选控图、多变异分析法、自适应过滤法及指数平滑法等不同质量控制方法对工序进行控制外，还可通过对系统的扩展或是与其他系统的匹配支持更多技术方法的应用，使其既可成为一个更高级系统的子系统，也可进一步为专家系统的开发奠定基础。

(4)系统对工序经济控制能力评价、工序最佳诊断间隔期、工序抽样检验等控制方法所创建的数学模型,能够自动根据加工状态,从经济的原则出发,在保证质量的前提下使工序处于理想状态。

(5)系统基于管理的观念,即"以预防为主"的观念而非传统的事后检验方式进行工序质量控制。

(6)系统基于数理统计理论方法进行工序质量控制而非以技术方法控制工序质量。

(7)系统基于关注构成工序质量的综合因素而非着眼于某一技术难点的解决。

(8)系统主要采用在线检测方式,并可及时对发生数据进行处理及予以储存和重复利用。

(9)系统区别于传统的人工操作检验方式,能够自动进行工序质量的实时检测与反馈控制。

(10)系统基于以人为本的管理思想,通过在系统中配置可视化装置,可充分发挥人在工序质量控制中的主观能动作用,以确保工序质量处于稳定状态。

三、工序质量控制系统的创新之处

该工序质量控制系统在实验室条件下运行的情况表明:该系统充分体现了先进合理、可操作性强、以人为本、预防为主及经济实用的特点。系统的创新之处在于以下几个方面。

(1)计算机技术在系统中的应用可从根本上改变传统的以人工运算为主的工序质量控制模式;改变数理统计理论的大部分数学模型均采用近似计算的方式;由于其良好的瞬时响应和强大的数字运算能力,采取在线控制方式,使预防为主的观点真正在工序质量控制中得到了体现。

(2)系统基于以人为本观念的实施开发,其表现形式为可视化装置的安装。其现实意义是通过提高操作者的满意度来提高工作质量和提升产品质量,其深层意义在于可改变以理性原则为基准的刚性生产方式,以使工序质量提升到柔性综合控制的更高水平。

(3)所创建的工序质量经济控制数学模型,可使系统分别在工序能力充足和不足的情况下,根据盈亏平衡原理确定合理的工序质量水平,从而改变一味追求高的工序能力指数和对工序能力不足持否定态度的传统观念。

(4)所创建的工序质量改进指标体系,应用模糊数学、层次分析等方法,将宏观的质量改进观念应用到工序质量控制这一具体活动中,可使管理人员随时了解工序质量的现状及改进程度,为工序质量的持续改进提供理论依据。

四、功能的实现方式

依据上述功能分析所进行的软件开发主要有以下几个方面。
(1)控制界面的设计。
(2)预警及反馈功能的表达方式。
(3)各种模块的功能实现。

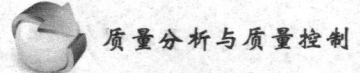

(4) 各模块间的协调及配合。
(5) 对系统所需的部分数理统计功能采取移植的方式。

小　结

本章引入了工序的概念，工序是产品制造过程的基本环节，也是组织生产过程的基本单位。任何产品都必须经过各道工序的加工才能制造成功。因此，工序质量最终决定产品的制造质量。要做好工序质量的控制，也就必须掌握工序控制以及工序能力，特别是工序能力指数的计算。工序质量的控制与系统的设计也分不开，于是线外线内质量控制技术和计算机集成制造系统的完善，为进一步完善工序质量控制奠定了基础，使全面质量管理的真正实现有了理论与方法的保证。

习　题　五

5.1　某厂生产的电子元件寿命不低于 2 000 小时，现从生产过程中随机抽取 1 000 件产品进行检验，试验均值 $\bar{x}$ = 2 350 小时，s = 80 小时，试求工序能力指数，并判断其工序能力指数级数，若工序能力不足，请给出适当的解决方案。

5.2　某机械零件技术要求为 50 ± 0.023 mm，现从生产过程中随机抽取 100 件，测量并计算得到该零件的平均值为 $\bar{x}$ = 49.997 mm，样本标准偏差 S = 0.007 mm。试计算该零件加工的过程能力指数，并判断工序状况及应采取的后续措施。

5.3　简述工序控制的主要内容。

5.4　针对不同的工序能力级数，列举相应的解决方案。

5.5　简述线内与线外质量控制的主要内容。

第六章
制造过程质量自动控制

第一节　制造过程质量自动控制的概念
第二节　质量工程控制应用系统概述
第三节　质量数据采集及其自动化
第四节　质量控制平台实验设计

质量分析与质量控制

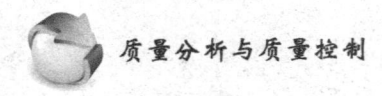

章前导引

在现代科技发展过程中，自动控制技术起着极为重要的作用，大到卫星、宇宙飞船上天，小到化工、热电等行业的自动化生产，都离不开自动控制理论的应用。自动控制具有反应速度快、控制准确、运行平稳等优点，将自动控制原理应用到质量管理中，使质量管理实现了"快速、准确、稳定"的控制过程，促进了质量管理由传统管理向自动化控制管理的转变，使质量管理产生了质的飞跃，成为质量管理理论发展的新亮点。

第一节 制造过程质量自动控制的概念

本章主要介绍制造过程质量的自动检测与控制的相关内容。制造过程的质量自动检测与控制也称在线检测与控制。狭义地讲，就是在生产线上加上某一个环节，以便对制造过程中的某些关键参数或工况进行在线或离线检测，并根据检测的结果自动调节并控制制造过程，从而使过程能稳定地生产出质量合格的产品。

目前，对产品制造过程的质量进行控制，主要有以下几条途径。

(1) 从管理方面着手，如通过文明生产、均衡生产、严格规章制度、完善的质量控制计划、QC 小组活动、现场管理等质量管理方式进行。

(2) 从工序质量控制方面着手，如借助于各种统计质量控制工具，进行工序能力的分析、评价和提高，使过程处于受控状态，达到控制工序质量的目的。

(3) 从设备的自动检测与控制方面着手，如通过对制造过程中的质量数据进行自动采集和反馈控制，达到保证或提高产品质量的目的。

制造过程质量自动检测与控制可提高生产效率，降低工人的劳动强度，在现代工业生产中具有非常重要的意义。其意义可以从以下几个方面来体现。

1. 制造过程质量自动控制能使产品符合设计规范

使制造出来的产品符合设计规范是制造过程质量自动控制的主要目的。为了达到这一目的，传统的制造过程质量控制主要采用严格的质量检验、统计工序质量控制技术和生产现场管理等方式来完成。现代制造过程质量控制系统除了采用上述控制手段外，还强调通过制造过程的在线检测和反馈控制技术来确保产品质量达到设计规范要求。上述各种手段的综合，使得产品质量能够得到最大限度的保障。

2. 制造过程质量自动控制能减少人为因素的干扰

在传统质量控制方式下，产品质量往往会受到人为因素的影响，使得产品质量保证的可靠性下降。如果采用自动化程度更高的质量控制技术，可以有效地排除人为因素的干扰，提高产品质量保证的可靠性。

3. 制造过程质量自动控制具有更好的经济性

传统的工序质量控制方法主要是建立在数理统计理论基础上的，具有一定的滞后性，

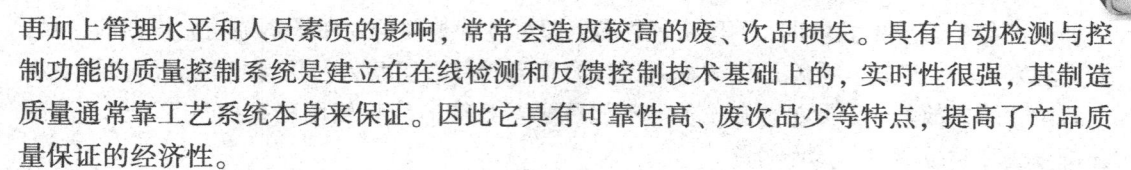

再加上管理水平和人员素质的影响,常常会造成较高的废、次品损失。具有自动检测与控制功能的质量控制系统是建立在在线检测和反馈控制技术基础上的,实时性很强,其制造质量通常靠工艺系统本身来保证。因此它具有可靠性高、废次品少等特点,提高了产品质量保证的经济性。

4. 制造过程质量自动控制更适于单件小批量生产

随着产品"个性化"的趋势越来越明显,多品种、小批量生产已成为制造企业的主导生产模式。由于生产批量往往达不到统计技术所需的最低样本数,传统的统计工序质量控制方法的应用范围将越来越小。在这种情况下,产品质量的一次成功变得极为重要。为了实现这一目的,必须在工艺装备和工艺方法上多想办法,而采用在线检测和反馈控制技术,可经济性地实现这一目的。

5. 制造过程质量自动控制更适合于自动化程度很高的流程型生产

一般情况下,流程型生产过程的自动化程度极高,也需要实时性很高的在线检测技术和实时反馈控制技术。

第二节 质量工程控制应用系统概述

一、系统简介

质量工程控制应用系统集成了自动控制技术、视频测量技术、RFID 的物流技术、数控加工系统、工业用六轴机器人、工业以太网、人工智能、信息管理技术、计算机语言编程组态监控、MES 生产过程管理软件等先进技术,可作为 ERP 管理系统培训的下行执行单元。系统具有多种驱动形式:有气压传动、传送带、步进电机、直流电机传动、交流伺服电机、变频调速电机等工业常见的传动形式。通过这套实训可认识质量控制系统,如各电机的工作原理、各驱动器件的工作原理、气动元件工作原理以及元件造型、日常维护等各方面,有助于更好地理解系统如何在工业质量控制过程中应用。

质量工程应用系统为一有机整体,由机器人安装搬运子系统、自动传输子系统、立体仓储子系统、质量检测子系统、数控加工子系统、拆卸分拣子系统、零件安装子系统、质量中央控制平台等八个子系统(单元)组成,系统集成了零件质量自动分类及管理物联网子系统、网络控制平台、信息集成与调试。各子系统在质量中央控制平台上可统一控制、协调工作。如果需要,各子系统可以单独工作,互相不受影响。系统可容纳多人同时学习,有更多的机会操控该设备。

该系统使用有轨小车来联系各子系统单元,可根据需要适当延长导轨,添加所需子系统,而且还可用质量中央控制平台对整个系统进行调度控制。该系统控制技术先进,提供的是一个典型的综合科技环境。它特别适合项目导入式教学,在这套设备上可将过去所学的知识有机地联系在一起,使其动手能力、综合分析能力上升到一个新高度。系统可整体培训也可各子系统独立培训，不用机械拆装，即可进行整体培训和子系统独立培训的转换，培训起来灵活、高效。系统设有故障调试综合设置模块；实验人员可方便地应用该模块在各站设置一些故障，学员在这套设备上不但可学习系统的编程使用和维护，还可学习故障分析方法和对故障进行诊断分析。

该系统的平台示意图如图 6-1 所示。

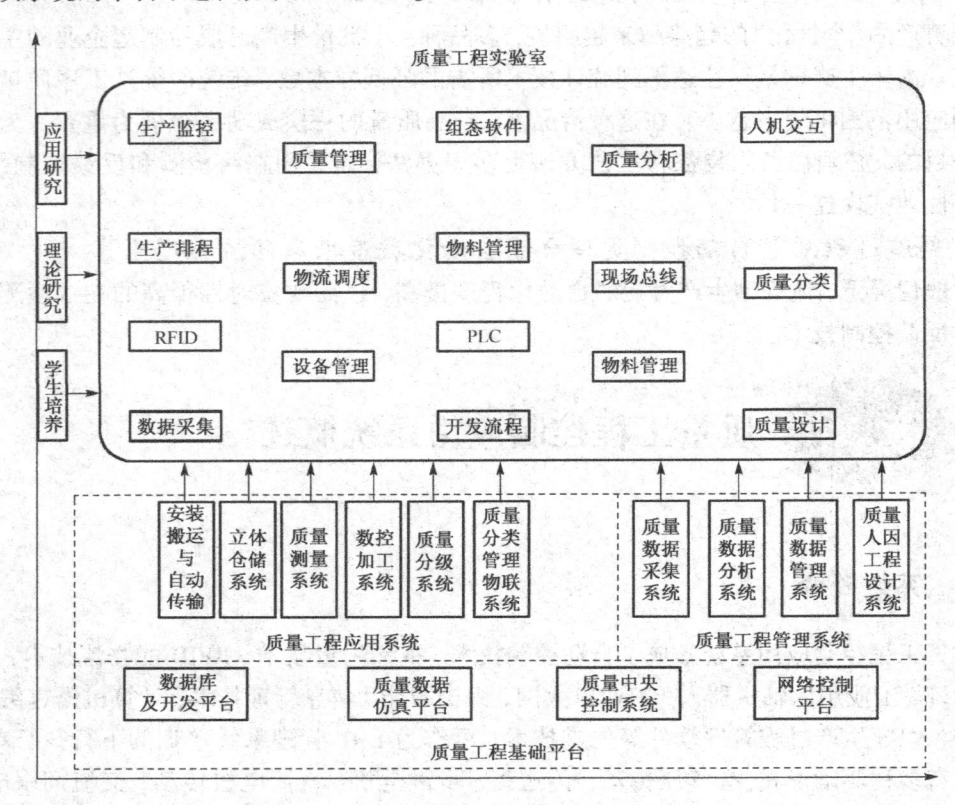

图 6-1 系统平台示意图

二、系统的特点及目的

(一) 系统的特点

1. 可靠性

系统中元器件均采用知名公司工业元件，质量可靠、性能稳定、故障率低，系统从设计到生产的工艺和流程都已通过了 ISO 9001 质量体系认证，确保产品质量。适应长时间培训。

2. 全面性

系统囊括了包括传感器、气动、步进、伺服、PLC 等基础控制项目；RFID 射频技术、视频图像采集与识别、现场网络通信等工业控制前沿技术；MES 生产管理系统、组态监控、数据库存储和管理、OPC 服务器通信等上位机信息管理方案。满足由浅入深、由点及面的教学需求。

3. 安全性

具有电压型漏电保护装置和电流型漏电保护装置,安全性符合相关的国家标准。同时备急停保护、限位保护等各种保护功能,防止误操作对操作者和设备带来的危险。

4. 扩展性

系统可扩展性强,设备在硬件上预留有可扩展空间,可根据工业发展形势及用户方合理性建议进行改进、扩展;软件上可以根据不同的教学需求,以该设备为平台,运行和开发多种软件,包括组态王、OPC 客户程序、VC++、LABVIEW、MES、RFID 物流管理软件等。

(二) 系统的目的

该质量工程应用系统设计的目的如下。

(1) 提供和建立一个质量工程应用系统的硬件环境。

(2) 研究 AGV 物流小车在现场自动化车间的控制方案和应用。

(3) 开发基于质量工程应用系统(MES)的制造系统管理软件。

(4) 建立基于 RFID/条形码的质量工程应用系统生产过程物料跟踪环境。

(5) 建立基于 RFID/条形码的生产车间物流仓库管理环境。

(6) 开发基于 RFID/条形码的生产车间和质量工程应用系统物料管理软件系统。

(7) 研究 MES 和 ERP 系统的集成。

(8) 研究供应链管理中的企业生产物流管理。

(9) 研究质量工程应用系统的建模、调度、优化。

(10) 视频采集技术的研究及其测量系统的上位机开发和设计。

三、质量工程应用系统控制方案

根据机械平台的上述工艺过程,质量工程应用系统采用以太网络通信方式实现网络控制系统,它将质量中央控制平台与其他 7 个子系统有机地连接在一起,用于控制各子系统的工作任务和工作安排。该系统的执行系统由八套西门子 S7-200PLC 及其通信模块组成。上层管理控制网络由以太网及 8 台控制电脑构成,实现工作信息管理以及工作状态的监控。

该系统的网络服务器由质量中央控制平台的计算机构成,建立质量工程应用系统的信息数据库。

质量工程应用系统的网络控制方案示意图如图 6-2 所示。

1. 系统主要技术参数

① 交流电源:三相四线制,AC:380 V±10%,50 Hz;单相三线制,AC:220 V±10%,50 Hz。

② 温度:-15 ℃~45 ℃;环境湿度:≤85%(25 ℃)。

③ 实训设备外形尺寸:长×宽×高=7 300 mm×3 700 mm×1 650 mm。

④ 整机消耗:≤4 kVA。

⑤ 气源工作压力:最小 0.4 Mbar,最大 0.7 Mbar。

⑥ 安全保护措施:具有接地保护、漏电保护功能,安全性符合相关的国家标准。

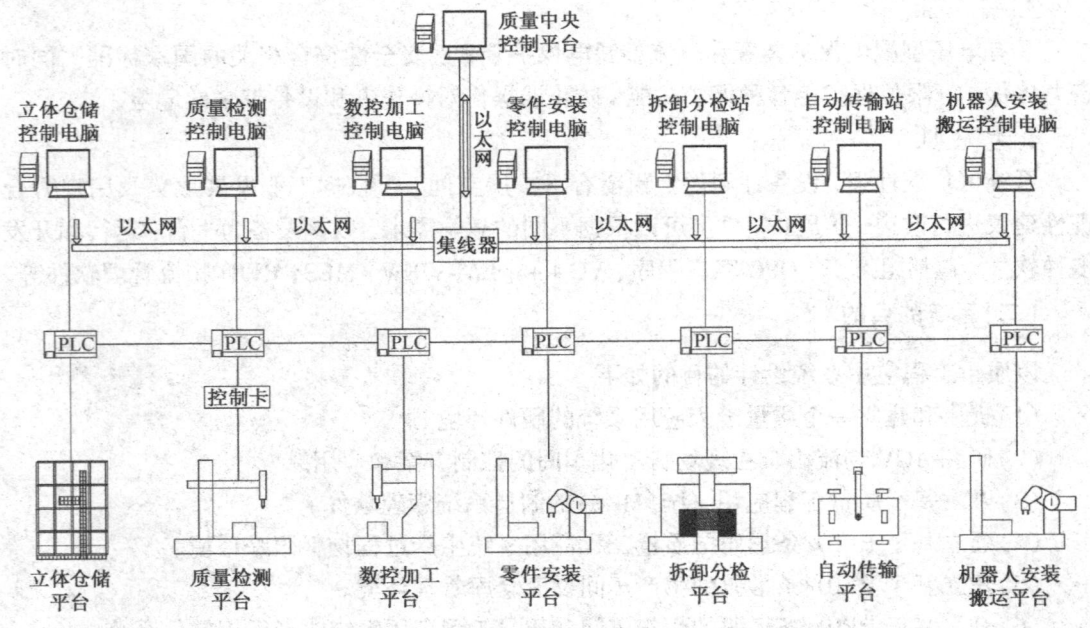

图 6-2　网络控制方案示意图

2. 系统内容

由于系统所提供的是一个综合的科技环境,因此在本系统上可进行多种技术的培训。在本系统上可进行传感器技术、气动技术、电机驱动和 PLC 技术等多方面的培训,通过这套设备介绍质量工程控制的过程。

（1）传感器

该系统所使用的传感器数量达 40 多个,有电感式的、光电式的以及电磁式的,每一个都有着各自的特性,发挥着不同的作用,使系统得以可靠工作。通过了解设备中各类传感器的工作特性,可加强对这些传感器的感性认识,再结合对传感器工作原理的分析和特性演示,可快速掌握所学知识。

（2）气动技术

该系统上使用了大量的气动元件,包括多种电控气动阀、多种气动缸、气动夹爪、过滤调压阀等。在学习这些气动元件时,不但可以单独学习每一种分离元件,还可以在学习时了解各种气动元件之间以及气动元件与其他元件之间是如何配合起来协调工作的。

（3）PLC 技术

系统所提供的八套子系统(单元)各自都有一套 PLC 控制器,这使得系统可以分成 8 个完全独立的工作单元,使三十几个学员可以同时进行学习,而且每个学员都有动手的机会。在该设备上学员不但可以学习 PLC 的各种技术,而且可以学习综合科技环境下 PLC 的多种应用。为灵活学习和掌握 PLC 的各方面知识提供了条件。

（4）电气控制系统

8 个子系统其电控部分全部按照工业标准和习惯进行设计,并且以附件方式提供全部设计图纸和说明书。在该设备上可学习电路原理图分析、PLC 各 I/O 地址查对和新设备电路连线分析方法。

(5) 机械系统安装调试

系统上的 8 个子系统可让各组学员将机械部分全部或部分拆去,再按要求将其重新组装,并且调试至系统可正常、可靠地工作。这对提高学员动手能力有极大帮助。

(6) 电机驱动技术

系统中设置了步进、伺服、变频等电机驱动技术,在学习其原理及应用时,在这里可以得到切实的应用。

(7) 系统维护和故障检测技术

这部分重点可学习机电一体化系统日常维护的内容和方法以及系统常见故障分析、排除的方法。

(8) 计算机组态监控技术

随着对工业自动化的要求越来越高以及大量控制设备和过程监控装置之间通信的需要,监控和数据采集系统越来越受到重视。该系统采用的是国内流行的典型工业控制组态监控软件。通过该软件的学习可了解实际工程中的常见问题及处理方法。

(9) 网络技术

该系统集成了西门子系列的以太网通信技术,通过该网络传递各站信息,协调各站有序运行。根据通信要求编写各单元 PLC 程序,把多个单元联成一套完整的现代生产物流系统。在编程和控制实践中,更加直接、有效地学习和掌握该以太网通信技术,了解现场通信在工业自动化生产中的重要作用。

(10) 质量工程应用系统可实现的内容

① 先进控制软件、软测量技术、实时数据库技术、数据融合与数据处理技术、现场总线网络化控制系统、传感器技术、特种执行机构等。

② FMS 系统网络通信采用现场总线网络结构,完成智能现场设备的信息集成,并为 MES 软件提供 OPC 数据接口。

③ RFID 在物流管理系统中的应用和作用。

④ 视觉传感器在工业自动化系统中的应用。

⑤ MES 生产管理软件的设计和开发。

四、系统主要子系统介绍

(一) 质量中央控制平台概述

安装在标准箱体实训台上的"质量中央控制平台"实训考核装备,大体可分为四个部分:PC 个人机、质量工程应用系统电源指示、各动作站状态指示以及按钮操作面板等,如图 6-3 所示。

其中,每一部分工作机构都可自成一个独立的系统,同时也是中央控制台不可分割的系统组成。各个单元的执行机构基本上以指示质量工程应用系统工作站的状态为主,并配

质量分析与质量控制

有质量工程应用系统的控制操作元件及PC个人机监控,具有多点控制、指示质量工程应用系统的运行情况、网络控制等特点。

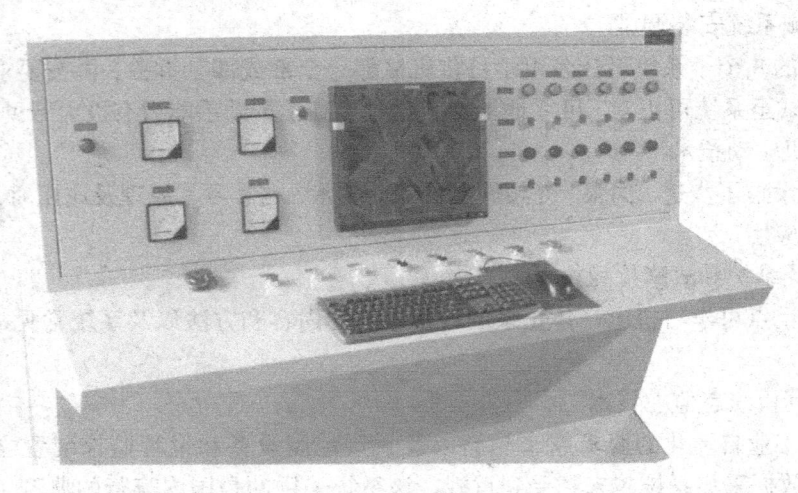

图6-3　质量中央控制平台

平台主要功能:

该平台要负责统筹各站信息,协调各站有序运行。并提供组态软件实现对每个工作站进行远程监控和组态。与质量工程应用系统(SRS-MF05)各工作单元相应配合,实现流水线的生产、加工、检测、搬运、安装、分拣等功能。

(二)自动传输子系统概述

自动传输子系统主要由传输导轨、传输小车、机械手臂、按钮控制台(带触摸屏)、操作按钮、气动三联件和电气控制柜(手臂旋转伺服系统、小车运动伺服系统、PLC、电源)组成,如图6-4所示。

图6-4　自动传输子系统

系统主要功能：

沟通、协调各站之间的正常运行（完成取料、搬运、出库、入库等操作）并与质量工程管理系统各子系统相应配合，实现流水线的生产、加工、搬运、安装、分拣的功能。

（三）立体仓储子系统概述

立体仓储子系统主要由4层5列的立体仓库、X坐标传动机构、Y坐标传动机构、定位传感装置、存取工件装置、操作按钮、气动三联件和电气控制柜（X坐标伺服系统、Y坐标伺服系统、PLC、电源）组成，如图6-5所示。

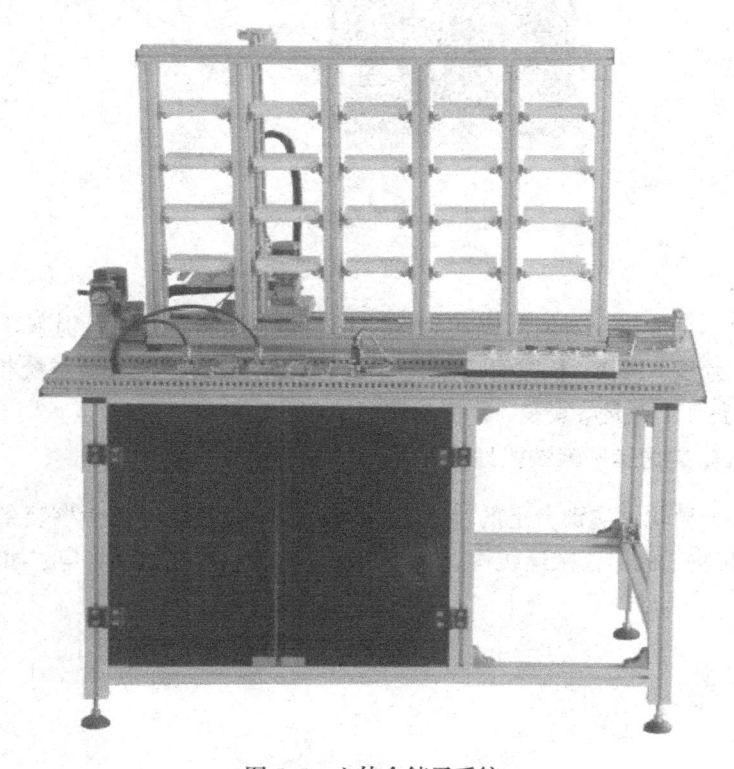

图6-5 立体仓储子系统

系统主要功能：

完成20个存储工位零件存取操作并对工件进行分类管理，同时采用上位机组态管理软件完成20个工位零件任务和状态信息设置和监控。主要负责系统中零件出库、入库和任务分配的职责。并与质量工程管理系统各子系统相应配合，实现流水线的生产、加工、搬运、安装、分拣的功能。

（四）零件安装子系统概述

零件安装子系统主要由铝型材工作台、零件安装单元（二号零件安装）、零件传输单元、硬度测量单元、探伤测试单元、视觉扫描单元、操作按钮、气动三联件和电气控制柜（X坐标步进系统、PLC、电源）组成，如图6-6所示。

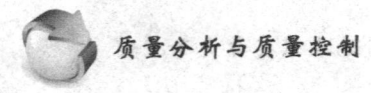

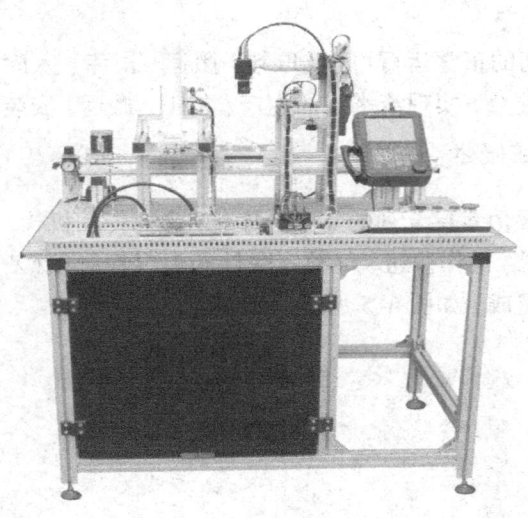

图 6-6 零件安装子系统

系统主要功能：

对自动传输子系统指令对物料完成硬度测量、损伤探测、视觉识别和零件安装，并判别零件质量生成硬度、探伤、长宽等信息，并与质量工程管理系统各子系统相应配合，实现流水线的生产、加工、搬运、安装、分拣的功能。

(五) 机器人安装搬运子系统概述

安装在铝合金导轨式实训台上的"机器人安装搬运子系统"实训考核装备，大体可分为三个部分：安装机构、机器人搬运机构、暂存工位机构以及电气控制柜等，如图 6-7 所示。

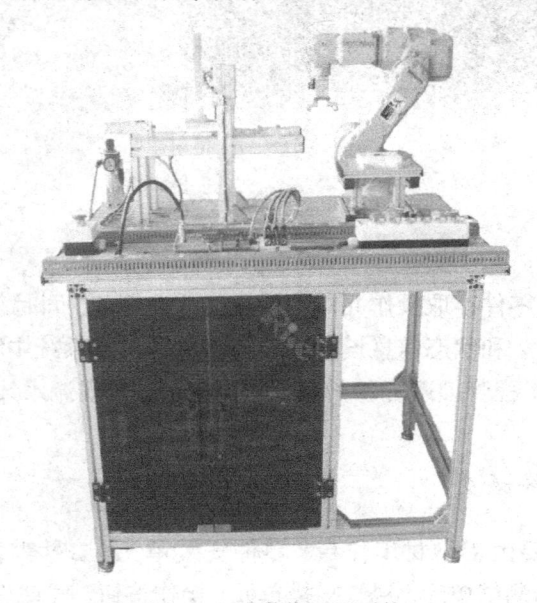

图 6-7 安装搬运子系统

第六章 制造过程质量自动控制

其中，每一工作机构都可自成一个独立的系统，同时也是安装搬运子系统不可分割的系统组成。各个单元的执行机构基本上以气动执行机构为主，但机器人搬运机构的机械装置整体运动则采用"MOTOMAN"安川电机工业机器人驱动，使安装搬运物料实现精确定位、驱动系统稳定、多定位点的特点。

系统主要功能：

安装搬运子系统由三大机械机构组成，在各机构实现自身动作完成时，安装搬运子系统的主要动作流程基本完成。主要用于质量工程应用系统（SRS-MF05）加工完成物料的安装搬运；由系统的自动传送小车送来已加工好的半成品物料，由 PLC 发出机器人搬运的信号，并与质量工程应用系统（SRS-MF05）各工作站相应配合，实现流水线的生产、加工、搬运、安装、分拣的功能。

（六）数控加工子系统概述

CNC 数控铣床单元，采用 SIEMENS-802C 系列 CNC 控制系统组建一台加工单元。由西门子 PLC（S7-200）系统控制与 SIEMENS-802C 数控系统进行数据交换；数控系统界面通过计算机可进行运动控制编程。采用完全开放性的设计理念便于动手了解数控机床硬件及其软件的组成和控制方式。该加工单元采用轻重量高刚度的床身，具有控制精度高等优点，并在加工机构下方增加有减震、消音单元，以提高系统加工过程中的稳定性及降低噪音。

数控加工子系统大体可分为三个部分：物料定位机构、$X/Y/Z$ 伺服驱动机构、变频主轴机构以及电气控制柜，如图 6-8 所示。

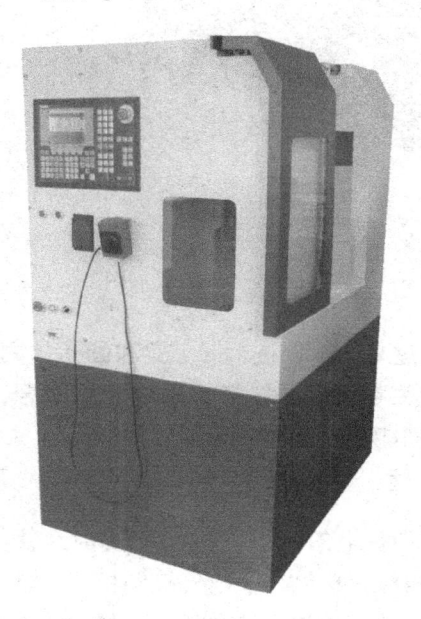

图 6-8 数控加工子系统

系统主要功能：

CNC 加工子系统由三大机械机构组成，在各机构实现自身动作完成时，CNC 加工子系统的主要动作流程基本完成。主要用于质量工程应用系统（SRS-MF05）原料的加工（4 个小的定位孔、1个大的安装孔);由系统的自动传送小车送来未加工的原料,由物料定位机构夹紧物料,完成物料定位孔、安装孔的加工。并与质量工程应用系统(SRS-MF05)各工作站相应配合,实现流水线的生产、加工、搬运、安装、分拣的功能。

(七) 质量检测子系统概述

质量检测子系统主要由 X 坐标运动机构、Y 坐标运动机构、Z 坐标运动机构、测量探头、上料定位结构、操作按钮、气动三联件和电气控制柜(X 坐标伺服系统、Y 坐标伺服系统、Z 坐标伺服系统、PLC、电源)组成,如图6-9所示。

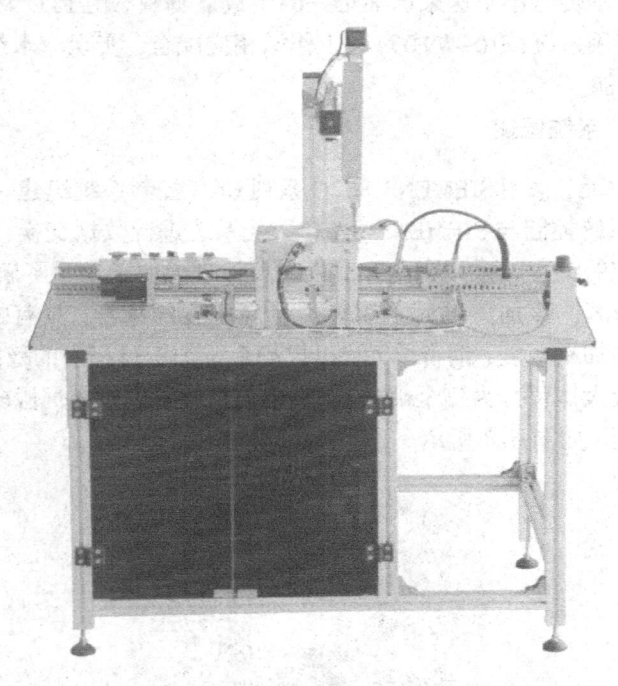

图6-9 质量检测子系统

系统主要功能:

对自动传输子系统传送过来的零件进行长、宽和圆孔的测量,在上位机界面上显示并判别质量信息。最终与质量工程管理系统各子系统相应配合,实现流水线的生产、加工、搬运、安装、分拣和检测的功能。

(八) 拆卸分拣子系统概述

安装在铝合金导轨式实训台上的"拆卸分拣站"实训设备,大体可分为三个部分:拆卸机构、皮带传送机构、气动机械手机构以及电气控制柜等,如图6-10所示。

其中,每一工作机构都可自成一个独立的系统,同时也是拆卸分拣子系统不可分割的系统组成。各个单元的执行机构基本上以气动执行机构为主,但皮带传送机构的机械传动装置整体运动则采取直流电机驱动,安装在皮带传送机构上的挡缸可实现该驱动系统具有长行程、多定位点的特点。

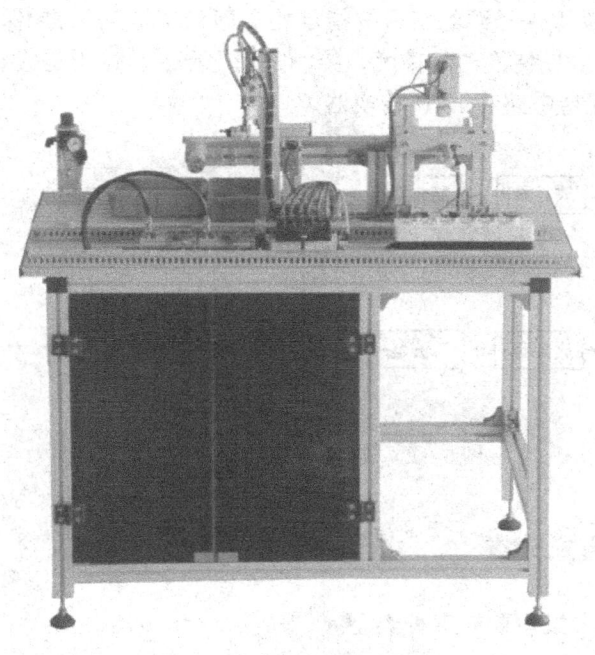

图 6-10 拆卸分拣子系统

系统主要功能：

拆卸分拣子系统由三大机械机构组成，在各机构实现自身动作完成时，拆卸分拣子系统的主要动作流程基本完成。主要用于质量工程应用系统（SRS-MF05）安装完成物料的拆卸分拣；由系统的自动传送小车把拆卸的大工件取走；拆卸下来的小工件由拆卸分拣站的皮带传送机构、气动机械手机构实现小工件的分拣，存储到相应的物料槽里，并与质量工程应用系统（SRS-MF05）各工作站相应配合，实现流水线的生产、加工、搬运、安装、分拣的功能。

第三节　质量数据采集及其自动化

一、数据采集系统的基本组成

数据采集系统的一般组成如图 6-11 所示。

数据采集系统一般由传感器、放大器和滤波器在内的信号调理电路，多路模拟开关，采样/保持电路，A/D 转换器及控制逻辑电路等组成。传感器的作用是从生产过程中获取生产线的运行状态和有关产品质量的信息。信号调理电路，传感器输出的模拟信号往往因其幅值小、可能含有不需要的高频分量或其阻抗不能与后续电路匹配等原因，不能直接送给 A/D 转换器转换成数字量，需要对信号进行必要的处理。这些信号处理电路就称为信号调理电路。信号调理电路的功能主要是放大和滤波。多路模拟开关，在控制信号的作用下，将来自多个独立模拟信号源的信号按指定的顺序依次送到采样/保持电路。采样/保持电路，其作用是保持 A/D 转换器的精度。控制逻辑电路，其作用是集成化地控制多路模拟开关(电路)、采样/保持电路和 A/D 转换器。

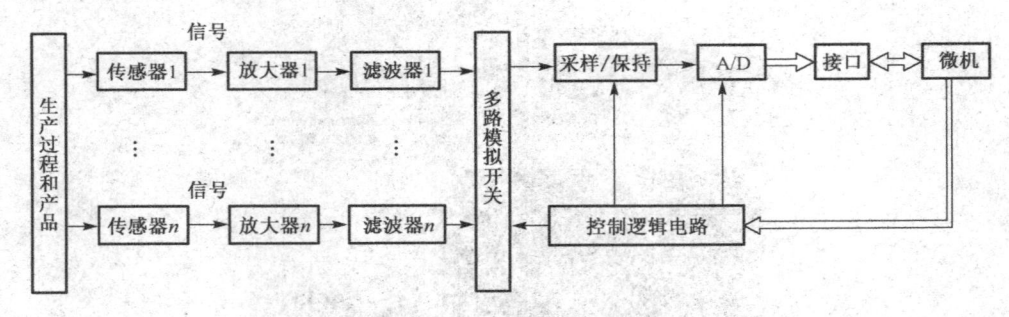

图 6-11 数据采集系统的一般组成

二、数据采集方式分类

常用的数据采集方式主要有三种类型。

(一) 自动检测

自动检测是利用计算机控制的坐标测量机或其他全自动测试仪器对工件或生产线的运行状态进行检测，可以实现质量数据的自动采集及处理。还可将分析结果自动送到生产设备的控制装置，实现"近似闭环"或全闭环的质量控制。

自动检测方式可以是在线的，也可以是离线的。在线的自动检测方式可以构成全闭环质量控制；离线检测方式则可构成"近似闭环"质量控制。如图 6-12 所示是计算机自动在线数据采集方式。

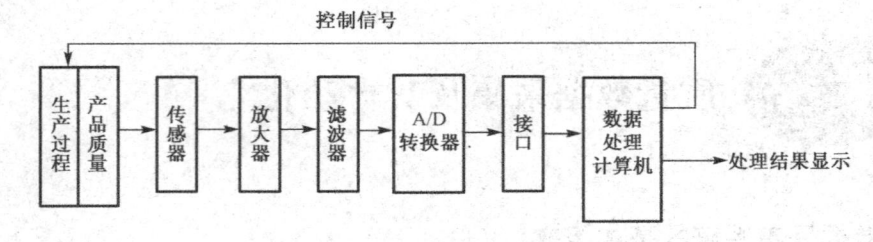

图 6-12 计算机自动在线数据采集

(二) 半自动检测

所谓半自动检测，是指检测活动是手动的，而信息的传送和数据的处理却是自动的。检验完毕后，可以按各种统计数据处理方式对数据进行处理，并将处理结果显示或打印出来。必要时，数据处理装置还可生成控制信号去控制生产过程，构成所谓的"近似闭环"控制方式。半自动检测目前已广泛应用在尺寸参数、几何参数、表面粗糙度、重量、力、硬度等的检测方面。

(三) 手工检测

所谓手工检测，就是利用各种手动量仪对工件或产品进行检测，或采用"目测"的方式对生产线运行状态进行检测。检测人员需要"目测"计量仪（千分尺、游标卡尺、千分表）的读数，再把结果记入专用的表格或利用键盘把数据送入数据处理计算机。这种方式简单、经济，但花费时间长，检测精度不高（由于读数误差），数据录入时也会出错。

生产线运行参数的采集也属于质量数据采集的范畴，其目的是监控生产系统的运行状况，以发现潜在的问题并消除之，如刀具磨损的监控、刀具破损的监控、设备运行状态的监控等。过程参数采集的对象可以是电流、电压、电功率、力参数、位移参数、流量、噪声、振动、运动状态等。对于物理参数的采集可采用各种传感器，对运动状态的采集可采用工业摄像机。

三、检测方法

产品度量数据和生产过程参数的采集方法一般可分为两类：接触式测量法和非接触式测量法。对于计算机辅助检测而言，无论采用哪种方法，大多数情况下都是通过检测系统，将加工过程参数或零件质量参数转换成电压、电流、电阻信号或一串脉冲信号，经信号调理电路放大、滤波并转换成数字信号后，再送到计算机进行处理。

(一) 接触式测量法

在接触式测量法中，常用的仪器有坐标测量机、目视读数或自动记录的千分尺、游标卡尺、粗糙度测量仪和各种量规等。

(二) 非接触式测量法

在实际质量控制中，非接触式测量法也得到了广泛应用。非接触式测量法常用在下列场合：工件无法准确定位或无须准确定位；检测速度要求很快时；不能向工件施加力时；部位独特，测头无法达到时；对接触式测头磨损较大时。非接触式测量法通常分成两类：光学方法和非光学方法。属于光学方法的非接触式测量有光栅尺、光学显微放大镜、激光扫描测量仪和光电二极管等。属于非光学检测法的有电感法、电容法、射线法和超声波法等。

下面以扫描激光系统为例，说明光学非接触测量方法的应用。扫描激光系统的工作原理如图 6-13 所示。激光器发射出一个连续的薄层光束，转动镜片使光束偏转，通过透镜扫过被测工件。光传感器（光探测器）置于透镜系统的焦点上，接受来自透镜系统的光束。当被测工件移动经过光束时，使光束产生中断。测定光束的中断间隔时间，就可以测定工件的尺寸（还应计入工件的移动速度）。最后将来自光探测器的信号送入信号处理器，经过计算确定尺寸是否合格。如果不合格，则可以给剔除不合格品的机构发出一个剔除信号，以排除生产线上的不合格品。

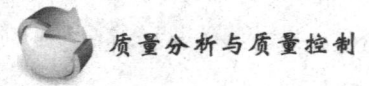

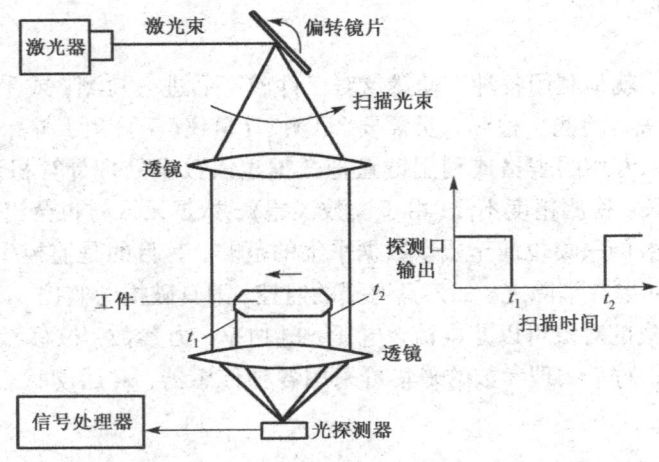

图 6-13 用扫描激光束检测工件尺寸

四、检测参数

制造过程中需要检测的量主要包括以下 5 个方面。

(一) 电工量

电工量包括电压、电流、功率、电荷、频率、电阻和磁场强度等,可以通过电工量的测量确保电气设备的运行状态。机械设备的工作状态和加工过程的状况也可通过对电工量的检测来判断。

(二) 机械量

机械量包括位移、速度、加速度、应力、力矩、重量、振动、噪声、平衡和计数等。通过测量位移确定零件尺寸精度,通过测量速度来确定零件的加工精度(表面粗糙度、螺距准确性),通过测定加速度来确定机床的振动状况,通过噪声(或声发射)测量确定设备的运行状况及刀具的状况等。

(三) 成分量

成分量包括气体、液体的各种化学成分含量、浓度、密度等。

(四) 几何量

几何量包括几何尺寸及误差、几何形状及误差、表面粗糙度等。

(五) 其他量

其他量包括零件重心、表面硬度、表面纹理形态等。

五、典型检测方法

自动检测包含的内容很多,这里简单介绍几种典型的检测方法。

(一) 直径检测

如图 6-14 所示为用于单线圈气隙式电感传感器原理图。变压器的一侧为 LC 串联谐振电路，当工件加工尺寸发生微小变化时，通过推杆使铁心移动发生变化 δ，使输出电压 E_2 发生变化。这个系统不仅包括检测部分，同时也包括信号处理及反馈控制部分。

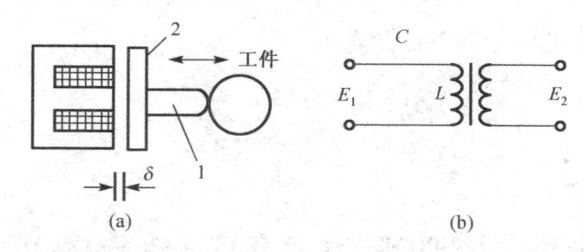

图 6-14　单线圈气隙式电感传感器

(二) 长度尺寸测量

长度尺寸测量是位移测量的一种。位移测量可以采用各种位移传感器，如变阻器式、差动变压器、电容式、同步机、计量光栅、激光比长仪等。这些传感器均可进行连续的位移测量和长度尺寸的精测。现代数控机床上一般配备专用的测量头，可以进行直径和长度的检测。在加工过程中，首先完成半精加工，然后根据测量所得到的尺寸与最终尺寸的差值，修正刀具的位置进行精加工，一般可以得到比较高的加工精度。

(三) 形位公差测量

形位公差的测量一般采用"离线"的方式，在柔性制造系统中则在专用的检测工位上进行。形位公差一般不能在加工过程中进行控制，但有些形位公差项目(如回转表面的圆度、圆柱度、位置度等)可以进行加工中的连续检测及补偿。这种测量多属于非接触式动态测量。对于圆度测量，一般不仅需要知道误差的大小，还应该知道误差的方位。有些机床上还装有调整机构用来进行误差补偿。对于圆柱度测量，则还要知道被测部位的轴向位置，一般情况下，圆柱度在轴向方向的误差比较容易测量和补偿。

(四) 刀具损坏的检测

在加工过程中，常需对刀具的状况进行检测。刀具检测有两项内容：一是检测刀具的过度磨损；二是检测刀具的破损。刀具的过度磨损可以通过对切削功率、切削力、切削热、工件的形状误差和噪声的检测来确定。对刀具破损的检测常采用测量刀尖位置的方式来进行。对车刀破损的检测可利用数控机床上的测头来完成。

第四节　质量控制平台实验设计

本节我们以一个具体实验为例，学习如何进行质量控制平台的实验设计。

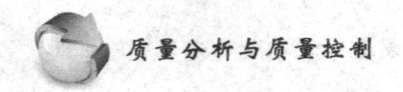

实验名称　利用质量工程应用系统区分产品质量

一、实验目的

1. 利用三坐标测量机构检测产品质量；
2. 检测数据分析(区分产品质量)。

二、实验设备

1. 质量检测子系统；
2. WINDOWS XP 操作系统的 PC 机一台(装有 VC++软件、有 MPC07 卡)；
3. 测量 VB 源代码；
4. MPC07 卡通信电缆；
5. 实验教材。

三、实验步骤

1. 打开质量控制系统所有子系统以及中央控制平台电源；
2. 检查所有子系统是否上电，待所有控制平台指示灯为黄色时，按下中央控制台复位按钮；
3. 复位按钮按下后，待所有子系统指示灯为绿色时，表明系统工作正常，如不为绿色则进行检查，直到所有指示灯为绿色；
4. 打开加工任务录入系统，进行任务录入，进行加工材料检测任务；
5. 将待检验的材料放入立体仓库，等待系统识别以及检验；
6. 待系统的 RFID 识别出材料后，按下中央控制台的开始按钮，系统进行材料检验；
7. 工作人员在质量检测系统上记录数据，系统自动区分材料质量等级(分为合格、不合格)。

四、实验结果分析

根据质量控制图理论，构建不合格率控制图(p 图)。p 图用于监视所生产的不合格品数目的比例，通常称为不合格率或缺陷率控制图。当有数据时，构建 p 图首先收集 20~30 个计数值数据样本。每个样本量足够大，以便能够包含几个不合格品目。如果发现不合格的概率比较小，样本通常需要达到 100 或更多。样本抽取需要一段时间，以便识别出所有特殊原因，都得到调查。

我们假设选取了 k 个样本，每个样本量为 n。如果 y 表示特定样本中的不合格数，那么不合格的比率为 y/n。令 p_i 为第 i 个样本的不合格率，那么这一组中 k 个样本的平均不合格率为

$$\bar{p} = \frac{p_1 + p_2 + \cdots + p_k}{k}$$

这个统计量反映了过程的平均绩效。人们肯定会期望有更多百分比的样本，其不合格率处在 $\bar{p}$ 的三个标准差之内，所以，p 图的控制上下限为

$$\text{UCL}_p = \bar{p} + 3s_p$$
$$\text{LCL}_p = \bar{p} - 3s_p$$

如果 LCL_p 小于 0，则值取 0。

有点落在控制限之外，则发生了失控的情况；出现形态和趋势也应该寻找和识别特殊原因。然而，如果 p 图上有一个点低于控制限下限，或者形成的趋势在中心线之下，则提示过程得到改进，建立理想的零缺陷状态。当然，在做出这个结论时要特别注意，因为计算中也可能有差错。

根据实验数据构建 p 图，从加工完的零件中随即抽取 100 个作为样本，并记录下不合格品的数目，并进行 25 次抽取。这些信息如 6-1 表所示。

表 6-1 测量所得数据

测量次数	不合格品数目	抽查总数
1	3	100
2	1	100
3	0	100
4	0	100
5	2	100
6	5	100
7	3	100
8	6	100
9	1	100
10	4	100
11	0	100
12	2	100
13	1	100
14	3	100
15	4	100
16	1	100
17	1	100
18	2	100
19	5	100
20	2	100
21	3	100
22	4	100
23	1	100
24	0	100
25	1	100

根据上文的介绍，可以计算不合格率和标准差。

不合格率计算如下

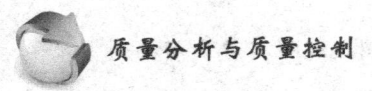

$$\bar{p} = \frac{0.03 + 0.01 + \cdots + 0.01}{25} = 0.022$$

标准差计算如下

$$s_p = \sqrt{\frac{0.022 \times (1 - 0.022)}{100}} = 0.01467$$

因此，根据控制限上下限的公式可以知道，UCL_p 为 $0.022 + 3 \times 0.01467 = 0.066$，控制下限 LCL_p 为 $0.022 - 3 \times 0.01467 = -0.022$，由于下限小于0，所以控制下限取0。

在经过了这些计算之后，根据实验测量所得的相关数据，并经过上述步骤的计算，得出如表6-2所示的结果，根据此结果可以画出控制图（p 图）。

表6-2 实验数据处理结果

序号	不合格数	总数	不合格率	s	LCL_p	CL	UCL_p	P_i
1	3	100	0.03	0.01467	0	0.022	0.066	0.03
2	1	100	0.01	0.01467	0	0.022	0.066	0.01
3	0	100	0	0.01467	0	0.022	0.066	0
4	0	100	0	0.01467	0	0.022	0.066	0
5	2	100	0.02	0.01467	0	0.022	0.066	0.02
6	5	100	0.05	0.01467	0	0.022	0.066	0.05
7	3	100	0.03	0.01467	0	0.022	0.066	0.03
8	6	100	0.06	0.01467	0	0.022	0.066	0.06
9	1	100	0.01	0.01467	0	0.022	0.066	0.01
10	4	100	0.04	0.01467	0	0.022	0.066	0.04
11	0	100	0	0.01467	0	0.022	0.066	0
12	2	100	0.02	0.01467	0	0.022	0.066	0.02
13	1	100	0.01	0.01467	0	0.022	0.066	0.01
14	3	100	0.03	0.01467	0	0.022	0.066	0.03
15	4	100	0.04	0.01467	0	0.022	0.066	0.04
16	1	100	0.01	0.01467	0	0.022	0.066	0.01
17	1	100	0.01	0.01467	0	0.022	0.066	0.01
18	2	100	0.02	0.01467	0	0.022	0.066	0.02
19	5	100	0.05	0.01467	0	0.022	0.066	0.05
20	2	100	0.02	0.01467	0	0.022	0.066	0.02
21	3	100	0.03	0.01467	0	0.022	0.066	0.03
22	4	100	0.04	0.01467	0	0.022	0.066	0.04
23	1	100	0.01	0.01467	0	0.022	0.066	0.01
24	0	100	0	0.01467	0	0.022	0.066	0
25	1	100	0.01	0.01467	0	0.022	0.066	0.01

根据质量控制原理，发现没有任何点落在质量控制限之外，可以认为生产过程是可控的。此外，还要观察控制点是否有向上或向下的趋势，为此需要画出趋势图，如图6-15所示。

根据图6-15，发现该生产过程没有明显的向上或向下的趋势，没有理由认为生产过程失控，所以认为生产过程是受控的。

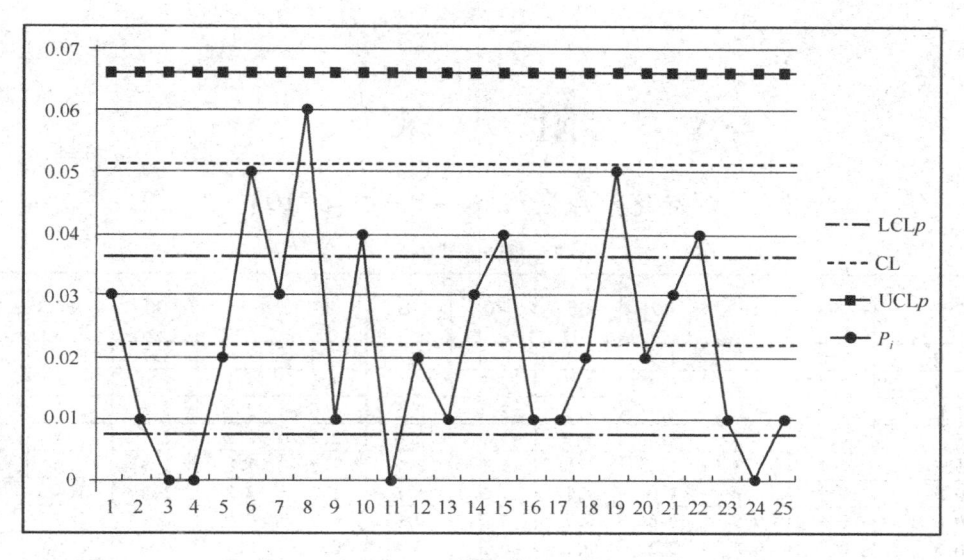

图 6-15　实验数据趋势图

小　结

自动控制理论在质量管理中的应用是质量管理理论发展的创新性尝试，只要我们抓住自动控制理论的精髓，并与质量管理的实际紧密结合，认真实践，不断总结，一定能使自动控制的优越性在质量管理中发挥得淋漓尽致，使质量管理向精确化发展，质量管理理论的发展也一定能走向一个新时代。

习　题　六

6.1　比较制造过程控制与其过程中的质量控制的区别。

6.2　根据过程质量控制要求，结合实例，设计一项产品以加强质量控制为主要内容的制造控制系统。

6.3　分析制造过程质量控制的关键环节以及技术实现方法。

附　录

标准化打点表（$pn_T-1 \sim pn_T-10$）

$pn_T-1(p=0.01)$

pn_T \ n	50	55	60	65	70	75	80	85	90	95	100
3.0	2.6	2.8	2.9	3.1	3.2	3.3	3.5	3.6	3.7	3.9	4.0
2.5	2.3	2.4	2.3	2.7	2.8	2.9	3.0	3.1	3.3	3.4	3.5
2.0	1.9	2.0	2.1	2.3	2.4	2.5	2.6	2.7	2.8	2.9	3.0
1.5	1.6	1.7	1.8	1.9	1.9	2.0	2.1	2.2	2.3	2.4	2.5
1.0	1.2	1.3	1.4	1.6	1.5	1.6	1.7	1.8	1.8	1.9	2.0
0.5	0.9	0.9	1.0	1.1	1.1	1.2	1.2	2.2	1.4	1.4	1.5
0.0	0.5	0.6	0.6	0.7	0.7	0.8	0.8	0.9	0.9	1.0	1.0
-0.5	0.1	0.2	0.2	0.2	0.3	0.4	0.4	0.4	0.4	0.5	0.5
-1.0	-0.2	-0.2	-0.2	-0.2	-0.1	-0.1	-0.1	-0.1	0.0	0.0	0.0
-1.5									-0.5	-0.5	-0.5
-2.0											
-2.5											
-3.0											

$pn_T-2(p=0.02)$

pn_T \ n	50	55	60	65	70	75	80	85	90	95	100
3.0	4.0	4.2	4.5	4.7	4.9	5.1	5.4	5.6	5.8	6.0	6.2
2.5	3.5	3.7	3.9	4.1	4.3	4.5	4.7	4.9	5.1	5.3	5.5
2.0	3.0	3.2	3.4	3.6	3.7	3.9	4.1	4.3	4.5	4.6	4.8
1.5	2.5	2.7	2.8	3.0	3.2	3.3	3.5	3.6	3.8	3.9	4.1
1.0	2.0	2.1	2.3	2.4	2.6	2.7	2.9	3.0	3.1	3.3	3.4
0.5	1.5	1.6	1.7	1.9	2.0	2.1	2.2	2.3	2.5	2.6	2.7
0.0	1.0	1.1	1.2	1.3	1.4	1.5	1.6	1.7	1.8	1.9	2.0
-0.5	0.5	0.6	0.7	0.7	0.8	0.9	1.0	1.1	1.1	1.2	1.3
-1.0	0.0	0.0	0.1	0.2	0.2	0.3	0.3	0.4	0.5	0.5	0.6
-1.5	-0.5	-0.5	-0.4	-0.4	-0.4	-0.3	-0.3	-0.2	-0.2	-0.1	-0.1
-2.0											
-2.5											
-3.0											

$pn_T-3(p=0.03)$

pn_T \ n	50	55	60	65	70	75	80	85	90	95	100
3.0	5.1	5.4	5.8	6.1	6.4	6.7	7.0	7.3	7.6	7.8	8.1
2.5	4.5	4.8	5.1	5.4	5.7	5.9	6.2	6.5	6.7	7.0	7.3
2.0	3.9	4.2	4.4	4.7	5.0	5.2	5.5	5.7	5.9	6.2	6.4
1.5	3.3	3.5	3.8	4.0	4.2	4.5	4.7	4.9	5.1	5.3	5.6
1.0	2.7	2.9	3.1	3.3	3.5	3.7	3.9	4.1	4.3	4.5	4.7
0.5	2.1	2.3	2.5	2.6	2.8	3.0	3.2	3.3	3.5	3.7	3.9
0.0	1.5	1.7	1.8	2.0	2.1	2.3	2.4	2.6	2.7	2.9	3.0

附录　续表

pn_T \ n	50	55	60	65	70	75	80	85	90	95	100
−0.5	0.9	1.0	1.1	1.3	1.4	1.5	1.6	1.8	1.9	2.0	2.1
−1.0	0.3	0.1	0.5	0.6	0.7	0.8	0.9	1.0	1.1	1.2	1.3
−1.5	−0.3	−0.2	−0.2	−0.1	0.0	0.0	0.1	0.2	0.3	0.4	0.4
−2.0					−0.8	−0.7	−0.7	−0.6	−0.5	−0.5	−0.4
−2.5											
−3.0											

$$pn_T-4(p=0.04)$$

pn_T \ n	50	55	60	65	70	75	80	85	90	95	100
3.0	6.2	6.6	7.0	7.3	7.7	8.1	8.5	8.8	9.2	9.5	9.9
2.5	5.5	5.8	6.2	6.5	6.9	7.2	7.6	7.9	8.2	8.6	8.9
2.0	4.8	5.1	5.4	5.8	6.1	6.4	6.7	7.0	7.3	7.6	7.9
1.5	4.1	4.4	4.7	5.0	5.3	5.5	5.8	6.1	6.4	6.7	6.9
1.0	3.4	3.7	3.9	4.2	4.4	4.7	5.0	5.2	5.5	5.7	6.0
0.5	2.7	2.9	3.2	3.4	3.6	3.8	4.1	4.3	4.5	4.8	5.0
0.0	2.0	2.2	2.4	2.6	2.8	3.0	3.2	3.4	3.6	3.8	4.0
−0.5	1.3	1.5	1.6	1.8	2.0	2.2	2.3	2.5	2.7	2.8	3.0
−1.0	0.6	0.7	0.9	1.0	1.2	1.3	1.4	1.6	1.7	1.9	2.0
−1.5	−0.1	0.0	0.1	0.2	0.3	0.5	0.6	0.7	0.8	0.9	1.1
−2.0		−0.7	−0.6	−0.6	−0.5	−0.4	−0.3	−0.2	−0.1	0.0	0.1
−2.5											
−3.0											

$$pn_T-5(p=0.05)$$

pn_T \ n	50	55	60	65	70	75	80	85	90	95	100
3.0	7.1	7.6	8.1	8.5	9.0	9.4	9.8	10.3	10.7	11.1	11.5
2.5	6.4	6.8	7.2	7.6	8.1	8.5	8.9	9.3	9.7	10.1	10.4
2.0	5.6	6.0	6.4	6.8	7.1	7.5	7.9	8.3	8.6	9.0	9.4
1.5	4.8	5.2	5.5	5.9	6.2	6.6	6.9	7.3	7.6	7.9	8.3
1.0	4.0	4.4	4.7	5.0	5.3	5.6	5.9	6.3	6.6	6.8	7.2
0.5	3.3	3.6	3.8	4.1	4.4	4.6	5.0	5.3	5.5	5.8	6.1
0.0	2.5	2.8	3.0	3.3	3.5	3.8	4.0	4.3	4.5	4.8	5.0
−0.5	1.7	1.9	2.2	2.4	2.6	2.9	3.0	3.2	3.5	3.7	3.9
−1.0	1.0	1.1	1.3	1.5	1.7	1.9	2.1	2.2	2.4	2.6	2.8
−1.5	0.2	0.3	0.5	0.6	0.8	0.9	1.1	1.2	1.4	1.6	1.7
−2.0	−0.6	−0.5	−0.4	−0.3	−0.1	0.0	0.1	0.2	0.4	0.5	0.6
−2.5						−1.0	−0.9	−0.8	−0.7	−0.6	−0.4
−3.0											

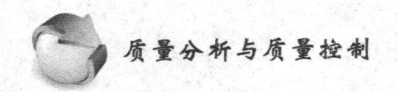

$$pn_T - 6(p = 0.06)$$

pn_T \ n	50	55	60	65	70	75	80	85	90	95	100
3.0	8.0	8.6	9.1	9.6	10.2	10.7	11.2	11.7	12.2	12.6	13.1
2.5	7.2	7.7	8.2	8.7	9.2	9.6	10.1	10.6	11.0	11.5	11.9
2.0	6.4	6.8	7.3	7.7	8.2	8.6	9.0	9.5	9.9	10.3	10.7
1.5	5.5	5.9	6.4	6.8	7.2	7.6	8.0	8.4	8.8	9.2	9.6
1.0	4.7	5.1	5.4	5.8	6.2	6.9	7.0	7.3	7.7	8.0	8.4
0.5	3.8	4.2	4.5	4.9	5.2	5.5	5.9	6.2	6.5	6.9	7.2
0.0	3.0	3.3	3.6	3.9	4.2	4.5	4.8	5.1	5.4	5.7	6.0
-0.5	2.2	2.4	2.7	2.9	3.2	3.5	3.7	4.0	4.3	4.5	4.8
-1.0	1.3	1.5	1.8	2.0	2.2	2.4	2.7	2.9	3.1	3.4	3.6
-1.5	0.5	0.7	0.8	1.0	1.2	1.4	1.6	1.8	2.0	2.2	2.4
-2.0	-0.4	-0.2	-0.1	0.1	0.2	0.4	0.6	0.7	0.9	1.1	1.3
-2.5				-0.9	-0.8	-0.6	-0.5	-0.4	-0.2	-0.1	0.1
-3.0											-1.1

$$pn_T - 7(p = 0.07)$$

pn_T \ n	50	55	60	65	70	75	80	85	90	95	100
3.0	8.9	9.5	10.1	10.7	11.3	11.9	12.4	13.0	13.6	14.1	14.7
2.5	8.0	8.6	9.1	9.7	10.2	10.8	11.3	11.8	12.4	12.9	13.4
2.0	7.1	7.6	8.2	8.7	9.2	9.7	10.2	10.7	11.1	11.6	12.1
1.5	6.2	6.7	7.2	7.6	8.1	8.7	9.0	9.5	9.9	10.4	10.8
1.0	5.3	5.7	6.2	6.6	7.0	7.5	7.9	8.3	8.7	9.1	9.6
0.5	4.4	4.8	5.2	5.6	6.0	6.4	6.7	7.1	7.5	7.9	8.3
0.0	3.5	3.9	4.2	4.6	4.9	5.3	5.6	6.0	6.3	6.7	7.0
-0.5	2.6	2.9	3.2	3.5	3.8	4.1	4.5	4.8	5.1	5.4	5.7
-1.0	1.7	2.0	2.2	2.5	2.8	3.0	3.3	3.6	3.9	4.2	4.4
-1.5	0.6	1.0	1.2	1.5	1.7	1.9	2.2	2.4	2.7	2.9	3.2
-2.0	0.1	0.1	0.2	0.4	0.6	0.8	1.0	1.2	1.5	1.7	1.9
-2.5		-1.0	-0.7	-0.6	-0.4	-0.3	-0.1	0.1	0.2	0.4	0.6
-3.0								-1.1	-1.0	-0.8	-0.7

$$pn_T - 8(p = 0.08)$$

pn_T \ n	50	55	60	65	70	75	80	85	90	95	100
3.0	9.8	10.4	11.1	11.8	12.4	13.0	13.7	14.3	14.9	15.5	16.1
2.5	8.8	9.4	10.1	10.7	11.3	11.9	12.5	13.1	13.6	14.2	14.8
2.0	7.8	8.4	9.0	9.6	10.1	10.7	11.3	11.8	12.3	12.9	13.4
1.5	6.9	7.4	8.0	8.5	9.0	9.5	10.0	10.6	11.1	11.6	12.1
1.0	5.9	6.4	6.9	7.4	7.9	8.3	8.8	9.3	9.8	10.2	10.7
0.5	5.0	5.4	5.9	6.3	6.7	7.2	7.6	8.1	8.5	8.9	9.4
0.0	4.0	4.4	4.8	5.2	5.6	6.0	6.4	6.8	7.2	7.6	8.0

续表

pn_T \ n	50	55	60	65	70	75	80	85	90	95	100
−0.5	3.0	3.4	3.7	4.1	4.5	4.8	5.2	5.5	5.9	6.3	6.6
−1.0	2.1	2.4	2.7	3.0	3.3	3.7	4.0	4.3	4.6	5.0	5.3
−1.5	1.1	1.4	1.6	1.9	2.2	2.5	2.8	3.0	3.3	3.6	3.9
−2.0	0.2	0.4	0.6	0.8	1.1	1.3	1.5	1.8	2.1	2.3	2.6
−2.5	−0.8	−0.6	−0.5	−0.3	−0.1	0.1	0.3	0.5	0.8	1.0	1.2
−3.0						−1.0	−0.9	−0.7	−0.5	−0.3	−0.1

$pn_T - 9 (p = 0.09)$

pn_T \ n	50	55	60	65	70	75	80	85	90	95	100
3.0	10.6	11.3	12.1	12.8	13.5	14.2	14.9	15.6	16.2	16.9	17.6
2.5	9.6	10.3	10.9	11.6	12.3	12.9	13.6	14.2	14.9	15.5	16.2
2.0	8.5	9.2	9.8	10.5	11.1	11.7	12.3	12.9	13.5	14.1	14.7
1.5	7.5	8.1	8.7	9.3	9.9	10.5	11.0	11.6	1.2.	12.7	13.3
1.0	6.5	7.1	7.6	8.2	8.7	9.2	9.8	10.3	10.8	11.3	11.9
0.5	5.5	6.0	6.5	7.0	7.5	8.0	8.5	9.0	9.5	9.9	10.4
0.0	4.5	5.0	5.4	5.9	6.3	6.8	7.2	7.7	8.1	8.6	9.0
−0.5	3.5	3.9	4.3	4.7	5.1	5.5	5.9	6.3	6.7	7.2	7.6
−1.0	2.5	2.8	3.2	3.5	3.9	4.3	4.6	5.0	5.4	5.8	6.1
−1.5	1.5	1.8	2.1	2.4	2.7	3.0	3.4	3.7	4.0	4.4	4.7
−2.0	0.5	0.7	1.0	1.2	1.5	1.8	2.1	2.4	2.7	3.0	3.3
−2.5	−0.6	−0.4	−0.1	0.1	0.3	0.6	0.8	1.1	1.3	1.6	1.8
−3.0				−1.1	−0.9	−0.7	−0.5	−0.3	0.0	0.2	0.4

$pn_T - 10 (p = 0.10)$

pn_T \ n	50	55	60	65	70	75	80	85	90	95	100
3.0	11.4	12.2	13.0	13.8	14.5	15.3	16.0	16.8	17.5	18.3	19.0
2.5	10.3	11.1	11.8	12.5	13.3	14.0	14.7	15.4	16.1	16.8	17.5
2.0	9.2	9.9	10.6	11.3	12.0	12.7	13.4	14.0	14.7	15.3	16.0
1.5	8.2	8.8	9.5	10.1	10.8	11.4	12.0	12.6	13.3	13.9	14.5
1.0	7.1	7.7	8.3	8.9	9.5	10.1	10.7	11.3	11.8	12.4	13.0
0.5	6.1	6.6	7.2	7.7	8.3	8.8	9.3	9.9	10.4	11.0	11.5
0.0	5.0	5.5	6.0	6.5	7.0	7.5	8.0	8.5	9.0	9.5	10.0
−0.5	3.9	4.4	4.8	5.3	5.7	6.2	6.7	7.1	7.6	8.0	8.5
−1.0	2.9	3.3	3.5	4.1	4.5	4.9	5.3	5.7	6.2	6.6	7.0
−1.5	1.8	2.2	2.5	2.9	3.2	3.6	4.0	4.4	4.7	5.1	5.5
−2.0	0.8	1.1	1.4	1.7	2.0	2.3	2.6	3.0	3.3	3.7	4.0
−2.5	−0.3	−0.1	0.2	0.5	0.7	1.0	1.3	1.6	1.9	2.2	2.5
−3.0			−1.0	−0.8	−0.5	−0.3	0.0	0.2	0.5	0.7	1.0

参 考 文 献

[1] 严圣武. 质量控制[M]. 北京:北京工业学院出版社,1986.
[2] 许金钊,席宏卓. 产品质量控制[M]. 北京:机械工业出版社,1994.
[3] 于善奇. 抽样检验与质量控制[M]. 北京:北京大学出版社,1991.
[4] 张维铭. 统计质量控制理论与应用[M]. 杭州:浙江大学出版社,1992.
[5] 吴清,高俊芳. 现代质量控制[M]. 上海:世界图书出版公司,1996.
[6] 张公绪,孙静. 新编质量管理学[M]. 北京:中国大百科全书出版社,1998.
[7] 张公绪,孙静. 现代质量控制与诊断工程[M]. 北京:经济科学出版社,1999.
[8] 张公绪,孙静. 质量工程师手册[M]. 北京:企业管理出版社,2003.
[9] 王毓芳. 质量分析质量改进与统计技术[M]. 北京:中国计量出版社,2003.
[10] 岑永霆. 质量管理教程[M]. 上海:复旦大学出版社,2005.
[11] 于涛. 工序质量控制理论与应用[M]. 北京:经济管理出版社,2008.
[12] 尤建新,武小军. 质量管理理论与方法[M]. 大连:东北财经大学出版社,2009.
[13] 刘宇,韩福荣. 现代质量管理学[M]. 北京:社会科学文献出版社,2009.
[14] 曹俊玲. 现代质量工程(第2版)[M]. 重庆:重庆大学出版社,2010.
[15] 梁工谦,刘德智. 质量管理学(第二版)[M]. 北京:中国人民大学出版社,2011.

反侵权盗版声明

电子工业出版社依法对本作品享有专有出版权。任何未经权利人书面许可，复制、销售或通过信息网络传播本作品的行为；歪曲、篡改、剽窃本作品的行为，均违反《中华人民共和国著作权法》，其行为人应承担相应的民事责任和行政责任，构成犯罪的，将被依法追究刑事责任。

为了维护市场秩序，保护权利人的合法权益，我社将依法查处和打击侵权盗版的单位和个人。欢迎社会各界人士积极举报侵权盗版行为，本社将奖励举报有功人员，并保证举报人的信息不被泄露。

举报电话：（010）88254396；（010）88258888
传　　真：（010）88254397
E-mail：dbqq@phei.com.cn
通信地址：北京市万寿路173信箱
　　　　　电子工业出版社总编办公室
邮　　编：100036

华信经管系列教材

1. 华信经管引进精品

序号	国际书号	书名	定价	作者	出版年月	奖项教辅
1	7-121-16511-5	创业管理：创立并运营小企业(第2版)	55	Steve Mariotti	2012-04	
2	7-121-18627-1	供应链管理：流程、伙伴和业绩(第3版)	49	Douglas Lambert	2012-11	
3	7-121-15038-8	管理信息系统(第3版)	55	David M.Kroenke	2012-03	
4	7-121-19017-9	国际商务(第3版)	49	Stuart Wall	2013-01	
5	7-121-17143-7	国际商务(英文版·第3版)	59	Stuart Wall	2012-06	
6	7-121-19595-2	运营管理精要(英文版)	49	Nigel Slack	2013-03	
7	7-121-19014-8	战略管理基础(第2版)	39.8	Gerry Johnson	2013-01	
8	7-121-20500-2	财务会计和报告(英文注释版·第15版)	69	Barry Elliott	2013-06	
9	7-121-23532-0	财务报表分析与解读——一种基于项目的方法(第6版)	49	Karen P. Schoenebeck	2014-07	
10	7-121-20956-7	发展经济学(英文注释版·第11版)	69	Michael P.Todaro	2013-07	
11	7-121-21719-7	工程经济学(英文注释版第15版)	65	William G.Sullivan	2013-11	
12	7-121-21471-4	金融学案例(双语版·第2版)	49.8	Jim DeMello	2014-01	
13	7-121-21416-5	市场营销学：真实的人，真实的选择(第7版)	69	Michael R.Solomon	2013-10	

2. 华信经管创优系列

序号	国际书号	书名	定价	作者	出版年月	奖项教辅
1	7-121-15293-1	财务报告解读与分析	45	张新民	2011-12	
2	7-121-17036-2	中国税制(第2版)	35	刘颖	2012-06	北京市精品教材,PPT
3	7-121-22609-0	中级财务会计(第3版)	48	谢明香	2014-03	PPT
4	7-121-22976-3	中级财务会计(第3版)习题与解答	35	谢明香	2014-04	
5	7-121-24225-0	Excel财务管理建模与应用	39	王海林	2014-09	
6	7-121-23720-1	MBA财务管理	45	鲁爱民	2014-07	
7	7-121-19323-1	创业管理(第2版)	45	梁巧转	2013-03	
8	7-121-23681-5	质量管理工程概论	38	李明荣	2014-07	PPT
9	7-121-23205-3	质量可靠性理论与技术	35	王海燕	2014-05	PPT
10	7-121-24302-8	生产物流系统建模与仿真	39	王建华	2014-09	多媒体资料、教师题库、学生题库
11	7-121-15877-3	管理控制：化战略为行动	55	罗彪	2012-04	PPT
12	7-121-17177-2	管理信息系统：理论与应用	39	刘腾红	2012-06	
13	7-121-21237-6	管理信息系统	35	王北星	2013-09	
14	7-121-23860-4	管理信息系统	39	王宇	2014-07	
15	7-121-17605-0	企业资源计划(ERP)：原理.实施.应用(第3版)	38	朱江	2012-09	

序号	国际书号	书名	定价	作者	出版年月	奖项教辅
16	7-121-17721-7	企业资源计划(ERP)原理及应用(第2版)	39.8	刘红军	2012-08	
17	7-121-21831-6	管理统计学(第2版)——基于SPSS软件应用	43	王雪华	2014-01	大连理工大学教学成果,PPT,习题解答
18	7-121-20619-1	电子商务概论(第3版)	39	张宽海	2013-06	PPT
19	7-121-18990-6	网络金融	39	秦成德	2012-12	PPT
20	7-121-21009-9	网络金融营销学	35	赵海军	2013-08	
21	7-121-21938-2	商务谈判学	35	袁其刚	2014-01	PPT
22	7-121-21993-1	商务谈判——理论与实务(第2版)	39.8	陈丽清	2014-02	PPT,浙江省精品教材
23	7-121-16918-2	国际结算学新编	39	徐立平	2012-05	PPT
24	7-121-13610-8	现代物流学	38	王转	2012-06	PPT
25	7-121-20292-6	物流案例分析与实践(第2版)	39	张庆英	2013-05	PPT
26	7-121-21209-3	服务营销学(第2版)	35	韦福祥	2013-09	
27	7-121-21700-5	导游业务	25	梁智	2014-01	PPT

3. 华信经管创新系列

序号	国际书号	书名	定价	作者	出版年月	奖项教辅
1	7-121-17749-1	管理学	39	徐君	2012-08	河南省精品课教材,PPT
2	7-121-17427-8	管理学原理	28	于淼	2012-08	
3	7-121-23502-3	管理学原理	36	左仁淑	2014-08	
4	7-121-22316-7	人力资源管理	49.8	付维宁	2014-04	
5	7-121-23702-7	人力资源管理	38	何颖	2014-08	
6	7-121-23504-7	人力资源管理	35	王亚利	2014-09	
7	7-121-24155-0	生产与运作管理(第2版)	42.5	高光锐	2014-08	
8	7-121-21487-5	商务谈判(双语版)	39	罗立彬	2013-11	
9	7-121-20999-4	企业资源计划(ERP)及其应用(第4版)	44	李健	2013-07	PPT,资料包
10	7-121-20802-7	企业ERP沙盘模拟经营实训教程	29	刘贻玲	2013-08	PPT,资料包
11	7-121-21008-2	网上支付与结算(第2版)	39	张宽海	2013-08	PPT
12	7-121-21532-2	新编市场营销学(第2版)	45	倪自银	2013-09	PPT
13	7-121-18991-3	市场营销学(第2版)	39.8	徐文蔚	2012-12	
14	7-121-19424-5	消费心理学(第2版)	39	王官诚	2013-01	
15	7-121-20205-6	旅游经济学	38	张满林	2013-05	PPT
16	7-121-23503-0	管理经济学	35	周颖等	2014-09	
17	7-121-21005-1	国际贸易理论与政策	38	康晓玲	2013-07	
18	7-121-21302-1	产业经济学	32	王双进	2013-09	
19	7-121-20823-2	基础会计学(第2版)	33	李视友	2013-08	
20	7-121-21940-5	基础会计学模拟实训教程	23	李视友	2014-01	
21	7-121-24007-2	中级财务会计学	39	李玉萍	2014-09	
22	7-121-23473-6	会计信息系统实验教程	39.8	董黎明	2014-06	
23	7-121-21642-8	税务会计实务(第2版)	39	刘捷	2013-11	
24	7-121-24309-7	财经法律与会计职业道德	35	罗晋京	2014-09	